中國学術思想

研究輯刊

十四編

林 慶 彰 主編

第 **24** 冊

袁黃的陰騭思想與治縣經驗

尤玉珍 著

花木蘭文化出版社

國家圖書館出版品預行編目資料

袁黃的陰騭思想與治縣經驗／尤玉珍 著 — 初版 — 新北市：
花木蘭文化出版社，2012〔民101〕
目 2+184 面；19×26 公分
（中國學術思想研究輯刊 十四編；第 24 冊）
ISBN：978-986-322-034-3（精裝）
1.（明）袁黃 2.學術思想 3.勸善 4.地方政治
030.8 101015390

ISBN-978-986-322-034-3

中國學術思想研究輯刊
十四編 第二四冊 ISBN：978-986-322-034-3

袁黃的陰騭思想與治縣經驗

作　者　尤玉珍
主　編　林慶彰
總 編 輯　杜潔祥
出　版　花木蘭文化出版社
發 行 所　花木蘭文化出版社
發 行 人　高小娟
聯絡地址　新北市永和區中正路五九五號七樓
　　　　　電話：02-2923-1455／傳眞：02-2923-1452
網　址　http://www.huamulan.tw 信箱 sut81518@gmail.com
印　刷　普羅文化出版廣告事業
封面設計　劉開工作室
初　版　2012 年 9 月
定　價　十四編 34 冊（精裝）新台幣 56,000 元

袁黃的陰騭思想與治縣經驗

尤玉珍　著

作者簡介

尤玉珍，畢業於中興大學歷史所碩士班，目前擔任國小教職，對於歷史探索有濃厚興趣，進而投身史學研究行列。大學時學的是中文，憑藉著對研讀古文的訓練，在陳登武教授指導下，開始歷史研究的腳步。研究興趣在於貼近人民生活的小歷史，進一步剖析歷史上各種制度的面向。例如本次研究主題為陰騭思想與法制間的關係，即是嘗試從民間信仰連結到法律觀念，屬於法制史的一個側面。

提 要

　　傳統中國廣土眾民，國家法律透過地方縣政的實施下達至國內每個角落進行國家統治。一個縣令每日處理的縣政中，獄訟之事佔了大部份。因此治縣者經常會利用法律之外的其他力量教化百姓，法律、道德與信仰是維持國家社會安定的三大支柱，後二者即是被運用最廣的教化力量。法律的功用在於處罰犯罪，道德與信仰則在預防犯罪，道德是良心的勸說，信仰則常是利用威嚇或功利的方式，使人民去惡趨善。

　　袁黃（1533～1606）博學多聞，思想兼受儒釋道三者影響。萬曆十四年（1586）進士，及第後曾任寶坻縣令，在治縣期間對申冤理抑十分用心，特別注意刑律，在治縣時廣泛的運用了道德與信仰的力量，在從政期間，將所有的「果報觀念」都運用到政治作為上，所著「了凡四訓」與功過格即是這種治縣手段的具體呈現，對於時人、士大夫甚至現代民眾都具有一定的影響力，直至今日仍在廟宇間流傳。

　　本文首先由明末清初的政治、社會經濟與思想潮流各方面探討功過格流行的背景，當時政治、社會的劇變，促使知識分子重新反省傳統理學的內涵，因而形成一種適合發展心靈信仰的土壤，以適應社會大眾所需，這些因素的交互作用在某些層面上或多或少支持了功過格的流傳。

　　功過體系的思想發展在中國淵遠流長，明末固然提供功過格復興的時代背景，但功過格的廣泛流行則主要透過袁黃的努力。袁黃本身既是功過格的奉行者，也是陰騭思想的推行者，其自傳性質的著作《立命篇》將他一生的許多成功都歸因於使用功過格，使得《立命篇》直至今日仍被視為功德積累系統的指標教材之一。事實上在許多文本中顯示，即使在袁黃之後的整個17至20世紀，功過格的發展仍與袁黃有密切的關聯。

　　藉由功過體系中的幾個重要文本：《抱朴子》、《太上感應篇》、《太微仙君功過格》的分析，可以知道功過格的發展趨勢是由道教團體向全體民眾靠攏，而袁黃在功過格對全民的普及化上，具有承先啟後的地位，這點我們可以從袁黃之後開始大量出現的，各種以民眾為勸化對象的功過格得到確認。

　　此外，本文也透過《寶坻政書》詳細而深入的了解袁黃在寶坻縣的施政措施，發現袁黃擔任寶坻縣令的種種作為背後，實際上充斥著陰騭的概念；然而在《寶坻政書‧邊防書》一節的討論中，則顯現袁黃的陰騭觀念實際上仍受到儒家深刻的影響，並有明顯的華夷之分。

　　另一方面，筆者也利用時代相近的《實政錄》、《治譜》與《寶坻政書》進行比較，從中檢討明末士大夫的縣政思想，在分析中發現並非所有的政書都呈現明顯的陰騭思想，由這點也可以看出當時在儒家士人之間，存在著對於功利行善或純粹道德的爭辯與選擇，因此淡化了陰騭的色彩。

感　謝

　　本文得以順利完成，要感謝許多人的支持與幫助。首先要感謝我的指導教授陳登武與孟祥翰兩位老師，從論文題目的選定、參考資料、章節建構至論文的修改，二位老師均給予我許多指導與意見，使這篇論文得以順利完成。全文若有任何不妥或錯誤，當是筆者學識未深之故，筆者自當負起所有文責。

　　祥翰老師於口試當天提供許多寶貴的修正意見，指引學生以讀者的視角思考論文寫作的方式，使論文得以更為完善、周全。另外，祥翰老師在口試前為了學生的口試事宜奔波費心，學生銘記在心，在此一併致上最深忱的謝意。

　　登武老師在學生寫作的過程中，持續關心學生的寫作進度，主動關懷是否有寫作上的困難，提供學生許多寫作時的珍貴意見與材料，每當論文進行遇到瓶頸與困惑，登武老師總能給予最即時的協助與指導，成為學生寫作上最大的助力；而登武老師治學嚴謹、待人謙和的態度，也深深影響學生，成為學生待人治學的榜樣。

　　另外還要特別感謝口試委員邱澎生老師，在口試當天給予學生諸多指導與鼓勵。澎生老師對於學生的研究領域非常熟悉，所提出的意見皆十分精要，不僅使學生的論文更具深度，也讓學生的論文更趨完善。此外，澎生老師也不避麻煩的提供學生許多重要參考資料的建議，指導學生在擇取材料上應注意的地方，對於學生在日後的讀書與研究俱有很大的助益。

　　此外，我要感謝馬良雲及周順生二位同學，在我論文寫作過程與口試時，不停的支持、關心我，讓我能堅持到最後；另外，春安國小的同事們在我為了論文分身乏術時，熱心提供我最適切的協助，他們的溫暖也成為我持續下

去的動力。最後要感謝我最親愛的家人們，總是體諒的分擔我的家務，給我最大的包容，讓我無後顧之憂的埋頭書堆，特別是我先生願意犧牲自己的時間與進修機會，一手包辦孩子的照顧事項，成為我最堅強的後盾。還有許多一路陪伴我，給予建議、鼓勵的朋友們，玉珍在此一併致上最誠摯的感謝。

尤玉珍　謹誌

中華民國一百年十月臺中

目

次

第一章 緒 論

　　袁黃（1533～1606），初名表，字坤儀，號了凡，嘉善魏塘鎮人，以《了凡四訓》一書迄今聞名。他博學多聞，學術成就可謂上通天文，下知地理，涉獵既廣且精，舉凡曆法、水利、命理勘輿、統兵及醫學養生等皆有研究，思想兼受儒釋道三者影響。

　　袁黃生長在十六世紀以後至十七世紀初的明代。「三教合一」思想自唐中業以後逐漸發展，〔註1〕到袁黃所處時代，已經相當成熟。最先以「三教合一」為名設教的林兆恩（1517～1598），創立「三一教」。他生長的時間稍早於袁黃，其三教思想深受陽明心學影響。〔註2〕可知當時「三教合一」已經成為知識階層的思想主流意識。

　　袁黃師承王畿。王畿（1498～1583），字汝中，號龍溪，是中晚明陽明學發展的核心人物，與佛教關係密切。在善惡禍福的問題上，王畿持守的是儒家不以禍福利害動其心，而惟以為所當為繫其念的基本立場。但龍溪「禍福者，善惡之徵；善惡者，禍福之招」的說法，實有取於佛教基於因果報應說之上的善惡禍福觀。在儒釋道三教密切融合，各種善書、寶卷、功過格廣泛流行的中晚明，這是很自然的。作為龍溪弟子的袁黃，後來大力推行功過格，進一步容納佛教善惡禍福與因果報應的思想，肯定了趨福避禍的大眾心理對於道德教化的現實意義。〔註3〕

〔註1〕 參看陳兵，〈晚唐以來的三教合一思潮及其現代意義〉，《四川師範大學學報（社會科學版）》，第 34 卷第 4 期（2007.07），頁 38～45。

〔註2〕 關於林兆恩創「三一教」及其宗教思想，可參看何善蒙，〈林兆恩「三教合一」的宗教思想淺析〉，《逢甲人文社會學報》，第 12 期（2006.6），頁 203～216。

〔註3〕 彭國翔，〈王畿與佛教〉，《台大歷史學報》（臺北：2002.06），第 29 期，頁 29～61。

　　本文擬以袁黃爲研究主體，透過對他「陰騭思想」與「治縣經驗」的檢視，期能瞭解文化宗教因素與政治法律的關係，及知識菁英對於社會教化的影響。

一、問題之提出

　　傳統中國廣土眾民，國家法律代表皇權，透過地方縣政的實施下達至國內每個角落，進行國家統治。然而正所謂「天高皇帝遠」，對中國廣大農村地區的百姓來說，法律以及皇權可能是抽象而遙遠的；對一個治理地方的縣老爺而言，使百姓皆能知曉法律律文的內容（事實上也不太可能達成），其威嚇效果也許還比不上一場遊街示眾或罰站籠這種活生生的示範。但是儒家傳統思想主張息訟去刑，一個縣令的政績考核也會依此爲準，能做到獄訟不興，更是治縣有方的證明。因此如何減少刑罰而又能有效維持地方秩序，成爲州縣長官的重要課題。

　　事實上一個縣令每日處理的縣政中，獄訟之事佔了大部份。因此治縣者經常會利用法律之外的其他力量教化百姓，論者云：法律、道德與信仰是維持國家社會安定的三大支柱，後二者即是被運用最廣的教化力量。法律的功用在於處罰犯罪，道德與信仰則在預防犯罪；道德是良心的勸說，信仰則常是利用威嚇或功利的方式，使人民去惡趨善，則自然獄訟不興，治安清明矣。

　　袁黃在萬曆十四年（1586）舉進士，及第後曾任寶坻縣令，在治縣期間對申冤理抑十分用心，竟能做到「常終日不笞一人，經月不擬一罪」，可見其民風教化極爲成功；據說有一次監獄的牆倒塌了，而牢中囚犯竟無一人逃跑。在「羅織盛行」的明末，使人很難不去關注到這樣特殊的政績表現。〔註4〕

　　袁黃很注意刑律，他在《寶坻政書》中曾談論用刑的原則，可見出其愼刑的態度，下文將有論述；另一方面來看，正因其愼刑，因此他用了更多的心力在教化百姓，預防犯罪於未然。袁黃治縣時廣泛的運用了道德與信仰的力量，在從政期間，將「果報觀念」運用到政治作爲上，所著《了凡四訓》與功過格即是這種治縣手段的具體呈現。《了凡四訓》流傳至今，是許多寺廟輕易可見並且最爲流通的善書，對於時人、士大夫甚至現代民眾都具有一定的影響力；此外從他擔任寶坻縣令的從政記錄《寶坻政書》，對其治縣思想當亦能有所體會。

〔註4〕《寶坻政書》，收入北京圖書館《古籍珍本叢刊・史部・政書類》，48 冊，卷六，〈刑書序〉，頁 361 上。

　　地方縣衙的運作，或可看作朝廷的縮影，國家權力藉著縣衙進入百姓生活；在法律之外亦應對道德、信仰的運用有所掌握，方能對於傳統中國司法的現實面有較周全的了解。目前的法制史研究，不管是對於律文的研讀或是法律制度的建構，都有可觀的成果；但對於一般庶民與司法的互動表現則仍待開發，而袁黃治理的對象正是這些長期爲傳統史家忽略的平民百姓，加上其思想及著作無論是對當時或後代都具有一定的影響，當有值得論述者。

　　「陰騭」指冥冥中的審判；「祥刑」是強調對於司法案件的謹慎與用心。「陰騭」觀念受功過格思想影響甚深；而「祥刑」又來自「陰騭」觀念的制約。明清地方官員對於司法案件的審理，大多抱持類此態度，凡此又都受到袁黃影響。袁黃之對於明清官箴文化、地方統治、菁英思想的「小傳統化」，都具有深刻影響，確實有值得進一步研究的價值。清代張鵬翮《治鏡錄·自序》說：「功過格其傳已久，自了凡袁氏力行有效，而後之士大夫往往踵行之。」〔註5〕可說是其中具代表性的說法。張氏此書開篇即爲「當官功過格」，更可見袁黃之影響。

　　清初黃六鴻《福惠全書》相當受日本學界重視，允爲官箴經典之作。其「凡例」最後說：

> 居官潔己愛民，力行善事，原屬士君子所應爲，非要名、非求報也。然名猶影也，實猶物也，焉有物而無影者乎？報猶響也，施猶聲也，焉有聲而無響者乎？故牧宰以造福存心，必能潔己愛民，有其實矣！以惠爲政，是能力行善事，有其施矣！其意不過欲百姓蒙其休澤，地方弘其樂利，而孰知造禮者，即爲福之所基；施惠者，即爲惠之所及。從此譽聞丹陛，榮祿臚于鼎鍾；感徹蒼穹，慶澤綿于孫子。其名與報，猶影之隨物，響之答聲也，又何俟于要而求乎？每見居官者，貪小獲而忘厚集，騁巳虐而弗恤天刑，抑何計之拙而思之左耶？前敍止云福惠于民，未及言利實歸巳，故茲特爲拈出。願卓識賢侯目是書作一篇當官功過格可也！〔註6〕

可見黃六鴻對於地方官所爲，雖不刻意求之以福報，但他確信只要有造福施惠人民之心，冥冥之中自有善報。他甚至以「當官功過格」爲自己的著作《福

〔註5〕　（清）張鵬翮，《治鏡錄》，收入《官箴書集成》，（合肥：黃山書社，1997），第3冊。

〔註6〕　黃六鴻，《福惠全書》，收入《四庫未收書輯刊》，（北京：北京出版社，2000），3輯，19冊，頁8上～9下。

惠全書》定位，同樣可見袁黃影響之深遠。

　　陰騭思想不僅深入國家統治的法律菁英文化，同時也彰顯底層庶民文化的屬性，其影響範圍之廣、程度之深、時間之長遠，當有值得深入探討者。袁黃做爲一個功過格的推行者、宣傳者與奉行者，其在陰騭思想的流傳脈絡中具有什麼樣的地位？受其影響的具體事例如何？又袁黃擔任寶坻縣令短短數年，竟能使寶坻百姓爲其蓋生祠，頌揚他的功德，〔註7〕他在寶坻縣的政績究竟如何？陰騭思想在他推動縣政上起到什麼作用？筆者通過對於中國陰騭報應思想脈絡的梳理，試圖爲袁黃在陰騭思想的發展中找到一個較妥適的定位；透過對《寶坻政書》盡可能詳細的解讀，勾勒袁黃在寶坻縣的施政全貌，進一步了解陰騭思想與其縣政的關係。

二、研究回顧

　　本文著重袁黃的「陰騭思想」與「治縣經驗」，以下主要從這兩個方向討論目前之研究成果：

一、袁黃「功過格」思想的源流與發展，以及該思想對於明清地方司法審判
　　所產生的影響。特別將著重於明清時期普遍存在的「陰騭」與「祥刑」
　　思想，其背後所彰顯的庶民法律文化。

二、實質考察袁黃的治縣經驗和他的「功過格」思想之落實。充分利用過去
　　學界研究普遍忽略的珍貴史料《寶坻政書》（袁黃從政生涯的總結紀錄），
　　全面討論袁黃的施政經驗和法制概念。

　　在上述二個子題中，關於袁黃的研究不在少數，但切入角度大多與本文相異。國內相關論文有蕭世勇〈袁黃（1533～1606）的經世理念及其實踐方式〉、〔註8〕楊均尊〈安身立命之道──《了凡四訓》之義蘊與生命實踐〉、〔註9〕袁光儀〈晚明之儒家道德哲學與世俗道德範例研究－劉蕺山《人譜》與《了凡四訓》、《菜根譚》之比較〉。〔註10〕其中專文討論袁黃的只有第一篇蕭世勇〈袁黃（1533～1606）的經世理念及其實踐方式〉，蕭文主要說明

〔註7〕於《寶坻政書・感應篇》後附有數篇文章記錄寶坻縣民爲袁黃建生祠事。

〔註8〕蕭世勇，〈袁黃的經世理念及其實踐方式〉，台灣師範大學歷史研究所碩士論
　　　文，1993。

〔註9〕楊均尊，〈安身立命之道──《了凡四訓》之義蘊與生命實踐〉，南華大學生
　　　死學研究所碩士論文，2004。

〔註10〕袁光儀，〈晚明之儒家道德哲學與世俗道德範例研究──劉蕺山《人譜》與《了
　　　凡四訓》、《菜根譚》之比較〉，國立臺灣師範大學國文研究所碩士論文，1996。

袁黃的思想層面，雖也注意到其事功與學術成就，但在袁黃政治表現的論述僅止於泛泛，並未從法制角度定位袁黃與「陰騭」、「祥刑」發展的關係，關於袁黃於庶民法文化思想發展的影響，亦毫無觸及；楊文著重在生命意義與生死課題的探索，且僅止於對《了凡四訓》的研究；袁文藉《了凡四訓》與晚明其他思想作品的比較，探討晚明儒家思想。二篇內容均以袁黃或其思想為對照，彰顯不同主題，與本文關涉不深。

在陰騭思想與功過格的研究方面，有日本名家酒井忠夫所著《中國善書研究》，〔註11〕對於中國包含「功過格」在內的善書進行一系列深入且詳盡的研究，包含善書的思想根源與代表作品都有論述，創見頗多；其中〈功過格的研究〉對功過格全系列作品進行首次的書誌學研究，使吾人對其版本與沿革能快速掌握；此外酒井忠夫也對功過格的重要人物袁黃進行過論述，於本文幫助頗大，但對袁黃生卒年的問題則未有定見，本文將在既有資料上尋求一個可能的解答。〔註12〕另一名家奧崎裕司《中國鄉紳地主研究》、〔註13〕《明末清初的利殖規範——功過格的一個側面》、〔註14〕〈善書中表現出來的中國明代下層民眾的生活方式〉〔註15〕等三篇著作，則分別討論了袁黃與其家族、功過格與善書對於明清時期民間秩序的影響，對於了解中國鄉間的管理模式有很大的助益。另一位對功過格進行全面性討論的則是包筠雅所著《功過格：明清社會的道德秩序》，這本書對於明清功過格的流行背景、陰騭思想的傳統與袁黃的家世背景均有論述，是筆者目前所見針對功過格進行論述最有系統的作品之一。〔註16〕

中文著作方面，香港學者游子安在陰騭與勸善的主題上著力甚多，其《勸化金箴—清代善書研究》在善書的研究上頗為詳細，對善書流行的背景與發展進行一系列的論述，也述及善人、善書與慈善組織間的互動與關係，並對晚明以後的善書進行分類，十分詳盡；但其主題圍繞善書開展，對於袁黃的

〔註11〕酒井忠夫，《中國善書研究》。（東京，弘文堂，1960）。

〔註12〕酒井忠夫著，許洋生譯，〈功過格的研究〉，收入《日本學者研究中國史論著選譯》，第7卷。（北京：中華書局，1993）。

〔註13〕奧崎裕司，《中國鄉紳地主研究》。（東京，汲古書院，1978）。

〔註14〕奧崎裕司，〈明末清初の利殖規範——功過格の一個側面〉，《中國史・陶瓷史論集》（東京：燎原，1983）。

〔註15〕奧崎裕司〈善書中表現出來の中國明代下層民眾の生活方式〉，《專修史學》，13期，頁22～50，1981年4月。

〔註16〕包筠雅著（Brokaw, Cynthia Joanne），杜正貞、張林譯，《功過格：明清社會的道德秩序》（杭州：浙江人民，1999）。

陰騭思想與治縣經驗並無觸及，且時代範圍設定在清代，明代的功過格或陰
騭思想並無深論，正是本文可以發揮之處。〔註17〕

　　吳震《明末清初勸善運動思想研究》對當時興起的勸善運動進行思想的
探源，述及陰騭思想的源流與明代三教合一的傾向；另外也對明代的二部功
過格作品《迪吉錄》、《人譜》進行討論，於本文第三、四章頗有助益。但這
部作品著重在勸善運動的源流、發展與影響，雖提及袁黃的果報思想在明末
流行的情況與影響的結果，但並未針對袁黃的陰騭與法制思想做連結，與本
文論述方向並不重疊。〔註18〕

　　另外，邱澎生〈有資用世或福祚子孫──晚明有關法律知識的兩種價值
觀〉一文，討論了袁黃陰騭思想對於當時法律知識流傳造成的影響，文中並
提及《寶坻政書》中關於司法事務的記錄，對於筆者在「祥刑」的概念上有
所啓發。〔註19〕

　　以上諸位前輩學者的研究均在相當程度上與本文內容相關。在研究重疊
的部分，筆者學淺實難有顯著的突破；但上述研究均著重在陰騭或善書、功
過格及法律思想的主題式研究，並未有針對袁黃與陰騭思想的關係進行深
論，尤其是《寶坻政書》此一材料的使用，更是相當少。其中酒井忠夫有關
於袁黃與功過格關係的論述，或與本文關注點最有關係，但亦未利用《寶坻
政書》分析其治縣經驗與陰騭思想的關係。整體而言，對袁黃本人或陰騭思
想的研究並不缺乏，但對於《寶坻政書》的全面介紹則未見。本文最重要的
工作即在於透過《寶坻政書》記錄縣政的內容，使吾人對於袁黃及其陰騭思
想能有所瞭解，並試著從法律思想的角度進行詮解，使袁黃這位文武全才的
名士，得以更完整的面貌呈現在大家眼前。

三、文獻檢討

（一）立命篇

　　本文在對袁黃其人進行研究時，主要使用的原始資料爲其自傳性文章《立
命篇》、彭紹升《居士傳》、以及諸相關地方志，以上三篇對於袁黃有較直接
且系統性的記錄；另外也參照屬於袁氏家書性質的《庭幃雜錄》，從袁黃家族

〔註17〕游子安，《勸化金箴──清代善書研究》（天津：天津人民出版社，1999）。

〔註18〕吳震，《明末清初勸善運動思想研究》（臺北：臺灣大學出版中心，2009）。

〔註19〕邱澎生，〈有資用世或福祚子孫：晚明有關法律知識的兩種價值觀〉，《清華學
　　　　報》，新33卷1期，2003年6月。

的言行中，側面了解袁黃其人與其家族傳統。

　　以上各種資料中，以《立命篇》的使用最多，但卻面臨版本紛歧的問題。由於《立命篇》後來被收入《了凡四訓》中，做為善書廣為流傳，因此有諸多民間版本，但幾無差異；另外，《立命篇》也有收錄在《省身錄》中的版本，另又有內容相同而以〈立命之學〉之名出現在和刻本《陰騭錄》的版本，總之，《立命篇》以其流行而無可避免出現許多同文異名的狀況。一來部分版本遠藏日本，筆者囿於能力無法取得，一一比對異同；再者按酒井忠夫先生建議，《立命篇》當以藏於「內閣文庫」的萬曆年間版本為佳，不宜使用民間版本，〔註20〕但此版本藏於日本，筆者僅能退而求其次，以了凡弘法學會黃智海禪師演述之《了凡四訓》中所錄〈立命之學〉為主，再雜取諸民間版本相互比較，幾無差異，而其所記袁黃生平與其他資料所見亦無重大出入，當可信。

　　（二）《太上感應篇》與《太微仙君功過格》

　　在陰騭思想方面，筆者主要使用的原始資料為《太上感應篇》與《太微仙君功過格》。〔註21〕二者皆使用《正統道藏》所收版本，其中《太上感應篇》為李昌齡傳、鄭清之贊的版本，原文加上傳與贊語共三十卷。

　　（三）《寶坻政書》

1. 版本問題

在版本方面，筆者查得《寶坻政書》，共有四個版本，分別如下：

（1）收於《了凡雜著（九種十七卷）》，卷十四至十七，共四卷。《了凡雜著》是據明萬曆三十三年，建陽余氏刻本影印，此版本的《寶坻政書》有邴贊（？）序。

（2）收於北京圖書館《古籍珍本叢刊・史部・政書類》48。

（3）收於《中國古代地方法律文獻》，甲編6，共計十二卷。

（4）於《千頃堂書目》，卷十，《史部・政刑類》所收書目有寶坻政書二卷，另收有《袁氏政書》二卷，均有目無書。

〔註20〕酒井忠夫著，伊建華譯，〈袁了凡的生平及著作〉，《宗教學研究》，頁82，註1，1998年2期。

〔註21〕（宋）李昌齡傳，鄭清之贊，《太上感應篇》，收於《正統道藏・太清部》，27冊；《太微仙君功過格》，收於《正統道藏・洞真部・戒律類》，3冊（《正統道藏》，（天津：古籍出版社、上海：上海書店、北京：文物出版社共同出版，1988年3月）。

其中第四個出現於《千頃堂書目》的版本，筆者未見其書，因此無法列入討論，剩下的三個版本，收在《了凡雜著》中的版本由於是與袁黃的其他著述共同收編，因此在卷次的編號上是順沿前面收錄的其他篇章，由卷十四到卷十七共計四卷；另外二個獨立編卷的版本俱為十二卷，與《寶坻政書》序所說「乃輯寶坻政書十二卷」一致。

此外，收在《了凡雜著》的版本發現有錯印的情形數處：卷十四〈申請加給看堤孤老月糧公移〉下半（頁768）應接卷十五〈送孫按院審錄冊稿〉篇末下半（頁808）「……老隨便居住……」段；而卷十五〈送孫按院審錄冊稿〉篇末下半應更為卷十五〈查丈馬房土地〉頁828下半「此粗迹非可據也……」一段；另外還有卷十五〈議置木閘文〉於頁822缺漏半頁，對照其他版本，缺少的內容為本篇的結尾幾字「幾日而工可矣」，以及下篇〈答潘尚書問治水楬?〉前半。

三個版本的末卷都收錄了寶坻縣為袁黃建生祠的五篇文章，篇目與內容皆相同，但有順序上的調動，並不影響研究。總結來說，除了收錄在《了凡雜著》本的《寶坻政書》有上述幾處錯置與缺頁外，另外二個版本中並沒有這種情形，儘管三者有卷次編號上的出入，但對內容沒有影響，扣除上述的出入，三本內容可說幾乎完全相同，並都兼有不同部份印刷不清的問題，因此筆者在使用上，是以收於北京圖書館《古籍珍本叢刊・史部・政書類》的《寶坻政書》為主本，並與其他二個版本相互參照，以解決印刷模糊的問題。

2. 形式與內容

《寶坻政書》序云：「公（袁黃）去之日，士民已刻德政錄矣，迺劉、王二君以不盡公之蹟也，收輯寶坻政書十二卷，視齊錄不啻備之，然競競不敢增飾一語，但取公文移示論之見諸實事者，次第編之」。序文提到的劉、王二君是袁黃門生劉邦謨、王好善二人，由序可知，《寶坻政書》主要內容是由其門生劉、王二人取袁黃任寶坻令期間，與官府往來公文或發布告示輯錄而成；此外也包括袁黃個人心性修養的自敘性文章。

這些公文告示或自敘性的文章，有袁黃的施政實蹟、施政理想，也有袁黃思想信仰的展現。透過這些實際作為或理想的考察，十分有助於我們了解袁黃在寶坻縣施政的內容；透過進一步分析其思想信仰與施政的關係，則使我們對袁黃思想所發揮的作用有更深層的認識。

《寶坻政書》不但是袁黃個人的施政記錄，同時也是一部官箴文獻。《四

庫全書總目提要‧史部‧職官類》序說：「今所采錄，大抵唐宋以來一曹一司之舊事，與儆戒訓誥之詞。今釐爲官制、官箴二子目……明人所著率類州縣志書，則等之自鄶矣。」依此，官箴不但是一種對官員的道德訓誡，也被當做一種文體，內容多類州、縣志書，作者記載自己於一州一縣的施政作爲，以資其他州縣官參考借鏡。根據這點來看，《寶坻政書》可視爲官箴作品當無疑。

《寶坻政書》依內容言共十四書，依次編爲十二卷，最末卷附有寶坻縣建袁黃生祠一事相關文章四篇，分列如下：

卷一：祀神書、御吏書；卷二：睦僚書；卷三：積貯書、養老書；

卷四：賦役書；卷五：訓士書；卷六：刑書；卷七：工書；卷八：馬政書；

卷九：救荒書；卷十：邊防書；卷十一：自治書；卷十二：感應篇（書）。

附錄：〈與邑侯袁公德政錄生祠記序〉等四篇。

以上是《寶坻政書》的大致情形，《祀神書》、《自治書》、《感應篇》主要展現袁黃天人感應的概念與心性修養的方式，而其天人感應的主要形式，即是上一章所談到的陰騭思想；其餘各篇包含錢穀、刑名、教化、賑濟、工程水利甚至邊防軍事，幾乎一個縣的主要工作都含括在內，清楚勾勒出袁黃治縣的面貌；最末收錄與寶坻縣建袁黃生祠相關文章四篇，簡要的綜述了袁黃任內的德政，可以視爲寶坻縣民對袁黃執政所打的成績單。

總之，《寶坻政書》可以說是一本袁黃在寶坻縣的施政報告書，從袁黃本人、往來官員僚屬、治下百姓等不同角度，全面而具體的呈現了袁黃的陰騭思想與執政概況。

第二章　晚明的經濟、社會與秩序

　　明末清初，在政治、社會經濟與思想潮流各方面均發生了劇烈的變動。在政治上，有明一朝自明太祖廢丞相以來，皇帝之獨權可謂達到空前巔峰，然而整個明代卻幾乎沒有一個皇帝的能力，足以適應此制度；皇帝在過度集權卻並不勤政的情況下，所產生的是一個缺乏效率、奸佞當道又無法反應社會的政府。經濟上最顯著的特徵是商業發展與商人地位上升，造成傳統四民社會階層的流動，連帶產生的是風氣日趨奢靡與傳統社會秩序破壞；部分士紳投入商賈行列，部分士紳則負起維持社會秩序的責任。面臨政治與社會的劇變，促使知識分子重新反省傳統理學的內涵，因而形成一種適合發展心靈信仰的土壤，以適應社會大眾所需。這些因素交互的作用，在某些層面上形成適合陰騭思想發展的土壤，支持了陰騭思想的流傳。以下分別就上述幾個面向對明中葉至清初的歷史背景做一概述。

第一節　波動的社會

一、政治情況

　　明初政治由太祖罷相之後，成為絕對專制的局面，分司各項行政的六部直接對皇帝負責；在司法上雖設有刑部、大理寺與都察院等具司法權能的機關，但自太祖設錦衣衛開啟詔獄系統，繼之又有東廠、西廠與內廠，負責為皇帝調查「大奸大惡」、「謀反」等事，可以直接呈報皇帝；只要皇帝同意，從逮捕、行刑到結案俱無需經過其他司法機關，猶如皇帝私設之個人法庭。明代二次牽連萬人的大案「胡惟庸案」與「藍玉案」即是由錦衣衛完成，全

然沒有公平審判可言。〔註1〕

在如此高度集權的情形下，皇帝個人素質直接決定政治的好壞。自太祖至仁宣之治，大致上還維持一個至少在軌道內的狀態，然而此後皇帝素質便每況愈下，自憲宗起便有皇帝怠朝的問題，僅僅依靠票擬與群臣溝通，幾乎平均幾年才召見大臣們一次；到了神宗後期，官員所上奏摺更是只進不出，皇帝索性連敷衍性質的票擬也省卻了，得不到皇帝朱批，政事沒有權力來源可以推行，內閣官員長期遇缺不補，因此出現六部首長六缺其五的荒唐現象；地方官員空缺近半，囚犯長期拘留獄中卻沒有人審案，官員任免因皇帝「罷工」而停擺。〔註2〕例如宰相李廷機稱病請辭，連遞百餘次奏摺卻得不到皇帝回應，因而自行解官離去皇帝竟也不加追問，使得中國政治陷入空前的停滯危機。〔註3〕

皇帝的集權加上無能，造就出一個宦官與權臣的時代。有明一朝自英宗寵幸宦官王振開始以至明末，每任皇帝若沒有親信弄權的宦官，便有權傾朝廷的貪官，僅代宗時任用于謙情況稍好，其餘各朝無一倖免。尤其到了後期皇帝幾不管事的情況下，小人所要逢迎的已不再是皇帝本人，而是皇帝身旁的親信，想求擢升的官員爭相向宦官投靠，朝廷風氣如此，政府又效率不彰，稍有氣節的官員不是被捕入獄便是失望求去，政治之敗壞可想而知。

這種情況要一直到大清帝國三藩亂定，臺灣歸服，整個中國的政治才漸趨穩定；在此之前，政治上的混亂與戰事頻仍，使得中國政府的腳步一直無法跟上社會經濟劇烈而急速的變動。明建國之初剛剛結束一場戰亂，施政方針主要在恢復編戶齊民的小農社會，然而隨著商業經濟的急速發展，小農社會不再符合中國需要。皇帝的怠政加上主政者的貪愚，衰敗的中央政府顯然無法有效的管理控制社會上蓬勃的經濟活力，在此情況之下，穩定地方秩序的責任落在州縣長官與地方士紳身上。

二、晚明的經濟發展

關於明代的經濟發展階段，林金樹等將明代經濟發展分為四個階段，筆者依每階段特點加以命名。分別是（1）明初到土木堡之變前的恢復期：主要特徵為與民休息，恢復以農耕為本的經濟型態；（2）土木堡之變到正德末年

〔註1〕 張顯清，林金樹，《明代政治史》（樹林：師範大學出版，2003）
〔註2〕 關於明神宗皇帝事例參見黃仁宇，《萬曆十五年》（臺北：聯經，2000）
〔註3〕 新校本《明史》，卷217，〈列傳第一百五‧李廷機〉，頁5471。

的潛伏期：主要特徵是出現較嚴重的土地兼併與流民問題，引發賦役制度改革的契機，強化了商業發展的條件；（3）正（德）嘉（靖）之交到萬曆中期的變動期：主要特徵是商業經濟的蓬勃發展導致社會階層的劇烈變動；（4）萬曆中期到明末的崩壞期：張居正死後財政改革功虧一簣，天災戰禍加上政府橫征暴斂，民變四起。〔註4〕

本文探討的時代為16～17世紀，屬於明代經濟的變動期。在這時期商業較宋代獲得更大的進展，影響所及，新市鎮興起、社會地位流動加劇、社會風氣轉為奢靡等，一個與過去傳統小農經濟截然不同的新經濟社會型態漸漸產生。

傳統中國封建時代，社會經濟以農業為主，編戶齊民的小農經濟一直是中國傳統政治的理想目標，國家稅收以田賦佔最大比例，農民以糧食作物為主要生產內容，國家徵收亦以米、麥為主。這種情況一直到宋、元時期基本上沒有太多變化，儘管到了宋朝中國商業已開始發達，但商業在明朝則成為全國性的重要經濟活動，其特徵是：賦稅制度為了因應經濟與社會情況不斷革新；農業經營模式由糧食生產逐漸轉向多樣化、工商化；農村勞動力大量分流，轉向從事具商業性質的農業或流入市鎮直接從事工商活動。可以說明代的經濟發展，決定了近代中國經濟走向的基本態勢。

（一）賦役制度的變革

傳統中國人民對國家繳納的義務分為田賦與力役二種，有田產者需按期繳納田稅，有丁者需服勞役。〔註5〕田賦雖重，但真正繁苦的還是勞役。正役以里甲輪值，十年一周，是為排年，主要任務為「催徵錢糧，勾攝公事」；〔註6〕於正役外之其他勞役統稱「雜役」，包含均徭、驛傳、民壯與雜泛等，凡官府修繕、修河、砍柴等皆可列入雜役派遣，但隨官府需索，民頗不堪其擾。田賦以重稅剝削人民勞動的成果，繁重的勞役更進一步限制了人民從事生產增加收入的自由。因此自明中葉以來，賦役制度便不斷出現要求改革的

〔註4〕 史仲文、胡曉林主編《中國全史》卷72，林金樹、高壽仙、梁勇著《中國明代經濟史》頁1～7。

〔註5〕 此為大致上的規定，但還有其他例外之細節，如力役中之「里甲之役」，凡鰥寡孤獨及無田產不任役者在黃冊上列為「畸零」，不編入輪值的里甲中，故不服里甲之役。

〔註6〕 嘉靖《德化縣志》卷4，〈役法〉，收入《福建師範大學圖書館藏稀見方志叢刊》。（北京：北京圖書館出版社，2008）

聲音，最終的產物便是「一條鞭法」。

「一條鞭法」主要改革爲各項田賦合併徵收以及賦役普遍折銀，不但農民種植作物的內容獲得了更多的自由，不再以繳納內容爲限；此外，爲了獲取更多銀兩，農民也大量改種更富價值的經濟作物，經濟作物的普遍種植提供紡織業充足的原料，帶動了手工業與商業的進一步發展。對人民來說，只要繳納折役銀便可自由從事生產活動，鬆解了國家對百姓的束縛，人力得到一定程度的解放，可以更自由的投入商業化的農業與手工業。凡此種種均對中國的農業商業化與商業發展有很大的助益。〔註7〕

（二）從小農經濟到市場經濟

明初因戰爭天災而殘破的社會經濟至明中葉基本上恢復，相對安穩的生產環境、進步的生產技術加上賦役改革解放的勞動力，使明中葉後經濟作物的種植越來越廣泛，且逐漸由自產自用的規格往市場商品發展。

以經濟作物中種植最廣的棉花爲例，至成化後「其種已遍布于天下，地無南北皆宜之，人無貧富皆賴之。」〔註8〕不僅種植區域廣布全國，在部分棉產區，棉花種植比例甚至超越稻作，除少部分供自家紡織使用，大多數流向市場成爲最主要收入來源，如蘇州嘉定「宜種稻禾田地止一千三百十一頃六十畝，堪種（棉）花、豆田地一萬零三百七十二頃五十畝……種稻之田約止十分之一。」〔註9〕由於「五谷（穀）之利，不及其（棉）半」，〔註10〕在經濟利益刺激下，農家普遍認爲「多種田不如多治地」，只要條件許可，許多地區皆放棄舊有五穀糧食作物，改植棉花或其他更富經濟價值的商業性作物。棉花的盛產與市場的流通又進一步帶動紡織手工業的發達，經濟性農業比例提高、收成由自給自足轉爲商品買賣、農家兼營手工業等，這些都是中國傳統小農經濟在明代產生根本變化的重要特徵，農業越走向商業化，商業發展便越快速；商業發展越成熟，農業的商業化也就越澈底。

類似的情形也發生在蠶桑養植，其市場除上層家庭外，還能透過國際貿易銷往海外國家，獲利甚高，也是明中葉後中國獲取白銀的重要商品。時人

〔註7〕 關於一條鞭法的研究可詳參梁方仲，《經濟史論文集》（北京：中華書局，1989），其中對於賦役制度與一條鞭法有極詳細的論述。

〔註8〕 徐光啓，《農政全書》卷35。（臺北：臺灣商務，1983）

〔註9〕 （明）韓浚、張應武修，萬曆《嘉定縣志》，卷7，（臺南：莊嚴文化，1996）

〔註10〕《古今圖書集成·職方典》，卷230，〈兗州府部·風俗考〉。（上海：中華書局影印本，1934）

張履祥曾對明末清初栽桑與種糧的收入作過比較，據估在平常時栽桑經濟效益比糧食作物高出二、三倍，若遇米賤時二者收入差距更高達四至十數倍不等。〔註11〕與種棉農家一樣，栽桑農家也發展出養蠶與絲織等副業，甚至超越農事本業而成為家計所賴。因為蠶桑業的發達而逐漸發展出專門種植桑葉販售的農家，這種農業上分工的細密化也是明代農業商業化的重要現象。

（三）商業發展

商業活動的蓬勃與工商業市鎮的繁榮是明代中後期一個十分突出的現象。承上所述，此時傳統農業轉向商業性農業，〔註12〕支持了手工業與商品經濟的發展，生產的專業化與分工細密化使得交換日常用品的機制格外重要，人民逐漸脫離自給自足的生活型態，朝向專業生產以追求更高經濟利益。為了因應物品交易的需求，各類專門市集大量湧現，販售內容種類齊全，貨品來自海內外大江南北，〔註13〕正如宋應星《天工開物》所言：「滇南車馬，縱貫遼陽；嶺徽宦商，衡游薊北。」〔註14〕交易網絡遍及全國各地。東南沿海與運河沿岸由於有水運之便，尤為商賈聚集之地，以蘇州而言「為江南首邵，財賦粵區，商販之所走集，貨財之所輻輳……。」〔註15〕

由於商業的蓬勃，帶動了許多新市鎮的興起，以做為貨物集散之處。這些市鎮大多具有專業性質，如江南產棉區便有棉布集散中心的朱涇鎮，〔註16〕太湖流域蠶桑業興盛地區有絲織市鎮，〔註17〕在產糧區出現以糧食買賣為業

〔註11〕張履祥，《補農書後·治地》，收入《楊園先生全集》卷50。（臺南縣：莊嚴文化，1995）

〔註12〕關於此時期農業的商業化發展可參閱李伯重《江南農業的發展：1620～1850》（上海：上海古籍，2007）

〔註13〕依《南都繁會景物圖卷》所繪，當時店鋪招牌已有「東西兩洋貨物俱全」、「川廣雜貨」、「南北果品」等字樣。

〔註14〕宋應星，《天工開物》卷序，收入《叢書集成續編》88冊。（臺北市：新文豐，1989）

〔註15〕姜良棟，《鎮吳錄》，收於《內閣文庫藏明代稀書》，轉引自林金樹、高壽仙、梁勇著《中國明代經濟史》。

〔註16〕顧純《重建萬安橋記》言朱涇鎮：「居民數千家，商賈輻輳」；嘉慶《朱涇志》卷3〈水利志·鎮中諸水〉言朱涇鎮：「戶口殷實，閭閻充實，雖都會之盛，無以加茲。」

〔註17〕如馮夢龍《醒世恆言》卷18〈施潤澤灘闕遇友〉所記，蘇州吳江的盛澤鎮，自開始從事絲織後，由原本只五、六十家的荒村躍為全國聞名絲業大鎮，出現「那市河兩岸綢絲牙行，約有千百餘家，遠近村坊織成綢匹，俱到此上市。」的盛況。

的市鎮，〔註18〕其他如鹽業、茶業及各樣專業性市鎮，種類數量俱多，無法一一細載，但亦可見出當時商業發展的一番氣象。

除國內的商業發展，海外貿易在明代也空前的興盛起來，雖然明朝一度實施海禁，但沿海走私貿易卻日漸壯大，海外各地來中國貿易的外國商人也日益增加，「（澳門）每年夏秋之際，夷船乘風而至，往止二三艘而止，近增至二十餘艘，或倍增焉」。〔註19〕由於西方對中國茶、棉、絲及陶瓷等的大量需求，經由海外貿易使得中國成為白銀的大入超國，加上海外貿易興盛，中國商品市場擴大到世界各地，白銀大量流入國內，促使賦役折銀成為可能，解放的人力又大量的投入商業活動，這些都強化了商業發展的條件。

三、流動的階層

巨大的經濟發展與經濟結構改變，使得明朝社會呈現一種不穩定的狀態，價值觀的轉變連帶影響人們對社會各階層的評價，傳統士、農、工、商的四民階級有了明顯的變化，其中最引人注目的，即是商人地位的提升，造成新的士商關係；另一個值得注意的現象，則是一批「豪奴」的出現，這些有權勢的「豪奴」和卑賤的奴僕共同掀起了對上流階層的反抗浪潮。

（一）商人地位的提升

經濟上的劇變也帶來社會階層的變化。傳統中國社會以小農經濟為主，自秦漢以來皆採取重農抑商的基本態度，以抑制從商人口的增長，確保小農經濟的穩定。這種情形到了嘉靖時期，隨著新的經濟發展，已出現顯著的變化。

承上所述，蓬勃的工商發展，造就了許多「富通王侯，名跨都邑」的富商大賈。〔註20〕這些經商致富者蓄積萬貫家財，過著奢華的生活，「連檐比屋，皆稱素封」、「衣冠游從，照耀市巷」、「嵯峨大舶夾隻櫓，大婦能歌小婦舞，旗亭美酒日日沽，不識人間離別苦」，〔註21〕成為人們欣羨的對象。

〔註18〕 如《平望志》，卷1，〈沿革〉所載蘇州平望鎮，居民半以米業維生，其繁榮情形「耕桑食貨熙攘盈繁，屹為吳江巨鎮」。

〔註19〕 （明）龐尚鵬，《百可亭摘稿》，卷1，〈陳末議以保海隅萬世治安疏〉，收入《四庫全書存目叢書‧集部》，第129冊（齊魯書社，1997），頁130。

〔註20〕 （明）戴金奉敕編，《皇明條法事類纂》，卷22，收入《中國珍稀法律典籍集成》，乙編4～6冊。（北京市：科學出版社，1994.08）

〔註21〕 （明）張羽，《靜居集》，卷2。（上海：上海商務，1936）

　　另一方面，由於商業的發達，人民逐漸習於交易買賣這類逐利行為，何處有利可圖便蜂擁而至，捨本（農）逐末（商）者比比皆是，「正德以前，百姓十一在官，十九在田，蓋因四民各有定業，百姓安於農畝，無有他志……今去農而改為商者，三倍於前矣……大抵以十分百姓言之，已六七分去農」。〔註22〕

　　在此背景之下，錢財的作用與重要性被空前的放大，人們對於「利」的圖求是光明正大、不需遮掩的，〔註23〕「以富貴相高，而左舊族」〔註24〕的情形比比皆是；社會地位之貴賤不再遵循傳統中國「士農工商」的排序，「雖卑賤暴富，俱并齒衣冠，置之上列」。〔註25〕當時的文學作品很能反映這種價值觀念，如明代作曲家朱載堉一則充滿諷刺意味的趣味作品：

　　　世間人睜眼觀看，論英雄錢是好漢。有了他諸般趁意，沒了他寸步
　　　也難。拐子有錢走歪步合款；啞巴有錢打手勢好看。如今人敬的是
　　　錢，蒯文通無錢也說不過潼關。實言，人為銅錢游遍世間；實言，
　　　求人一錢，跟後擦前。〔註26〕

明代中後期白銀流通，商品經濟發達，金銀在社會生活中佔了最重要的位置，人們體認到只要有了財富，即使沒有讀書入仕，仍然可以享有很高的權力和尊重，因此不再拘泥於傳統四民階級地位，紛紛投入商人行列；不只一般百姓如此，明代中後期許多士人或因科舉無望，「士成功也十之一，賈成功也十之九」，面對遙遙無期的中舉，與其皓首窮經，士人寧可「湊些資本，買辦貨物」、「圖幾分利息」。

　　即使是已有功名的士人也抵擋不住經商高利的誘惑，「士大夫一旦得志，其精神日趨于求田問舍」；〔註27〕其中亦不乏高官權貴，如明代內閣首輔徐階「家中多蓄織婦，歲計所織，與賈為市」；〔註28〕「董尚書富冠三，田連蘇湖諸邑，殆千百頃。有質舍百餘年，各以大商人主之，歲得子錢數百萬。」〔註29〕

〔註22〕何良俊，《四友齋叢說》。（北京：中國書店，2000）
〔註23〕關於明代經濟發展與社會風氣的變化可參閱卜正民，《縱樂的困惑：明朝的商業與文化》（台北：聯經，2004）
〔註24〕《萬曆錢塘縣志》卷1，〈風俗〉。（揚州：廣陵書社，2008）
〔註25〕嘉靖《冀州志》卷7，〈風俗〉。
〔註26〕（明）朱載堉填詞，〈錢是好漢〉。
〔註27〕如（明）張萱，《西園聞見錄》卷四，〈譜系〉。
〔註28〕（明）于慎行，《穀山筆塵》卷4。（台北：學海，1969）
〔註29〕（明）范守己，《曲洧新聞》，卷2，收入（明）陳耀文，《天中記》。（北京：商務印書館，2006）

　　士人追逐經商利潤，商人則更轉而追求入仕，或尋求與士人階層的交往以提升形象。不少巨商大賈憑藉雄厚的財力求取功名，以掌握更多政治權力為商人發聲。明政府開啓捐納之例，公然賣官，為商人入仕打開一扇方便之門，商人可以通過捐納取得生員或監生資格，或是透過巨額捐助國家、購買族譜等成為士紳成員。〔註 30〕如休寧商人汪新「挾資游准揚，應詔輸粟，被授南昌衛指揮僉事」；〔註 31〕豪商吳養春更以「三十萬緡佐工」，竟能「一日而得到五中書之爵下。」〔註 32〕明代有許多出身商賈的著名官員，如章德太守嚴芥舟「奮起貨殖之中而登科第，仕至二千石。」〔註 33〕

　　由於經濟社會情況的改變，士商關係較以往有了大幅度的改善，士人不再以商伍為恥，而商人也多喜與士人結交，二者既可以是互相賞識的朋友，如徽商吳龍田與著名的公安派袁氏兄弟關係良好，自云：「吾雖游於賈，而見海內文士，惟以不得執鞭為恨」；袁宏道亦敬吳龍田「愛其貞淳，有先民風，與之往還。」〔註 34〕士商之間往往也是互相利用的關係，如鐘惺言：「富者餘貲財，文人饒篇籍，取有餘之資財，揀篇籍之妙者刻傳之，其事甚快，非唯文人有利，而者亦分名焉。」〔註 35〕至於官商之間的勾結更為常事，「官以商之富也而腴之，商以官之可以護己而豢之。」〔註 36〕

　　關於士商之間滲透、融合的新關係，汪道昆說得十分透徹：「新都（徽州）三賈一儒……賈為厚利，儒為名商，夫人畢事儒不效，則馳儒而張賈；既側身饗其利矣，及為子孫計，寧馳賈而張儒。一馳一張，迭相為用，不萬種則千駟，猶之能轉轂相巡，豈其單厚計然乎哉！」〔註 37〕一些在仕途上無法功成名就的士人，往往選擇棄儒從商，牟取經商之利，一旦獲利致富後，為了

〔註 30〕　安吉拉‧習孫寧吉，《明代（1368～1664）商人的社會經濟地位》頁 138、140
　　　　　～142。轉引自包筠雅，《功過格：明清社會的道德秩序》。
〔註 31〕　汪立正纂修，《休寧西門汪氏大公房揮僉公支譜》，卷 4。（北京：中國社會科
　　　　　學院歷史研究所圖書，1986 年）
〔註 32〕　（清）汪箴，《徼信錄》，〈貨殖傳〉。（成都：巴蜀書社，1993）
〔註 33〕　（清）歸莊，《歸莊集》，卷 6。（上海：上海古籍，1982）
〔註 34〕　（明）袁中道著，錢伯城點校，《珂雪齋集》，卷 17。（上海：上海古籍出版，
　　　　　1989）
〔註 35〕　（明）鍾惺著，李先耕、崔重慶標校，《隱秀軒集》，〈題潘景升墓刻吳越雜志
　　　　　冊子〉。（上海市：上海古籍，1992）
〔註 36〕　（清）王世球等纂修，《兩淮鹽法志》，卷 44，〈人物志〉。（北京：國家圖書館
　　　　　出版社，2009）
〔註 37〕　汪道昆，《太函集》，卷 52，〈海陽處士仲翁配戴僅合墓志銘〉。（合肥：黃山書
　　　　　社，2004）

後代子孫的名聲，又回過頭來重新打起士人的旗號；而商人也因為取得與士人交通的資格與管道，得到社會大眾更多的認同，這是商人地位提升的重要因素與指標。

（二）奴僕：兩種極端的身份

明代引人注目的經濟發展，造就了一批經商致富的大地主，這些富商為了追求更富有樂趣的生活，大多遠離土地居住在城市，然後再尋找一個家鄉的「家人」代管產業，而自己則成為所謂的「遙領地主」或「食租地主」。這些為遙領地主代管產業的「家人」有些確實是地主的親屬，但有一些則是地主信得過而又有能力的家僕、管家。如此而造就了一小批特殊的奴僕：他們的社會地位低下，卻掌管著與其身份地位極不相襯的權勢與財富，正如清初的一則記錄所言：

> 徽州汪氏、吳氏，桐城之姚氏、張氏、左氏、馬氏皆大姓也，恆買僕。或使營運、或使耕業。久之（僕）積有資……其小弟讀書進取，或納資入官，主之不禁……及顯達，即不稱主僕而呼主為叔矣。〔註38〕

於是除了商人之外，社會上另一批「不合傳統」的新勢力出現了，即有權有勢的豪奴，他們利用為主人代管資產的機會，壓榨佃農或投資店鋪，為自己積聚私財。這些豪奴的人數沒有確切的記錄，但筆者相信數目不會太多，因為在許多文獻資料中，我們見到更多關於奴僕悲慘生活的記錄，如張履祥所描述的：

> 飢寒勞苦不之恤，無論己甚者；父母死不聽其縗麻哭泣；甚者，淫其妻女若宜然矣；甚者，奪其資業莫之問矣；又甚者，私殺之而私焚之莫敢訟矣。〔註39〕

從這段文字看來，明代的奴僕無論在社會上或法律上的地位都很低，即使法律給予最低限度的保護，沒有地位的奴僕不懂也不敢請求法律維持正義，任由主人剝削迫害。

無論是仗著主人權勢發達的豪奴，或是生命遭受任意踐踏的奴僕，都不是一種正常的情勢，而是一種極端，極端必然帶來不安，於是握有權勢的豪奴野心勃勃的企圖侵占主人的財產，而長久遭受欺壓處於底層的奴僕則為自

〔註38〕徐珂，《清稗類鈔》卷10，頁82。（北京：中華書局，1984～1986）
〔註39〕張履祥，《楊園先生全集》，頁25。

身的生存起而抗爭，並發出「家主亦應作僕，事我輩矣」〔註40〕的怒吼。

明朝商業蓬勃的發展攪亂了社會的穩定，使社會各階層呈現一種流動不安的狀態。商人掙脫千年來的束縛，從備受輕視忽然成為眾人爭相投入的目標；商人地位的提升帶來新的士商關係，士人不再是社會地位的保證，取得功名後積極從商者大有人在，士人也不再自命清高的對商人不屑一顧，傳統四民最上與最底的二個階層開始可以平起平坐，相互交流。

商業的發達造成的另一個社會問題，即是貧富差距的擴大：有土地者藉著既有的權勢侵占更多的土地；依賴土地維生的農人或者為了避稅或者為了還債，紛紛賣掉土地，投靠地主成為佃戶；更有一些貧無立錐之地者，乾脆賣身成為奴僕，過著極悲慘的生活，當然我們也看到少部分奴僕因為得以代管主人的產業而發達的。

總之，無論是商人地位提升、社會對金錢的追求或是極端的貧富差距，這些都指向一個共同的問題：社會秩序正在崩解。下層的人不再安份守己，努力想要往上晉升，因為整個社會現況告訴他，這是可行的，不管是透過合理或暴力的手段；上層的人則為保護既有權利而戰戰兢兢，傳統士人不再一枝獨秀，官場亦不再是他們的專利，富商甚至豪奴子弟現在都可能是他們的競爭對手；至於地主或富商，一部分遙領地主要擔心不安份的奴僕霸占家產，一部分人則憂慮於時有耳聞的奴僕抗爭活動。還有一些關注社會現象的士紳官員，則對大眾熱烈追求金錢，縱情享樂，過著不符地位、不符禮教的奢靡生活感到不安。

明朝的經濟發展是如此醒目，其所引起的變動與不安也同樣不遑多讓。

第二節　士人的多元化反思

上一節我們提到明代中後期之後，政治、經濟與社會的發展，整個社會呈現一種「變動」的狀態，無論對商人、百姓或底層的奴僕來說，這種流動都有助於他們向上提升，無論是社會地位或物質生活。

而受這種變化衝擊最大的，還是在傳統四民階層中位處最高的「士」。對上層的士人菁英來說，他們目睹客觀環境變化所帶來的動盪、踰越名份的亂

〔註40〕田中正俊，《晚明の起義、抗租と奴僕反抗》，頁 195。轉引自包筠雅，《功過格：明清社會的道德秩序》，頁 11。關於晚明的奴僕反抗具體事例另可參閱謝國楨，《明清之季黨社運動考‧明季奴變考》（上海：上海書店，2006）

象，很自然的會對所處的時代做出反省，進而從朱學獨尊的束縛中掙脫，創造出新的思維；此外，若干失意舉人或基層文人（如生員等），他們在地方上所扮演的角色，亦值得留意。這些士人受到社會局勢觸發，共同創造出一個精采多元的晚明思想世界，透過當時的思想潮流，有助於了解促使陰騭在晚明流行的氛圍。

一、對傳統理學的反省：陽明心學

早在十五、十六心紀之間，就已經出現對做為科舉樣板的程朱理學質疑的聲音，其中最著名的有我們所熟知的王門心學及從其延伸出來的各種派別。例如嘉靖元年（1521）章僑上書說：「近有聰明才智足以號召天下者，倡異學之說，而士之好高務名者，靡然宗之。大率取陸九淵之簡便，憚朱熹為支離。」﹝註41﹞章橋的上書一方面顯示這種以陸九淵之學為取向的「異學之說」，其發展已經到了需要關注的地步；一方面也透露出其對朱熹的反動，來自於朱熹理學過於支離。這種「異學」即是活躍於中晚明的陽明心學。

朱熹理學做為明代科舉的官方版本教材，在明代的發展有刻意迎合上層精英的傾向。例如程朱理學重要的內涵之一，即是「存天理，去人欲」，也就是要求盡可能的壓抑世俗的情欲，以使自身漸漸符合天理的標準。因此朱熹向來強調「道心」，而貶抑充滿欲望的「人心」，其云：「此心之靈，其覺于理者，道心也；其覺于欲者，人心也」；又說：「舜禹相授受，只說：『人心惟危，道心惟微』」。﹝註42﹞正是這種思想的表述，朱熹對世俗世界的鄙夷一方面否定了一般市井小民成就道德的可能；另一方面，更重要的是，成為上層知識分子的保護罩。這是因為要達到朱熹的道德要求，通常唯有透過嚴格的教育與訓練才有可能做到，而有機會接受嚴格教育與訓練的族群則又以知識分子為主，對於一般在底層為生活掙扎的百姓而言，這是過於理想且遙不可及的。

但是，這樣的學術思想顯然適合在傳統以士為尊的土壤中發展，卻與明代中晚期的社會現況不相符。中晚明的經濟與社會情形已於上節介紹過，士人不再是社會中唯一的高尚代表，金錢的作用遠勝於道德，商人的地位有時也不亞於士人，因此有助於維護士人獨尊地位的理學，由於與情勢背道而馳的關係，不可避免的，必然漸漸受到質疑。

﹝註41﹞《明世宗實錄》卷 19，頁 7602～7603。（臺北：中央研究院歷史語言研究所，民 53～55）
﹝註42﹞《朱子語類》，卷 62。（北京：商務印書館，2006）

要特別說明的是，王陽明（1472～1529）發展心學的時代，較明代經濟與社會真正進入大變動的時間來得早一些，而且事實上，已有許多學者提出王陽明的心學本於朱熹理學的看法，〔註43〕因此要說到針對朱熹脫離現實所產生的反動，最主要的並不是王陽明本身，而是由「心學」此一系統所發展出的各種門派。

陽明心學與朱熹理學最大的差異在於，王陽明肯定「人心」的道德價值，不似朱學脫離世俗，王學以為道德當在日用生活中「反求諸己」，毋需遠求。透過王陽明的學說，道德重新回到俗世間，進入人群。朱熹理學向來通過「格物致知」的方法修煉道心，認為要在外部世界與經典中反覆窮理以致善；王陽明則將求得真理的場域設定在個人心中，而提出「致良知」的理論，認為在每個人天生的良知當中即存在著理，外界的規則、禮教並非絕對的標準，只有當這些規則被人的良知認可時，才有被遵循的價值。

如此，在陽明心學之下，過去被視為權威不可動搖的經典如今也必須通過「心」的檢視，不再是牢不可破的絕對真理，正如其於《傳習錄》所言，「求之于心而非也，雖其言出于孔子，不敢以為是也」；由於成聖之理就存在個人心中，經典與博學不再是絕對唯一的路徑，因此陽明的心學實際上大大提高了個人的價值，也暗示除了文人之外，其他階層完善自身道德而成聖的可能。如果說朱熹的理學系統是為文人、菁英設立的，那麼王陽明的心學則更接近一般百姓，而不只是為知識分子所擁有。

明代經濟的發展、印刷術的進步、百姓手中擁有的財富以及城市風氣的相對自由，這些都使得自由講學的空間變得更為寬廣，各種思想的傳播也更為迅速。在這種條件之下，比傳統理學更貼近現實社會的「心學」體系，自然快速的在社會中散布開來；並且，由於有相當比例的知識分子甚至官員也投身商業，追逐利益，自然對於遠離世俗的朱熹理學較無好感，轉向能夠肯定他們行為的心學系統，因此在上層的菁英世界也獲得相當的支持。

二、向大眾開放的學問：泰州學派

在王陽明的後學之中，王畿從「心即理」的立場發展出「心是有善無惡之心，則意亦是有善無惡之意，知是有善無惡之知，物亦是有善無惡之物」的概念，極端的擴大了「心」的本體性。他所肯定心「有善無惡」的觀點，給予心

〔註43〕例如葛兆光、唐君毅、島田虔次、William Theodore de Bary 等都有類似看法，可參見葛兆光《中國思想史2》，頁 411～412。

靈極大的自由空間，而帶有禪宗的色彩。在此前提之下，王畿進一步認為，人應該順應內心良知自然而然的行事，不是為了外在的禮教規範或特意行善。

王畿這種擴張良知作用、否定外在道德標準的主張，被陽明學派的一個分支「泰州學派」〔註44〕吸收，透過肯定個人內心價值、降低經典與外部規範的必要性，從而發展出適用對象更廣泛的學說。

王艮（1483～1541），字汝止，號心齋，人稱王泰州，一般被認為是泰州學派的創始人。王艮出身社會下層的「灶丁」，十九歲時隨父經商而致富，後師事王陽明，吸收其關於「致良知」的學說，又受王畿「心有善無惡」觀點的影響，再加上自身由下層社會出身、經商的人生經歷，最終提出泰州學派最著名的主張：「百姓日用即道」。

王艮認為「百姓日用條理處，即是聖人之條理處」、「聖人之道無異於百姓日用，凡有異者，皆謂之異端」，因此聖學之道實是「至簡至易」，〔註45〕從而大大提升世俗大眾體悟真理而成聖的可能。因為道存在日常生活之中，不是在艱澀難懂的深奧經典中，因此他一生致力於社會下層的百姓講學，「入山林求會隱逸，過市井啟發愚蒙，沿途聚講」，希望協助這些被傳統理學排拒在道德門外的鄉夫村婦，找到入道的門徑，因為他深信「所謂師道立，則善人多，善人多，則朝廷正，而天下治矣。」

從王陽明以來，許多陽明後學都致力於講學，推展陽明之學，泰州學派則是其中偏屬激進的一支，其創始人王艮更有「出必為帝者師，處必為天下萬世師」〔註46〕的志氣。為了能夠更廣泛地走入人群，無可避免的必須破除聖人神聖不可攀的形象，並且要極大程度的簡化聖學，使凡夫俗子、販夫走卒的小民皆可親近聖人之道，以達教化萬民的目標。陽明後學，尤其是最平民化的泰州學派因此快速的累積支持群眾，但一方面也遭受正統儒家或傳統知識分子的批評與攻擊。

泰州學派另一位著名學者楊起元，在某次講學的場合，遇到與會者詢問以孔子之賢，要使人人都學孔子，如何可能？起元答道：「昔者愚聞之師，人皆可以為堯舜，堯舜即人也，人即堯舜也。識得此，人斯可以為堯舜矣。」〔註47〕

〔註44〕《明儒學案》以師承地域為界，把陽明學派分為浙中、江右、南中、楚中、北方、粵閩王學與泰州學派等。

〔註45〕王艮，《王心齋全集》，卷2，頁9、頁15，（臺北：廣文書局，1987）。

〔註46〕王艮，《王心齋全集》，卷3，頁11。

〔註47〕楊起元，《證學編》，卷1，頁1。（臺北市：漢學研究中心，1990）

被視爲泰州學派最後一位大家的周汝登，曾仔細分辨王學將道平易化的傾向，所謂眞正的聖學一切本於自然，回歸日常生活，不須刻意爲之，正如他在講學中說的：「又要樸實頭在家庭內做，不必務高慕遠。各人試看，若父母在前，心低不下，更說甚降心？兄弟間心捨不得，更說甚輕利？以至待奴僕處心忍不住，更說甚忍性？家庭中不踏實，外面粉飾，一切是假；若從家庭中做得實，外面自不須言。」〔註48〕這段話甚能表現王艮「百姓日用即道」的精義。

三、寧拘勿蕩：東林學派的回歸

陽明學派與其分支泰州學派對傳統理學的反動排山倒海而來，那麼原來的正統理學又如何應對呢？實際上，經過陽明學派積極講學的開疆拓土，明代理學牢不可破的最後一道防線只剩下中央科舉的支持，例如上面我們提到嘉靖元年章僑的上書，嘉靖帝的回應即是再次下詔：「自今取士，一依程朱之言，不許妄爲叛道不經之書，私自傳刻以誤正學。」〔註49〕因爲穩居朝廷取士的唯一教科樣書，朱子理學實際上仍掌握著大多數以科舉爲志的士人思想。但也正是因爲朱學的擁護者是備受批評的中央朝廷，越到明代後期，士人們對朝廷的不信任感越重，對於以理學爲取決標準之下，篩選出來的人才是否眞的適合用世感到懷疑，於是產生了一批介於王學與朱學中間的儒家學者，即晚明著名的東林學派。

東林學派一般被認爲是王學與朱學的調和者，東林學派大多爲理學出身的儒臣，而其代表人物顧憲成同時又是王陽明的後學弟子，他曾評論朱、王二種學派云：

> 以考亭爲宗，其弊也拘；以姚江爲宗，其弊也蕩。拘者有所不爲，蕩者無所不爲。拘者人情所厭，順而決之爲易；蕩者人情所便，逆而挽之爲難。昔孔子論禮之弊而曰：「與其奢也，寧儉」；然則論學之弊亦應曰：「與其蕩也，寧拘。」〔註50〕

因此，東林學派的基本立場乃是重新推崇程朱而反陸王，尤其是對泰州學派的批評更爲直接，如由陽明轉向東林的王塘南便說泰州學派「以任情爲率

〔註48〕 周汝登，《東越證學錄》，頁 167～168。轉引自呂妙芬，〈聖學教化的弔詭：對晚明陽明講學的一些觀察〉，中央研究院近代史研究所集刊，第 30 期，民國 87 年 12 月。

〔註49〕 《明世宗實錄》，卷 19，頁 7602～7603。

〔註50〕 顧憲成，《小心齋劄記》，卷 3。（臺北：廣文，1975）

性，以媚世爲與物同體，以破戒爲不好名，以不事檢束爲孔顏樂地，以虛見爲超悟，以無所用恥爲不動心，以放其心而不求爲未嘗致纖毫之力者多矣。」〔註51〕這些評論大致上也是時人批評泰州學派的主要重點。

東林學派認爲泰州學派將成聖的路徑看得太過於簡便，以致造成束書不觀、空疏的弊病，使得人人對於「心」有任意解釋的權利，缺乏同一標準，東林儒者擔心如此一來，終將導致道德秩序的潰散，更甚者將使政治趨向崩解，危害社會穩定。而朱子理學雖然過分嚴格的拘束人的道德修煉法門，但至少，它提供了一種權威性的道德（或經典），使人的善惡有一判斷規準，對於日漸混亂的社會來說，或許是更好的一種選擇。

不過若說東林學派完全傾向程朱理學，又並不眞確。他們對於社會或官府的批評也並不亞於其他學派，而與程朱理學的官學立場有所違背，實際上，東林學派之所以選擇崇朱貶王，很大程度上是出自於對泰州學派的反動，而其反動又來自對泰州學派可能毀壞社會秩序的擔憂，並不代表完全肯定程朱理學的全部內涵。他們所關心的只是：如何重建或穩定社會秩序？許多東林黨人將此關懷付諸行動，在家鄉推動公共事務或成立公共社團，如同善會、鄉校與各種家鄉的慈善團體。

另一方面，基於這種對社會秩序的關懷，東林學派又無法像程朱理學主張一種高超的道德標準，反而必須像陽明學派及其分支一樣，在一定程度上肯定「人心」的價值，因爲唯有親近人群，他們經世致用的理想才可能實現。因此在程朱學派極端重視「理」這一點上，東林學派反與王學相近，從較正面的角度看待人的欲望；在東林學者的解釋下，欲望不見得必然導致邪惡，只要善加引導、利用，欲望完全可以是一種指引人向善的正向力量。這種肯定欲望積極性的觀點，可以說是順應社會風氣發展的產物，也可以說是利用社會風氣導引人向善的一種變通。

四、由基層士人的動態看儒學轉向

晚明由於科舉名額無法配合人口增加的速度，士人中舉的機率越來越小，〔註52〕造成許多久試不第的基層士人（如生員）另謀出路，陳寶良曾針對此做過研究，舉出明代生員異業營生的方式大約有「訓蒙處館」、「游幕天下」、「由儒而醫」、「棄儒就賈」、「包攬詞訟」等；也有人直接放棄功名（生

〔註51〕顧憲成，《小心齋劄記》，卷3。
〔註52〕余英時，《中國近世宗教倫理與商人精神》（台北：聯經，1987），頁117。

員的身份），稱爲「棄巾」，以博取高名，造成晚明一股山人的風潮。〔註53〕

在這幾種落第士人的出路中，最值得關注的是士人「棄儒就賈」的潮流。上文已經提到晚明「士商融合」的情況，由於風氣的轉變，造成一波「棄儒就賈」的社會運動，〔註54〕但本文更關心的是，這種現象所引起的儒家世界的「義利之辨」。「義」與「利」的分別在孔子時已經被突顯出來，《論語・里仁》：「君子喻於義，小人喻於利」，這裡的「義利」含有「公私」的意義在內，用以區分「君子」和「小人」。儒家的「義利之辨」主要有二項特點，首先這個道德標準的勸說對象設定在「士」階層以上，並不包含一般市井小民；其次，「義利」無法雙行，人只能擇一而行。儘管傳統儒學在晚明仍有著根深蒂固的基礎與支持者，但這二項原則到了晚明，由於經濟、社會、思想界的變化，還是受到嚴峻的質疑與考驗：士人韓邦奇（1479～1556）、李夢陽（1473～1529）都有言論支持商人可以合乎於義，不獨爲「士」階層獨享；更有名的思想家顧憲成也提出了「以義主利，以利佐義，合而相成，通爲一脈」的經典看法，顯示他「義利合一」的立場。〔註55〕這種「義利」之間的分合與爭辯，也成爲功過格所面臨的一大問題，也是袁黃推行功過格時，受到批評的原因所在，亦即「爲利行善」與「純粹出於道德的行善」的爭辯，於下文還會再討論。

在晚明基層士人中，林兆恩（1517～1598，字茂勛，別號龍江）的發展也頗值得關注。林兆恩出生於福建蒲田一個大家族，久試不第後放棄舉業，於嘉靖三十年創立三一教。他認爲在儒、釋、道出現以前，世上就存在一種亘古永恆的「道」，「譬之樹然，夫樹一也，分而爲三大支，曰儒、曰道、曰釋。」〔註56〕這裡的「樹」即是「道」之本，而由此衍生出來的三個分枝便是儒釋道三教，林兆恩認爲三教後學未能發揮道之精髓，乃將三教合一，創三一教。雖然林兆恩認爲孔子、老子與釋迦牟尼皆繼承了道的宗旨，但在三一教中，三者份量並不相等，林兆恩特別推崇孔子之道，以其「最切於民日用之常」；對於後世佛教的批判則最爲深刻，認爲後世佛教不婚嫁而絕人倫，

〔註53〕陳寶良，《明代儒學生員與地方社會》（北京：中國社會科學，2005），頁297～357。

〔註54〕余英時，《儒家倫理與商人精神》（廣西師範大學，2004），頁163。

〔註55〕關於晚明儒家世界的「義利之辨」詳參余英時，《儒家倫理與商人精神》，頁179～182。

〔註56〕（明）林兆恩，《林子三教正宗統論・書先衍卷後》，收入《四庫禁燬書叢刊・子部》，十八卷，頁239上。

無父子君臣之義，僧人不務常業不知日常之用。〔註 57〕從林兆恩對後世佛教的批評來看，林氏實是以儒家的標準為標準，以儒家為根本的，正如余英時語，林兆恩走的實際上是「化儒學為宗教的一條路」〔註58〕這種以儒學為本，融入佛老宗教色彩的三教合一思潮，在林兆恩創立三一教而成為一種真正的「宗教」後，便由士人的思想層級，轉向全體民眾開放的一種信仰了，這種傾向基本上與晚明功過格發展的趨勢相呼應（見第四章第三節）。三教合一思想的流行，有助於將儒家的道德標準與宗教信仰結合，與功過格的形式相互符合，對於功過格能被社會大眾熟悉、接受，當有一定的助益。

第三節　小　結

明中期以後的社會，就是在上述這種政治、經濟、社會與思想的背景下，形成一種利於陰騭思想發展的氛圍。

在政治上，由於中央朝廷效率低落，皇帝權能失落，天子旨意鞭長莫及，無法貫徹到鄉里；另一方面，政治的腐敗也加深社會的不安定，因此民間社會的穩定成為重要課題，而其實際上的維持者則是基層的州縣官與士紳團體。如果法律的最高權力來源皇帝失去信用，那麼還可以利用什麼力量彌補？於是鬼神的權威成為另一種法律之外的選擇，這就造成以鬼神為背後動力的陰騭思想重新被考慮的空間。

在經濟社會因素上，商業的發達造成民間一種唯利是圖的金錢觀，時人以奢靡相競，無論在食、衣、住、行各方面，其享受超越地位名份者比比皆是，成為一種時尚，禮教不行。影響所及，財富成為人人追求艷羨的目標，入仕不再是唯一通向上流社會的路徑；金錢可以代替士人的道德地位，商人地位上升，士人失去道德模範的壟斷優勢。在上節的論述中我們看到許多商人的品德被讚揚，也看到士商間可以平起平坐的例子。

另一個社會流動的顯著例子是奴僕的二種極端地位，這是經濟發展帶來的貧富差距，富者可連陌千里，而貧者無立錐之地。於是賣身為奴或無力完稅自願賣地寄生的人數越來越多，這就造成奴僕人數大增。生活悲慘的奴僕與僥倖藉主人之勢發達的豪奴同樣不安份，為求更好的生存起而抗爭，造成社會進一步的動盪。

〔註57〕　（明）林兆恩，《三教正宗統論・道業正一篇》。
〔註58〕　余英時，《儒家倫理與商人精神》，頁 200。

　　這些踰越禮制、社會流動的事例，使原本安份守己的百姓開始思考，向上提升是否可行？因為在那個時代，人不但可能藉由自身的努力擺脫貧窮，而且現在，經商致富還可以同時獲取社會地位，而不再是受人輕視的行業，可以說是真正的「名利雙收」了。這種情勢恰好提供陰騭思想一種思想上的正當性，因為陰騭思想與社會情勢相符合，同樣允許人積極向上，並且改變現狀。

　　在思想界的情勢亦然，王門心學的出現，加以泰州學派的推波助瀾，人人皆可以超凡入聖的訴求深入民間，於是原本追名逐利的社會，開始思考同時完善自身道德的可能，即使有很大一批士人受制於科舉，仍擋不住這波思潮的醞釀，後來的東林學派在肯定「欲望」這一點上便受到心學系統的啟發。這種肯定個人價值，鼓勵人日用即可修行的概念，在很大程度上與陰騭思想，尤其是功過格的思路相同。無論後世對於王學或泰州學派何種評論，但在當時他們所訴求的內容確實有助於陰騭思想的傳播，這是不爭的事實；至於清初實學興起，陽明之學以其末流空疏逐漸逍退在歷史舞台，但對於已形成的陰騭思想的流行則無損矣。儒學的轉向同時也發生在基層士人的世界，許多久試不第的士人投入商旅，造成士商合流的風潮，也激起儒學界的「義利之辨」；林兆恩則是另一種儒學轉向的例子，藉由引入宗教達到儒學宗教化的目的，進而將原本專屬士人階層的儒學向全民開放。功過格做為陰騭思想實行的一種重要形式，亦是在這種大時代的背景之下，獲得重新流行的契機。

第三章　陰騭與功過體系的發展

　　功過信仰是一種混雜儒、釋、道三教思想，以及中國本土信仰的複雜體系，其思想溯源可上推至商周時期對報應的看法。本章擬從功過信仰的思想、原則及發展三方面，對功過體系進行一較周詳的梳理，以闡明功過格產生的脈絡，最終目的在呈現袁黃功過格思想之源頭，並使之具有連結效果。

第一節　中國早期報應思想的發展

　　早在功過格流行甚至出現之前，中國就存在著人與超自然之間感應關係的信仰，楊聯陞先生曾分析傳統中國「報」的觀念：

> 中文裡『報』這個字有很廣泛的意義，包括報告、報答、報償、報仇，以及報應。這一些名詞的中心意義是反應或還報，而此一觀念是中國社會關係中重要的基礎。中國人相信行動的交互性（愛與憎、賞與罰），在人與人之間，以至人與超自然之間，應當有一種確定的因果關係存在。因此，當一個中國人有所舉動時，一般來說，他會預期對方有所反應或還報……這項原則有由來久遠的歷史，高度意識到其存在，廣泛地應用於社會制度上，而且產生深刻的影響。〔註1〕

可知報應的觀念是在傳統中國的社會中紮根，與中國人的生活密不可分。自然與人的「報」主要透過「感應」的模式進行，所謂「感應」是一套人與超自然界互動的模式，「感」即感知，「應」指報應，感應在不同時期可能指涉

〔註1〕楊聯陞，〈報—中國社會關係的一個基礎〉，段昌國譯，收入《中國思想與制度論集》。

不同內涵及歷程，超自然力的主宰亦有所變動，但其信仰的中心基本不變，即認為宇宙間存在著超自然力，此自然力將透過某種方式「感知」人的作為，並相信超自然將依所感知的內容為根據，對人施行「報應」。這種報應思想的發展，大致以漢朝為界，出現幾個較為重要的變化，可分為漢代以前、漢代及漢代以後三個區間。

一、漢代以前

　　這種報應信仰最早可以追溯到商朝。從甲骨文中證明，商朝人相信天帝與鬼神會對商王進行賞罰，但此時的賞罰可能還不具有「賞善罰惡」的道德判斷，賞罰的依據是人們的祈禱與祭品是否展現誠意，足以愉悅天神。西周武王伐紂出現一種新的賞罰關係，即天神會將天命賜給有德的人，使其能夠擁有天下，成為人間的王，而王的子孫則必須小心謹慎的使自己行事合宜，以保天命。因此周穆王告誡官員，必須「永畏惟罰，非天不中，惟人在命。」〔註2〕在周朝的上天對人的賞罰關係中，開始有了具體關於道德的標準，只是這層關係大致上還停留在上天（天神）與人間帝王或者俗世政權之間，少有言及一般百姓者。

　　無論是商朝或周朝關於報應信仰，都依賴一個全知全能的天（神）而成立。這個天（神）關注著人（特別是君王）的活動，對其活動有所「感」知，因此給予一個相對「應」的結果（賞罰），這也是「感應」一詞的基本內容。〔註3〕

　　春秋戰國時期，諸子百家爭鳴，許多經典中出現具道德判斷意義的報應思想，較為人熟知的如《老子》：「天道無親，常與善人。」告訴人們，「天」並不會特別的與誰親善，只有善人能得到上天的眷顧；《尚書‧湯誥》也說：「天道福善禍淫。」此處的「福」與「禍」皆作動詞解，是「賜福」與「降禍」之意，意思是上天賜福善人，而降禍給邪淫者；又說「作善，降之百祥；作不善，降之百殃。」意思也大致相同。《詩經‧大雅》則再次對帝王強調了天命思想：「命之不易，無遏爾躬，宜昭義同，有虞殷自天。」告誡帝王應該想到商朝滅亡的前車之鑑，謹慎的為善保持天命。另一個有名的諺語，來自

〔註2〕《尚書正義‧呂刑》，頁650，收入李學勤主編，《十三經注疏》（以下十三經引文皆同此版本）。（北京：北京大學出版社）

〔註3〕參看包筠雅的說法，「感應」一詞最早用於《易經》對咸卦的注釋。而在這裡僅是以「感應」一詞對早期報應發生過程加以描述，並非指涉某一特定專有名詞。

《易經》告誡的：「積善之家，必有餘慶；積不善之家，必有餘殃。」〔註4〕
上面所舉的《尚書》、《易經》等，在後來都被視爲儒家的經典，當中對於報
應的描述，也因此成爲漢以來歷代儒者勸誡帝王的例證。

二、漢代

（一）儒家的天人感應

　　漢朝基本上延續周朝「感應」的觀念，最大的差異在於執行「感應」的
機制。商周時期是由上天或天神觀察感知人的行爲，並據此執行對人的報應；
但漢朝發展出一套自動化的感應系統，其賴以運轉的力量不再是一個對人行
爲下判斷的神，而是瀰漫在宇宙間，組成萬物的「氣」。

　　人和萬物一樣由「氣」組成，因此人的行動本質上被視爲「氣」的運動，
不同的行爲造成不同的「氣」的運動，「美事召美類，惡事召惡類，類之相應
而起也，如馬鳴則馬應之。帝王之將興也，其美祥亦先見，故以類相召也。」
〔註5〕董仲舒在《春秋繁露》的這段話，頗能代表漢儒「天人感應」的觀念，
好的事情將引起好的反應，壞事則帶來惡的回應；四周萬物之氣有所「感」，
自發性地、自然而然地產生適當的「應」，這樣就完成了一次「感應」。

　　漢儒將這種「氣」的運動造成感應的解釋，應用在政治運作上。董仲舒
《春秋繁露》：

> 天之道，春煖以生，夏暑以養，秋涼以殺，冬寒以藏……聖天副天
> 之所行以爲政，故以慶副煖而當，以賞副暑而當夏，以罰副涼而當
> 秋，以刑副寒而當冬……故曰：王者配天，謂其道。天有四時，王
> 有四政，四政若四時，通類也，天人所同有也。〔註6〕

董仲舒認爲帝王所有的作爲都應仿天而行，合於天道時序。於是自然界的各
種現象便成爲對帝王政治表現或個人行爲產生的「（報）應」，例如夏季強風
被視爲大臣違反禮儀的象徵；春夏的洪水則是帝王不聽取臣下諫言的警告。
而西漢宣帝相丙吉有「問牛喘」而不問死傷的事情，因爲牛喘代表時氣失節，
調和陰陽爲三公之職，故問之。〔註7〕

〔註4〕　《周易正義‧坤》，頁36。
〔註5〕　董仲舒《春秋繁露》，十三卷，〈四時之副〉，收於《續修四庫全書‧經部春秋
　　　　類》，150，頁668。（上海：上海古籍）
〔註6〕　董仲舒《春秋繁露》，十三卷，〈四時之副〉，頁666。
〔註7〕　「丙吉問牛」事載於新校本《漢書‧列傳》，卷七十四，〈魏相丙吉傳〉，頁3147。

（二）與宗教信仰結合

　　黃老學派由老子的道家轉化而來，結合道家與神仙思想，最終的關懷爲長生不老與成仙，信奉者認爲行善是通往成仙的路徑，實踐各種慈善行爲則可獲得永生。

　　東漢末年興起的太平道與五斗米道，皆以爲人治病爲其傳教手段，並告誡信徒疾病是對其惡行的懲罰：「太平道者，師執九節杖，爲符祝，教人叩頭思過，因以符水飲之，得病或日淺而癒者，則云此人信道，其或不癒，則云此人不信道。」〔註8〕其中「叩頭思過」源於太平經：「今欲解此過，常以除日於曠野四達道上四面謝，叩頭各五行，先上視天，回下叩頭於地。……解子過於天地也。後有過者，皆像子也。」〔註9〕由於疾病被視爲犯錯的報應，因此治病者須先「解過」而後輔以符丹方能「病除」。不管是黃老學派或據此發展的太平道與五斗米道，皆屬中國本土宗教的成分，這些教派再揉合神仙思想、煉丹與各種方術，最終出現了中國道教的原始面貌，而報應思想也由此進入中國本土宗教的核心。

　　佛教傳入中國之後，由於佛教教義中的因果思想原本就具有報應的概念，很快的與中國傳統的報應思想結合起來。佛教主張人生活的一切遭遇都受因果影響，種善因得善果，種惡因必得惡果，與報應思想中「善有善報，惡有惡報」的概念相似；不同的是，早期傳入中國的原始佛教，其因果的運行並不依賴宗教活動，也不需要作爲道德判官的「天（神）」或「氣」，而是自然而然存在的固有反應。

　　無論是儒家、中國本土教派（後來演變爲道家）或是外來的佛教，中國傳統思想中最重要的三個成分：儒、釋以及本土宗教（或可視爲道教的前身），至遲在漢朝時都接受了報應信仰的觀念，並且對報應思想加以引用，以達成改善施政、吸收教徒或勸化人心的目的。此外，即使在感應歷程或動力上有不同解釋，他們中間存在一個共同的特性：人無法明確掌握自己的命運，報應的結果受人以外的力量操控。

三、漢代以後

　　隨著東漢帝國的崩解，中國進入長期分裂狀態，對政治局勢的不滿，造就一批崇尚玄學、標榜「名教出於自然」的思想家。相較兩漢儒家獨大的情

〔註8〕　新校本《三國志・魏書》，卷8，〈張魯傳〉，264，注引《典略》。
〔註9〕　王明編，《太平經合校》，卷97，〈妒道不傳處士助化訣第一百五十四〉。（北京：中華書局）

勢而言，魏晉時期則有儒學中衰、道家興起的趨勢，儒道二派由於勢力消長，形成一種對立的局面。但中國傳統知識分子的思想向來在儒家脈絡下養成，不可能完全擺脫其影響，因此也出現具有儒道雙重特質的士人。

整體而言，魏晉時期的知識分子，出世性格十分顯著，對神仙方術與煉丹養生的道家思想展現高度興趣，隱逸山林、追求成仙永生成為一種風尚。一方面為了滿足對於修煉成仙嚮往的需求，一方面也是順應這種思想上的潮流，勢必會促成一套更為完備的報應體系產生，葛洪的《抱朴子》就是這種時代思潮下的產物。

在《抱朴子》中提供修煉者一套計功成仙的方法，並在書中描述了上天的神職官僚體系，二者共同構築出一個以累積功德求取報償的系統。自葛洪《抱朴子》後，中國報應信仰進入一個嶄新的局面，人開始思考由自己操縱命運的可能，從全知全能的天手中，取回更多對自身命運的主導權，儘管這個原始的功過積累系統並不成熟，但後世許多更為複雜、完備的功過積累系統，確實是依循著這個模式建立起來的。

另一方面，佛教自西漢傳入中國，至魏晉而大盛，在與儒、道的角力過程中，彼此互相滲透融合，形成所謂「佛教中國化」，〔註10〕其果報與地獄觀念也影響了中國的報應信仰，與本土民間信仰的結合，又產生十王信仰。凡此種種，使得中國的報應信仰呈現多元的面貌，而在實際使用者的調和下，又有著一定的規律。總之，儒、釋、道與本土宗教在功過體系中的影響與交互作用，是顯著而複雜的。

第二節　袁黃以前的功過體系

上一節討論了中國報應思想的發展，在商周間產生了有道德尺度的報應觀，但主要對象是君王；漢儒將報應信仰建立在天人感應的基礎之上，並且主導報應運作的力量，也由高高在上的天（神）轉變為周布於萬物間的「氣」，但其關心的主題仍是改善政治，不脫儒家淑世情懷。由魏晉至唐，中國傳統報應思想與宗教界進行緊密的結合，影響層面更深入一般人民。時序進入魏晉，由於出世思想盛行，各種宗教的勢力能與儒家相抗衡，對於永生、成仙的強烈需求，加上對報應信仰漏洞的檢討，種種因素的交錯作用，終於催生

〔註10〕關於佛教的中國化存在「佛教征服中國」或「佛教中國化」的問題，可參照葛兆光《中國思想史》，上冊第四編，第六節，〈佛教征服中國?〉。

出具體的功過積累體系。值得注意的是，在魏晉思想背景下出現的功過積累體系，雖被視為道家產品，但其內容卻兼有濃厚的儒家色彩，而佛教思想也在一定程度上影響了功過體系的內容。

一、報應信仰的漏洞

由於中國早期報應信仰均仰賴超自然力的運作，雖然也有主張人應行善以求善報的內涵，但過程中人仍是處於被動的地位，在報應來臨之前，人無法明確預知命運的情況。更明顯的一個漏洞是，在現實生活中出現的許多事例，並不符合「善有善報，惡有惡報」的原則，人們太常見到為富不仁者享受榮華富貴，而堅守道德者貧病交迫，如同司馬遷在《史記》中發出的疑問：盜蹠「日殺不辜，肝人之肉」，結果「竟以壽終」；而伯夷、叔齊「積仁潔行」，最後卻落得「餓死」的下場。〔註11〕對這些無可避免會出現在報應系統中的不合理現象，儒家、中國本土宗教與佛教均有各自的一套解釋：

首先，更精確的來說，上面提到報應信仰與現實生活所產生的矛盾問題，對純粹的儒家來說是不存在的，這是由於儒家報應的內涵與我們現今所說的報應並不相同。如上文所述，商王的報應為祭祀天神所得的報酬；早期儒家經典中的道德報應是天命；而漢儒對於報應的解釋偏重於自然的「氣」的運作。儘管在人的行為與後續的變化之間，存在一定的因果關係，但經由孔、孟對「天命」的解釋，道德的報償即是成就道德本身，已不是外在的長壽、成仙或榮華富貴了，因此完全是可以操之在我者。

孔子提出「生死有命，富貴在天」的看法，認為人應當關心的是改進自己的行為，完善自身的道德，而非這些行為會帶來的報應。孟子進一步闡釋孔子對「命」的觀念，將道德視為上天給予每一個人的「天命」，而每個人都具有完善道德的本性，所應努力者是發揮本性，完成「天命」；至於外在環境的財富、壽命等，則是上天給定的條件，無法改變，因此一個懂得天命的仁人君子，不會為求得富貴而行善，行善只是為了要「順應天命」。

正因為富貴、壽命或地位這些外在的環境都是定數，在人出生時就已決定無法改變，差別僅在於面對劣境時是否能夠安貧樂道，以成為君子，正如同孔子稱讚顏回的：「賢哉回也！一簞食，一瓢飲，在陋巷，人不堪其憂，回也不改其樂，賢哉回也」。因此我們可以說儒家利用孔孟這套「命」的系統，

〔註11〕 新校本《史記》，卷61，〈伯夷列傳〉。

解釋了何以行善的君子終生貧困，或是偏離道德標準的小人何以能夠享受富貴；也可以說，在純粹的傳統儒家裡，本來就不存在以道德為標準的報應觀念，而富貴、長壽或成仙等更不在傳統儒家的報酬選單內。

另有一派持宿命論調者，可以王充的這段話作為說明：

> 凡人操行，有賢有愚，及遭禍福，有幸有不幸；舉事有是有非，及觸賞罰，有偶有不偶……俱欲納忠，或賞或罰，並欲有益，或信或疑。賞而信者未必真，罰而疑者未必偽，賞信者偶，罰疑，不偶也。〔註12〕

宿命論者認為，人一生的禍福際遇，都是偶發的，並非特定行為或德行而引發的反應。王充的宿命論與孔孟對命的解釋相近，王充《論衡》云：「夫性與命異，或性善而命凶，或性惡而命吉。操行善惡者，性也；禍福吉凶者，命也。」〔註13〕但宿命論卻從根本上否定了整個自然報應的信仰，在宿命論的宇宙觀之下，報應系統中有道德意識的天、神或超自然之氣俱不存在，人的命運充滿了偶然的因緣，無法強求。

還有一派的思想家，他們試圖通過「三命論」的觀點，對報應信仰存在現世的矛盾加以解釋，為什麼在現實世界中「善有善報，惡有惡報」不是一種必然現象呢？這是因為人的一生受到三種命數的左右，即「壽命」、「隨命」、「遭命」。「壽命」表示個人生命長短，是一個與生俱來的固定數字；「隨命」的內涵則與「報應」相似，是一生中行為所引起的改變；最後的「遭命」則是代表一種不可理解的任意力量，亦即王充宿命論中決定命運的因素。引用三命的觀點解釋人的命運，尤其是「遭命」的任意性，便可對所有不合乎規則的報應自圓其說。〔註14〕

同樣的問題對宗教界來說更為重要，因為報應信仰本就不是儒家所關注的焦點所在，儒家所關心的在人本身，不在天；儒家努力的場域在現世，不涉及來世。但對於傳統中國的各種宗教派別而言，報應觀念都是其中心信仰的重要基礎，不管是追求長生的煉丹派、渴望成仙的神仙思想或寄望西方極樂世界與轉世輪迴的佛教，都與報應信仰緊密相連，透過報應信仰這些教義內容才與信眾發生關係。

〔註12〕 王充《論衡》，卷2，〈幸偶第五〉，收入《文津閣四庫全書・子部・雜家類》，864。（北京：商務印書館，2006）
〔註13〕 王充《論衡》，卷2，〈命義第六〉。
〔註14〕 王充《論衡》，卷2，〈命義第六〉。

宗教界對於現世命運中的不合理一般透過前世羯磨、〔註15〕祖先遺留的功過、天生的命數加以解釋。當一個人對自己行為與報應不能相符感到懷疑時，佛教可以解釋這是由於前世種下的惡因（羯磨），導致今生必須承受的惡果；部分教派則可能會以過去祖先為惡導致禍延子孫做為理由，例如四世紀時一個茅山派弟子郗回，在努力行善追求成仙時，上清諸神告訴他：

> 郗回父，無辜戮人數百口，取其財寶，殃考深重。怨主**恆**訟訴天曹，早已申對。回法應滅門，但其修德既重，一身免脫，子孫豈得全邪。
> 回當保其天年，但仙道之事去之遠矣。〔註16〕

天生的命數包含人天生固有的壽命與生活走向，類似今日所說一個人的「命盤」。無論是前世羯磨、祖先功過或天生命數，都含有前世、不可知的成份，正因其無法為今世所知曉或確證，所以被宗教家用來解說報應信仰中的矛盾現象，也使得宗教裡的迷信、神祕色彩更加濃厚。

二、功過體系的本土成分

早期中國傳統報應信仰中，報應的操控權在天不在我，當出現不合理的報應時，必然衝擊人們對信仰的信心，致使各家各派在解決報應信仰與現世矛盾問題時，延伸出對命運決定論的各種解釋。到了魏晉時期由於人們對追求成仙與長壽的需求大增，漸漸淬煉出一種有別過往、更具積極意義、賦與人一定參與程度的報應運作系統，亦即功過積累的方法。在功過積累的系統中，功過具有如下三項鮮明的特點：1. 功過可以延續後世子孫。2. 功過可以擴及他人。3.功過被明確的數量化，而能計算與累積。

功過延續的觀念自古已有，如《易經》中有名的警句：「積善之家必有餘慶，積不善之家必有餘殃。」從這裡可以分析出二個重要觀念：首先要注意到的是，報應的單位是「家」，並不僅限於個人；第二個重點是，從「餘慶」、「餘殃」的文字看來，報應具有延續的特性。

報應所具有的延續與擴及他人這兩種特性，事實上也不是超自然報應獨有的，而是普遍存在於傳統中國社會的人與人之間的往返。中國人重視「報」，但並不一定是即時的，例如婚喪喜慶或賀壽等，往往只有當對方發生相同的事情時才還報；此外，中國人的社會關係經常是以「家」（家庭或家族）為單

〔註15〕「羯磨」指個人的行為與目的，類似於佛教因果中的「因」，人們對於前世的羯磨只能接受其不可避免的結果。

〔註16〕《道藏·真誥》，轉引自包筠雅《功過格：明清社會的道德秩序》，頁34。

位，例如好友的下一代結婚，雖與之並無往來，但也被認為必須要有所表示，這是因為雙方的往來常常是以「家」為單位。

由此觀之，在傳統中國的禮俗中，還報本來就是可以延後轉移的，而轉移的對象則是擴大至其家（族），如我們經常聽到的「父債子償」即是。〔註17〕這種觀念複製到天人之間的報應關係，自然形成了報應可以擴及家人（家族），並且延及後世的觀念。

東漢末年的道教經典《太平經》，以「承負」和「奪算」為「報應」的主要內容，其概念為後來的功過積累體系輾轉相承，可視為功過積累體系的先驅。「承負」簡單的說，即是分擔命運，同時包含了功過延續後世、擴及他人及功過累積的多重概念。《太平經》解釋「承負」說：

> 承者為前，負者為後。承者，迺謂先人本承天心而行，小小失之，
> 不自知。用日積久，相聚為多，今後生人反無辜蒙其過謫，連傳被
> 其災，故前為承，後為負也。負者，流災亦不由一人之治，比連不
> 平，前後更相負，故名之為負。負者，迺謂先人負於後生者：病更
> 相承負也，言災害未當能善絕也。〔註18〕

根據這個說法，先人在行為上「小小失之」，使「後生人」必須「無辜蒙其過謫」，這是功過的延續性；而先人所犯的過錯，後世承擔「流災亦不由一人之治」，說明報應可能不只由一人承擔，例如《太平經》上記載的事例：上天因為人類殺害女嬰的惡行降禍，惡果即是女性人口減少，以致無法讓一個男人配有二個妻子（道教中一陽配二陰的觀念），殺害女嬰雖然是部份人的惡行，後果卻為所有人共同承擔。〔註19〕

可知在「承負」說中，先人為惡，承受報應者可能不僅僅是家人或家族，還擴及更大的範圍。至於功過積累的概念，早在《易經》時就有相似說法：「善不積不足以成名，惡不積不足以滅身。小人以小善為無益而弗為也，以小惡為無傷而弗去也。故惡積而不可掩，罪大而不可解。」〔註20〕「承負」說也表明惡行是會「用日積久，相聚為多」的，也就是說惡行的計算結果是「積累」而來，即使小惡，日積而終成大惡。

〔註17〕　對傳統中國「報」觀念的討論，可參見楊聯陞，〈報－中國社會關係的一個基礎〉。

〔註18〕　王明編，《太平經合校》，卷39，〈解師策書訣第五十〉，頁70。

〔註19〕　參見楊聯陞，〈報－中國社會關係的一個基礎〉。

〔註20〕　《周易正義‧繫辭‧下傳》，第五章。

　　「奪算」不同於「承負」的禍延他人，報應發生在爲惡者本身，處罰的方式則是減壽。「奪算」的前提是存在一個依照道德尺度做裁決的天，由上天派遣諸神負責記錄人的行事，並進行考核，因此「過無大小，天皆知之。」而「簿籍」中關於人的善惡記錄還會進行考核，所謂「簿疏善惡之籍，歲日月拘校，前後除算減年，其惡不止，便見鬼門。」〔註21〕

　　爲惡之人其惡行皆由天官詳加記錄，做爲減壽的依據，若猶爲惡不止，更可能遭到剝奪生命的懲罰。至於做惡之人，當受何種報應呢？《太平經》的解釋是：「過重者則坐，小過者減年奪算」，〔註22〕亦即情節輕微者以奪算減壽以爲處罰；至若惡行重大者，奪算已不能彌補其罪過，非殃及子孫不足爲誡。〔註23〕

　　東晉葛洪（283～343）繼承《太平經》關於報應的概念，終於在其著作《抱朴子》中出現了一個較爲具體的功過積累系統。雖然自漢朝以來就有關於行善可以積功並帶來好運的書寫，〔註24〕但一直到葛洪《抱朴子》出現，才證明了中國確實存在著量化的計功方法，以及一套負責監控、記錄善惡與執行報應的神職組織。

　　葛洪出身在一個信守天師道的家庭，一般被認爲是晉代道教的代表性人物，其著作《抱朴子》以記載大量關於神仙思想、煉丹養生之法，而成爲道教經典。但身處魏晉之際的葛洪，事實上承襲了當時儒道雙修的思想脈絡，在他的《抱朴子外篇·自敘》說：「其內篇言神僊方藥、鬼怪變化、養生延年、禳邪卻禍之事，屬道家；其外篇言人間得失、世事臧否，屬儒家。」〔註25〕相較於一般道教徒講求遠離塵世的出世思想，《抱朴子》展現葛洪儒家式的入世精神，他帶有批判意味的說：

> 山林之中非有道也，而爲道者必入山林，誠欲遠彼腥膻，而即此清
> 淨也。……上士得道于三軍，中士得道于都市，下士得道于山林。
> 〔註26〕

〔註21〕王明編《太平經合校》，卷110，〈大功益年書出歲月戒第一百七十九〉，頁526。

〔註22〕王明編《太平經合校》，卷118，〈天神考過拘校三合訣第二百一十一〉，頁672。

〔註23〕相關討論，可參看陳登武《地獄·法律·人間秩序——中古中國的宗教、社會與國家》（台北：五南圖書有限公司，2009），頁57～59。

〔註24〕如（元）葉留《爲政善報事類》，蒐羅了許多自春秋至宋朝期間，施行善政而獲福報的事例。

〔註25〕楊照明著，《抱朴子外篇校箋》，〈自敘〉，頁698。（北京：中華書局，1996）

〔註26〕王明，《抱朴子內篇校釋》，〈明本〉，頁187，（北京：中華書局，1988）

在葛洪的成仙之道中，處處可見這種儒道雙修的特質，成為《抱朴子》與一般專以丹藥、方術為成仙途徑的道教思想最大不同之處。他的淑世情懷形成一套帶有儒家道德色彩的成仙標準，其《抱朴子內篇・對俗》云：「欲求仙者，要當以忠孝、和順、仁信為本。若德行不修，而但務方術，皆不得長生也……積善事未滿，雖服仙藥，亦無益也。若不服仙藥，並行好事，雖未便得仙，亦可無卒死之禍矣。」〔註27〕

可見對葛洪來說，道教徒中的「方術」、「服仙藥」，只是成仙的輔佐方法；想要成仙，真正的根本是要能到「忠孝」、「和順」與「仁信」。人能夠依著這些「道德標準」行善，即使不服仙藥、不務方術，就算無法成仙，也可以得到壽終正寢的「好報」；反過來說，若不依循「道德標準」行善，即使「服仙藥」也無益於成仙。至於這些「道德標準」，尤其是「忠孝」、「和順」、「仁信」等，顯然是根據儒家思想訂立的。〔註28〕

明白了葛洪成仙思想中的儒家成分，我們再進一步來看《抱朴子》中關於「功過積累」的原則與方法。《抱朴子內篇・對俗》云：

> 行惡事大者，司命奪紀，小過奪算，隨所犯輕重，故所奪有多少也。凡人之受命得壽，自有本數，數本多者，則紀算難盡而遲死；若所稟本少，而所犯者多，則紀算速盡而早死。又云，人欲地仙，當立三百善；欲天仙，立千二百善。若有千一百九十九善，而忽復中行一惡，雖則盡失前善，乃當復更起善數耳。故善不在大，惡不在小也。雖不作惡事，而口及所行之事，及責求布施之報，便復失此一事之善，但不盡失耳。〔註29〕

從這裡來看，葛洪功過積累思想的宣傳對象並不僅限於追求成仙的道教徒，對於一般民眾也有警示作用。對一般人來說，行為的善惡將影響其壽命長短，人的壽命主要由二種「數」計算：一為「本數」，即出生時註定的壽命；二為「奪算」，這種思想顯然是受《太平經》中「奪算」觀念的影響，凡有惡行者，依其情節大小輕重奪其算紀，「大者奪紀，紀者，三百日也；小者奪算，算者，三日也。」由「本數」扣除因為惡該折之算、紀，便可計算出人此世之最終壽命長短。

<hr>

〔註27〕《抱朴子內篇》，〈對俗〉，頁53～54。
〔註28〕參看陳登武《地獄・法律・人間秩序——中古中國的宗教、社會與國家》，頁59～68。
〔註29〕《抱朴子內篇》，〈對俗〉，頁53～54。

　　對於追求成仙的道教徒來，行善則是求仙的基本法門，在這裡葛洪並將善行「量化」，他提出一套成仙的「價目表」：要想成爲「地仙」者，必須行「三百善」；要成爲「天仙」者，則需行「千二百善」。

　　葛洪又繼承中國傳統功過可以積累的思想，進一步說明功過積累的原則。首先是善行將被惡行抵消，即使已行一千一百九十九善，「而忽復中行一惡」，那麼之前所行諸善盡失，必須歸零重新計算，藉以警惕有志於成仙者，當時時刻 刻小心謹慎，日日夜夜行善遠惡。

　　其次他又宣揚了爲善不欲人知的觀念，如果行善後四處宣揚，「責求布施之報」，那麼「雖不作惡事」，也會「復失此一事之善」，只是不若作惡般會將前善盡抵罷了。這種倡導「爲善不欲人知」的觀念與孔子所云「勿伐善，勿施勞」相若，影響了後來宣揚「功過積累」的經典中，「一件善行不能受兩次報償」以及「祕密行善」的觀念。

　　最後我們還可以看到，葛洪的思想承襲了《易經》「善不積不足以成名，惡不積不足以滅身」的觀念，所以「善不在大，惡不在小也」，行善貴在持之以恆，因而再次強調了善行與惡行都是可以積累的。

　　爲了確保這個功過積累體系的運作與可信度，葛洪又提出一套簡略的監控機制，《抱朴子內篇・微旨篇》云：

> 天地有司過之神，隨人所犯輕重，以奪其算，算減則人貧耗疾病，屢逢憂患，算盡則人死，諸應奪算者有數百事，不可具論。又言身中有三尸，三尸之爲物，雖無形而實魂靈鬼神之屬也。欲使人早死，此尸當得作鬼，自放縱遊行，享人祭醊。是以每到庚申之日，輒上天白司命，道人所爲過失；又月晦之夜，竈神亦上天白人罪狀。〔註30〕

由此可知，在葛洪《抱朴子》提出的這套功過積累系統中，掌握最後裁決權的是「司過之神」，可以「隨人所犯輕重，以奪其算」。但天地之大，僅憑一個「司過之神」要監控所有人的行爲，似乎難以周全，容易使人產生僥倖心理，因此「司過之神」還要派遣「三尸」和「竈神」負責記錄人的行爲。

　　三尸躲藏在人體之內，負責監看人之一言一行，唯有當此人死亡，三尸才得從人身解脫，獲得自由，因此告誡人們三尸將十分樂意於記錄人的所有惡行，並毫不保留的上報「司命之神」，使人因「奪算」而早死；竈神居於廚

〔註30〕《抱朴子內篇・微旨》，頁125。

房當中，監控一家行為，每到「月晦之夜」便回天庭「白人罪狀」。〔註31〕

在三尸與竈神如影隨形的監控之下，人的所有行為皆逃不過神靈的記錄，唯有時時自我警惕，才能免遭奪算的處罰。在這裡一個原始而簡單的神職體系出現了，這個「部門」的任務是負責監控人的行為並給予「報應」，「部門主管」是「司命之神」，由其派遣「下屬」「三尸」與「竈神」到人間進行「觀察記錄」，並經由他們的「回報」做出判決。

上述葛洪《抱朴子》中種種關於「功過積累」的內容，成為後出「功過積累」一系列善書的原型，包含在日後被視為經典的《太上感應篇》與《太微仙君功過格》，並由此發展出更加詳細的「功過積累」規則，與一套日趨複雜的神職系統，在此基礎之上產生了「功過積累」運作的重要模式：功過格。

三、《太上感應篇》與《太微仙君功過格》

功過積累體系在葛洪之後持續發展，歸因於宗教對其大量的運用；對任何派別的教徒來說，行善的最終目的在於獲得神賜以趨吉避兇。在佛教徒，善行的報償是落入更高的輪迴，或是更高一層的跳脫輪迴，前往西方極樂世界；在道教徒，善行是追求成仙或長壽的方法。並且藉由佛經的宣揚，不管是否篤信佛教，人們普遍相信為惡者將受到處罰，最常的例子便是一幅幅怵目驚心的地獄圖像。

由於各式教派在解釋教義時，經常融入功過積累的思想，相互影響的結果，使得這個體系發展出形形色色、具有各種教派色彩的內容，推動這個體系運作的神祇也不獨屬於任何一個教派，使功過積累體系無法歸入任何一種宗教當中，但同時也吸引了各種宗教甚至知識分子的加入。這種複雜的發展情勢一直持續到了十二世紀晚期，二部重要的經典出現了，亦即《太上感應篇》與《太微仙君功過格》，而「他們最終被認為是這個體系的決定性文本。」〔註32〕

（一）《太上感應篇》

傳統中國的功過積累與報應觀在魏晉之後，朝向更綜合性的方向發展，

〔註31〕關於「三尸」的討論，可參閱陳登武《地獄‧法律‧人間秩序》，頁69，註58。

〔註32〕包筠雅，《功過格：明清社會的道德秩序》，頁35。筆者以為這是表明此二部經典在「功過格」的發展上，具有承先啟後的地位，並不表示此二經典與後世（明清）及至現代普遍流傳的「功過格」內涵相同，可參照本節結語。

由魏晉到唐，融合了漢民族原始的自然崇拜、傳統儒家對經書的詮釋，以及本土、外來宗教各自的教義，上述種種因素在中國的「報應」系統中成功的融合，並逐漸脫離宗教的藩籬，將有特定對象（如道教團體）的道德立場，進行一種世俗化、普遍化以及全民化的轉變。

《太上感應篇》就是這種潮流下產生的作品，他是目前已知對功過積累和超自然報應進行系統性整理與介紹的第一部作品，雖然他幾乎是忠實的繼承了葛洪《抱朴子》關於功過積累的思想。如將「太上」所云諸般惡行與葛洪《抱朴子》所列六十七件惡事做一對照，可以發現《抱朴子》警告人的惡行幾乎完全爲《太上感應篇》沿用，字面或意義完全相同者幾達十之八九，便是一項明確的證據。但《太上感應篇》最重要的價值也是在於，他去除了《抱朴子》中屬於道教專有的、艱澀難明的符令方術，使功過積累體系朝普世化的方向轉化。

《太上感應篇》的作者究竟何人，學界未有定論，〔註33〕但依內容言則有三教合一的傾向。全篇以「太上」引述《左傳》的話「禍福無門，惟人自召」作爲開端，指示人必須對自己的命運負責。接著他引述了一個與葛洪《抱朴子》「奪算」相仿的概念，其云：

> 是以大地有司過之神，依人所犯輕重，以奪人算。算減則貧耗，多逢憂患；人皆惡之，刑禍隨之，吉慶避之，惡星災之；算盡則死。又有三台北斗神君，在人頭上，錄人罪惡，奪其紀算。又有三尸神，在人身中，每到庚申日，輒上詣天曹，言人罪過。月晦之日，灶神亦然。凡人有過，大則奪紀，小則奪算。其過大小，有數百事，欲求長生者，先須避之。〔註34〕

這裡稍微擴充了葛洪司過報應的神職體系，於司過之神、三尸、灶神之外，又增加了三台星與北斗神君，「在人頭上，錄人罪惡」，凡爲惡者同樣會遭受「奪其紀算」的處罰，這種「舉頭三尺有神明」的觀念，至今日仍延續不絕。至於三尸與灶神的職能描述，與葛洪《抱朴子》則幾乎如出一轍。

接下來《太上感應篇》分別列出二十八項他所認爲的「善行」與一百七十九條的「惡行」。這些善行的標準幾乎就是中國傳統的普世價值，而中國傳

〔註33〕關於《太上感應篇》作者、年代等問題可參閱朱越利〈太上感應篇與北宋末南宋初的道教改革〉，《世界宗教研究》，1983年第4期。

〔註34〕（宋）李昌齡傳，鄭清之贊，《太上感應篇》，頁7～12，收於《正統道藏・太清部》，27冊。

統的普世價值觀念的源頭，從最早先的自然崇拜、儒家思想，到後來又融入佛、道的教義，已很難歸屬於任何一端；若視其內涵，似可以「勸善」思想統稱之，〔註35〕此「勸善」思想包含了對個人道德修養、待人處世與慈悲為懷的要求。

在善行之後即有「善報」，太上云：「所謂善人，人皆敬之，天道佑之，福祿隨之，眾邪遠之，神靈衛之；所作必成，神仙可冀。」行善者除了在人世間得享福祿，只要行善不綴，甚至可以位列仙班，和葛洪《抱朴子》一樣，「太上」也給求仙者訂立了「欲求天仙者，當立一千三百善；欲求地仙者，當立三百善。」的標準。

在善行善報之後，「太上」又列出一長串關於惡行的條目，其數量是善行的七倍有餘，內容所涉龐雜。其中有規範儒家五倫關係者，如「暗侮君親」、「慢其先生」、「攻訐宗親」、「恚怒師傅，抵觸父兄」；有進一步規範家庭關係者，如「男不忠良，女不柔順」、「不和其室，不敬其夫」、「用妻妾語，違父母訓」、「無行於妻子，失禮於舅姑」；有規範行業道德者，如從商者「短尺輕度，輕秤小升」、「以偽雜眞，採取姦利」；甚至也有關於公部門的惡行列舉，如「輕蔑天民，擾亂國政」、「賞及非義，刑及無辜」、「凌孤逼寡，棄法受賂；以直為曲，以曲為直；入輕為重，見殺加怒」等。

除了對外在行為的告誡，並列舉許多可能導致惡行的內在性格或意念，如「剛強不仁，狠戾自用」、「受恩不感，念怨不休」、或是「見他榮貴，願他流貶；見他富有，願他破散；見他色美，起心私之；負他貨財，願他身死；千求不遂，便生咒恨」的嫉妒惡心。其他還有一些關於民俗禁忌、不敬宗教之事也被列入「惡行」的名單當中，例如「晦臘歌舞，朔旦號怒」、「對北涕唾及溺，對灶吟詠及哭」、「以灶火燒香，穢柴作食」、「唾流星，指虹霓，輒指三光、久視日月」、「對北惡罵」等，儼然一部「生活公約大全」。這種包羅萬象式的惡行條目，使得《太上感應篇》對於講求儒家道德的知識分子或鄉間目不識丁的村婦野叟，同樣具有說服與吸引力。

惡行之後接續的便是惡報，其云：

> 如是等罪，司命隨其輕重，奪其計算，算盡則死，死有餘責，乃殃
> 及子孫。又諸橫取人財者，乃計其妻子家口以當之，漸至死喪。若

〔註35〕關於中國的「勸善」思想可參見吳震，〈明末清初道德勸善思想溯源〉，《中國哲學研究》，2008 年 6 期。

> 不死喪，則有水火盜賊，遺亡器物，疾病口舌諸事，以當妄取之值。
> 又枉殺人者，是易刀兵，而相殺也。取非義之財，譬如漏脯救饑，
> 鴆酒止渴，非不暫飽，死亦及之。〔註36〕

「太上」表明了為惡者受惡報的原則，幾乎含括了所有報應思想的主要原則，其中既有引自《抱朴子》的奪算概念，也包含自古以來報應會「延續」的傳統思想，並融入了傳統中國對於報「以家為單位」的觀念，亦即報應將擴及家族。還有一點值得注意的是，這裡的罪過同樣含有「量」的概念，所以會有「輕重」；並且其「過」必須與其「報」相對稱，因此才會出現「死有餘責」的現象。

最後，「太上」以力勸人「改過遷善」做為結尾：

> 夫心起於善，善雖未為，而吉神已隨之；或心起於惡，惡雖未為，
> 而兇神已隨之。其有曾行惡事，後自改悔，諸惡莫作，眾善奉行，
> 久久必獲吉慶，所謂轉禍為福也。故吉人語善、視善、行善，一日
> 有三善，三年天必降之福；兇人語惡、視惡、行惡，一日有三惡，
> 三年天必降之禍，胡不勉而行之。〔註37〕

在這段簡短的結語中「太上」引述了佛教經典《法句經‧述佛品》「諸惡莫作，眾善奉行」的內容，又以佛教對人語、視、行的三個層面進行「善」的要求，使其「勸善」的目的呼之欲出。

除了可以看出其受佛教影響之外，這裡主要告誡人們二件事：第一，在起心動念之間，神靈已有感應，因此除了避免實際的惡行外，對於內心道德的修煉也不可忽視。第二，犯過雖有「禍」，但只要誠心「改悔」，從今而後「諸惡莫作，眾善奉行」，是可以「轉禍為福」的，相較於《抱朴子》以一過而抵一千一百九十九善的嚴格，《太上感應篇》顯得較為寬厚易於親近，並更強調了「改過」的益處。

透過「太上」的訓示，《太上感應篇》實際上提供社會大眾一個更世俗化的道德指南，去除掉《抱朴子》中為成仙設計的諸多道教式的方術與符籙，僅僅保留了其關於功過積累的部份，這樣子的轉變當有助於一般大眾的接受與使用，並在社會的道德指導上，發揮更大的作用，在《太上感應篇》之後的諸多講述「功過積累」理論的善書，基本上都是朝著相同的路子，往世俗化與大眾化邁進。

〔註36〕《太上感應篇》，頁135～140。
〔註37〕《太上感應篇》，頁140～141。

可能因為這樣，使得《太上感應篇》在士人階層同樣受到關注。李昌齡（1108～1811）為紹興廿一年進士，曾授四川眉州縣令，無疑是一個標準的儒士。他為《太上感應篇》所作的傳洋洋灑灑三十大卷，經由他的註解，使得《太上感應篇》摻入儒學的成分，因而成功獲得士人階層的注意。更有名望的理學家眞德秀加強了《太上感應篇》的正統性：「世謂感應之言獨出于老佛氏，非也。《書》有作善降祥之訓；《易》有積善餘慶之言。」〔註38〕宋理宗皇帝甚至親自在其刊本上題寫「諸惡莫作，眾善奉行」八字，並命工匠刻印經書發行全國，一時風行。〔註39〕

（二）《太微仙君功過格》

在《太上感應篇》問世的幾年後，出現了另一個功過積累體系的指標性經典——《太微仙君功過格》，這也是目前所知現存最早的一個功過格。《彙集功過格》緒言云：「感應篇、功過格皆勉人以積德累功，修身立命。但感應篇則提示夫大端，功過格則詳求於細行。」〔註40〕如果說《太上感應篇》為功過積累體系提供了一套世俗化的理論架構，那麼《太微仙君功過格》便是施行的細則規定。

《太微仙君功過格》目前已知版本有二，「道藏本」是目前所知最古的一種，收於「百家名書」的版本則流行於萬曆年間，酒井忠夫考校二種版本序文及內容，僅僅數字之差，但「百家名書版」較「道藏本」多了長春眞人《方便文》與《功過格後續》。〔註41〕

其序云：

> 易曰：「積善之家必有餘慶，積不善之家必有餘殃」。道科曰：「積善則降之以祥，造惡則責之以禍」。故儒、道之教一，無異也……余于大定辛卯之歲，仲春二日子正之時，夢游紫府，朝禮太微仙君，得受功過之格，令傳信心之士。……遂整衣戴冠，深硯揮筆書之，不時而就。皆出乎無思，非于用意，著斯功格三十六條，過律三十九

〔註38〕眞德秀，《西山先生眞文忠公文集·感應篇》，卷35，頁549。

〔註39〕吉岡義豐編，《道教研究》，頁81～82，轉引自吳震，〈明末清初道德勸善思想溯源〉，《中國哲學研究》，2008年6期。

〔註40〕陳錫嘏，《匯纂功過格》，卷末《功過格序言》，頁21。轉引自包筠雅，《功過格：明清社會的道德秩序》。

〔註41〕本節關於《太微仙君功過格》版本、作者的論述，可參照酒井忠夫《功過格的研究》，頁509～512。

條，各分四門，以明功過之數，付修眞之士。明書日月，自記功過，
多寡與上天眞司考校之數昭然相契，悉無異焉。大凡一日之終，書
功下筆乃易，書過下筆的難，即使聰明之士。明然頓悟罪福因緣，
善惡門户，知之減半，愼之全無。依此行持，遠惡遷善，誠爲誠，
去仙不遠矣。

西山會眞堂無憂軒又玄子序〔註42〕

從序末的署名看來，經文作者叫做「又玄子」，於「（金）大定十一年夢授而
成」。那麼「又玄子」是誰呢？《百家名書》版的《太微仙君功過格》，其後
附《太微仙君功過格後序》云：

> 《太微仙君功過格》乃升仙之階梯，希望之堂奧。西山先生爲儒道
> 一貫之士，又以戒行謹身爲善，向以此道推與他人，冀共臻聖賢之
> 域，故能以精誠悟仙君，夢授格言集……。〔註43〕

顯然是以「西山先生」爲又玄子。「西山先生」即眞德秀，西山爲其號，曾爲
《感應篇》作序，〔註44〕因此被認爲是本功過格作者有其脈絡。但眞德秀西
山生卒年爲 1178～1235，與序文載「受功過之格」，「揮筆書之，不時而就」
的大定十一年（1711）有明顯矛盾之處，此點酒井忠夫先生已有論述。〔註45〕
包筠雅（Cynthia J. Brokaw）僅說又玄子是一名住在玉隆萬壽宮惠眞殿的道教
宗師，未明確交待其生平，但據《宋史·列傳》所載眞德秀生平看來，〔註46〕
包筠雅所說的「道士」又玄子不可能是眞德秀。

由上述可以推知，「西山先生」爲又玄子當是《百家名書》之誤；但明末
《勸戒全書》與《晨鐘錄》所收功過格內容相同，與道藏本相異，卻皆以眞
德秀爲作者。酒井忠夫以爲這正是明代儒道合一潮流之下的產物。〔註47〕明
代功過格的傳播者將功過格託言宋代先儒，以增其權威與正統性，乃是常事。

雖然沒有足夠證據指明《太微仙君功過格》作者身份，但由其「儒、道
之教一，無異也」的觀念，可確知其作者應當具有儒、道合一的思想與學識，
包筠雅也說這個「又玄子」強烈的感到必須強調他認爲的，功過格所具有的

〔註42〕《太微仙君功過格序》，收入《正統道藏·洞眞部·戒律類》，3 冊，頁 449。

〔註43〕轉引自酒井忠夫，《功過格的研究》，頁 510。

〔註44〕眞德秀，《西山眞文忠公文集·感應篇序》，卷 27。

〔註45〕酒井忠夫，《功過格的研究》，頁 509～510。

〔註46〕新校本《宋史》，《列傳》第一百九十六，《儒林七·眞德秀條》。

〔註47〕酒井忠夫，《功過格的研究》，頁 511。

豐富的儒學合法性，〔註48〕因此以儒家經典《易經》做為序文開頭。另外在道藏版《太微仙君功過格》序文末，有「去依此行持，遠惡遷善，誠為誠，去仙不遠矣」的話，〔註49〕表明這本功過格的取向是為求成仙者的指引，顯然具有道家色彩；若再參照其功過格與過律內容，有許多以道教戒律相關的條例（留待後述），因此推論作者為道教中人的可能性大於儒家知識分子，而與包筠雅所云「道教宗師」相類似。

　　另外，序文提到功過格的使用方法，不僅僅是做為參考的指南，而且必須「明書日月，自記功過」，記錄的時間則在「一日之終」，記錄的結果以「一月一小比，一年一大比」的方式結算，這個結果一方面做為上天報應的依據，一方面做為自我道德的警惕。由此可知這種功過格的使用方法已於宋代流行，明清時期的功過格加以沿用，沒有什麼太大變化。

　　在序文之後，是功格與過律的目錄，功格計三十六條，分為「救濟」、「教典」、「焚修」、「用事」四門；過律共三十九條，分為「不仁」、「不善」、「不義」、「不軌」四門。今以表列方式將所載內容進行整理，以利分析。

表1：太微仙君功過格內容簡表

功　格

門　別	條　目	細　則	備　註
救濟門十二條	以符法針藥救疾治邪	救重疾一人十功，小疾一人五功	受病家賄賂無功
		行治一度一功，施藥一服一功	
	傳符法方術救人	一術十功	受賄無功
	傳人保益性命符法藥術	一事五功	受賄而傳或令人受賄減為一功
	救濟罪犯	救一人刑死性命百功，免刑死性命百功，減死刑性命一人五十功。	1. 依法定罪無功 2. 私家減免婢僕罪刑同此論功
		救人徒刑四十功，免人徒刑三十功，減人徒刑二十功	
		救人杖刑十功，免人杖刑八功，減人杖刑六功。	
		救人笞刑五功，免人笞刑四功，減人笞刑三功。	

〔註48〕包筠雅，《功過格：明清社會的道德秩序》，頁48。
〔註49〕《太微仙君功過格序》，《正統道藏》版，頁449。

	救有力報人之畜	一命十功	
	救無力報人之畜	畜一命八功	
		蟲蟻飛蛾濕生之類一命一功	
	賑濟鰥寡孤獨窮民	百錢一功，貫錢十功。一錢散施積至百錢一功	1. 施實物以錢數論功 2. 饒潤窮民負債同論
	濟飢渴之民	一飲一食皆一功	
	濟寒凍之民	暖室一宵一功	
	救接人畜筋力疲困之苦	一時一功	
	助葬	葬無主之骨一人五十功，施地與無土之家葬一人三十功，埋葬自死者及牲畜一命一功，葬六畜骨殖至十六斤一功。	施地助葬而收取費用無功
	公共事業	平理道途險阻及泥水陷沒之所一日一人為十功。	
		造船橋濟渡不求賄賂者，所費百錢為一功，一日一人之功為十功。	
教典門七條	持護經法	自己受救人法經教一宗八功，保護自身法經教一宗四功。	
	於高士處求經	求救人法籙經教一宗八功，求保護自身法籙經教一宗四功。	
	傳法度人	傳法於官一人百功。	
		度生弟子一人五十功，度受戒弟子一人三十功	
	傳揚經法	以救眾經法付人五功，以保養性命經法付人四功，以演道經論付人三功。	
	注撰經法	救眾經法一宗三十功，保養性命經法一宗二十功，讚道之文一篇一功。	咏無教化者無功
	簡編經法	救眾經法一宗十功，保養性命經法一宗五功，讚道之文一篇一功。	
	造像助印	雕造經教費百錢一功、貫錢十功	所助印者需有益教化，非談論興亡勝敗及風月之文。
		印造散施與人小經一卷十功、大經一卷二十功	

焚修門五條	修聖像壇宇幢蓋幡花器皿床坐及諸供養之物	費百錢一功、貫錢十功	
		施人錢物修置，百錢半功、貫錢五功，什物一件一功。	
	旦夕朝禮焚修	爲國爲眾一朝二功，爲己一朝一功。	
	章醮	爲國爲民爲祖先爲孤魂爲尊親祈禳，薦拔況魂，一分二功。	受法信則無功
		爲己一分一功	
		爲施主一分一功	
	行拔亡符命	爲無告孤魂一符十功	受法信則無功
		爲祖先尊親一亡十功	
		爲平交親知及卑幼一亡五功	
		爲施主一亡四功	
	誦經	爲國爲民或尊親先亡或無主孤魂誦，大經一卷六功、小經一卷三功、聖號百遍三功	受法信無功
		爲平交親知及卑幼誦大經四功、小經聖號二功	
		爲施主誦大經一卷三功、小經聖號爲一功	
		爲己禳謝誦大經一卷二功，小經聖號一功	
用事門十二條	興諸善事利益	一人一功	
	講演經教及諸善言化諭於眾	在席十人一功、百人十功。	人數雖多止五十功
	以文章詩詞誡勸於眾	一篇一功	
	化人出財修諸功德	一貫一功	
	勸人官門鬥訟免刑	免死刑十功、免徒刑五功、免杖刑二功、免笞刑一功。	
	勸諫人鬥爭	一人一功	
	舉賢	舉薦高明賢達有德之士用事一人十功	
	揚善	讚揚人之善道一事一功	
	隱惡	掩過人之惡業一事一功	
	勸人不爲惡	一人廻心十功	
	素服	著紙衣一件二功、著布素黲（粗）衲之衣一件一功、著紈帛者無功。	
	淡食	自己飲饍有食者三功	
		晚而不食者二功	
		素食下味一功、中味半功、上味無功	

過律

門 別	條 目	細 則	備 註
不仁門十五條	告治不救	重疾者一人二過、小疾一人一過	
		治不如法一過	
		不愈而受賄百,百錢一過、貫錢十過	
	修合毒藥	意欲害人十過,害人性命百過,害人不死而病五十過。	
		害一切眾生禽獸性命十過,害而不死五過、舉意欲害一過。	
	學厭禱呪咀邪法	意欲害人十過,害人性命百過,害人不死而病五十過。	
		害人六畜一命十過,令病五過,舉意欲害一過。	
		厭禳人家令見怪異欲取財賄十過,得財百錢一過、貫錢十過。	
	論罪謀刑	謀人死刑成者百過,不成五十過,舉意不作十過。	1. 凡為官吏入人罪者同此論。 2. 行法官妄入鬼神罪者同此論。
		謀人徒刑成者四十過,不成二十過,舉意不作八過。	
		謀人杖刑成者十過,不成八過,舉意不作五過。	
		謀人笞刑成者五過,不成四過,舉意不作三過	
	心中暗舉惡事	欲殘害於人一人一過,事成一人十過	
		心意中邪婬(淫)雜想非理之事一過	
	言舉惡事	欲殘害於人一人一過,事成十過。	
		惡語向師長尊親十過,向善人八過,向平交四過,向卑幼一過。	
		言約失信一過。	
		揚人惡事一過,掩人善事一過。	
	傷殺人性命	故犯百過,誤傷殺八十過,以言遣殺者同使人殺者六十過。	
	傷殺畜命	故殺有力報人之畜一命十過,誤殺一命五過。	使人殺者同論
		故殺無力報人之畜飛禽走獸之類一命八過,誤殺四過。	
		故殺蟲蟻飛蛾濕生之屬一命二過,誤殺一過。	
		故殺傷人害物者惡獸毒蟲為一過	

	見殺不救	無門可救不生慈念二過	
		助讚殺生五過	
	見苦不救	救得而不救十過	
		無門可救不生慈念一過	
	見人憂不解	見人有憂不行解釋而故暢快者五過	
	見人畜死不起慈念	一過	
	過役使人畜	使疲乏力倦不矜其苦而剛使役者一時十過，加之鞭笞者一杖一過	
	用水陷溺路徑	使人畜出入行履艱難者一時十過	
	摧毀船橋	使不通渡者一時十過	
不善門八條	毀壞功德聖像壞宇幢蓋幡花器皿床具獻供之物	百錢之值一過，貫錢之值十過。	
		巧言說人毀壞百錢之值半過，貫錢之值五過。	
		見而不勸一過，讚助五過。	
	以言毀道	以言指斥天尊聖像二十過，真人十五過，神君十過。	毀滅經教與此同論
		見毀滅不勸一過。	
		讚助毀滅五過。	
	齋戒朝禮不誠	每遇齋日節今吉辰故不朝真二過，因私務不及并非齋日一過，因公務不及無過。為食酒肉葷辛及犯觸不朝真五過，忌日誤朝真一過。	
	晚食	遇節辰食晚食二過，常日晚食一過。	
	章醮不慎	齋醮供聖鎮信之物一物不備一過，章詞一字差錯一過，誤違科律格式一事一過，威儀有失一事一過，唱念不專一過，宣科讀狀奏對詞表差錯一字一過。	
		三朝真一時五過，供養進獻之物不備一過，一物不潔一過，不如法一過。	
	應受施主錢物非理使用	百錢一過，貫錢十過。	
	寫符有誤	薦亡符簡文字一字差錯一過，脫漏一字一過。	
		符文差錯脫漏十過，修寫書篆不如法五過	

	誦經有誤	誦念經典漏一字一過，一句五過，音釋乖背字音交差一字一過，念誦語句錯亂有失文意一句五過。	
		念誦之時心意不專五過，邪婬雜想及思惡事十過。	
		住經語惡事訖續念經十過，語常事五過，接陪賓侶三過，語善事一過。	
		不依誦經法式五過。	
		念經發嗔怒十過，凌辱他人十過。	
不義門十條	教唆人官門鬪訟	死刑三十過，徒刑二十過，杖罪十過，笞罪八過。	
	教唆人鬪爭	一人一過	
	教人為不善	一事一過	
	不舉賢	見賢不薦一過，見賢不師一過	
	不從明師	見明師不參授典教二過	尊長父母同此論
		不依師之教旨十過	
		反叛師長五十過	
		違師教公三十過	
	良朋勝友不交	一過	
	窮民不濟	不濟一過，復加凌辱三過	
	偷盜人財物或教人偷盜	百錢一過，貫錢十過。	實物論錢數定過
		見偷盜不勸一過，讚助偷盜五過。	
	不義而取人財物	百錢一過，貫錢十過。	
	欠人財物抵諱不還	百錢一過，貫錢十過。	因而謀害其過加倍
不軌門六條	傳教法隱真出僞欺罔弟子	一事五過	
		如受法信百錢一過	
		得人不傳一過，傳非其人十過。	
	煙粉傳記詩詞歌行	注撰一篇二過，傳與一人二過。	
		簡編一篇一過，傳與一人一過。	
		自己記念一篇一過。	
	食肉	故殺性命食之六過，買肉食之三過。	
		違禁肉故食六過，誤食三過。	
		遇齋日食之十過，食後入壇念善十過	
	飲酒	為評議惡事與人飲一升六過，無故與不良人飲一升二過，無故與常人飲一升一過。	為和合事理與友人飲祭酒、待賓服藥皆不坐過
		助婬懽（歡）飲一升十過。	
		齋日飲致醉或酒後入壇念善五過	

食五辛	無故食之一食一過。	
	食後持念經一大卷十過，一小經五過，一聖號一過。	
	齋日食之五過	
受觸	極親五十過，近親三十過，遠親二十過，良家十五過。	
	受觸之入壇念道、朝眞禮聖，及齋日犯觸隨儀每一過爲五過。	

※經中小註未錄

　　由上表可做如下分析：

　　《太微仙君功過格》功格與過律各分爲四門，大致上兩兩相對：「救濟門」與「不仁門」，「教典門」與「不善門」，「焚修門」與「不軌門」，「用事門」與「不義門」。其中「教典門」與「不善門」、「焚修門」與「不軌門」的內容有明顯的針對性，主要是對道教徒的規範；「救濟門」與「不仁門」、「用事門」與「不軌門」則涉及一般民眾的普遍道德觀念，但仍有針對道教的符法針藥、厭禱詛咒等規定，可以斷定此功過格並非爲教化一般民眾設計，而是某道教團體修煉的道德指引，〔註50〕與明末流行的功過格並不相同。

　　在諸過律中，有許多規定是針對內在的道德條煉，即使沒有實際行爲，只要心生歹念或心意不誠，即有過數。如修合毒藥「意欲」害人即有十過；誦經時心意不專記五過，心有邪淫雜念則記十過。這種強調內心道德的修養，正好與當時極爲流行的全眞派所主張的「內丹」〔註51〕修煉相謀合，除此之外，考察當時的儒學發展，正好走到重視內在精神世界的理學時期。表明功過格的確受到時代思想的影響，並反映出功過體系儒道合一的趨勢，這種趨勢一方面淡化了功過格的道教色彩，一方面也助長了宋代儒學的大眾化，終於在明代出現一種完全針對民眾道德修煉的新功過格。

　　《太微仙君功過格》中有關於論罪判刑的相關規定，並含有止訟的思想。值得注意的是，在罪刑上本功過格主張予以減免，若能救免人刑責有功，反

〔註50〕　至於是哪一特定道教團體，包筠雅認爲是指信奉許遜的許眞君派，也提及另一個道教教派「淨明忠孝道」；酒井忠夫則以爲根據功過格的內容來看並無涉及太多忠孝的成分，判斷應不是淨明忠孝道。關於此問題可參照包筠雅，《功過格：明清社會的道德秩序》，頁 44～46，頁 50～51；以及酒井忠夫《功過格研究》，頁 512。

〔註51〕　從魏晉以來，道教重視藥丹或方術在成仙過程的作用，稱爲外丹；相對於此，以全眞教爲代表的內丹派則強調通過冥思運作體內的精氣，是成仙的最好途徑。

之判人刑責則有過，即使是爲官執法亦同。這點規定明顯與國家法律衝突，在調和這種救免刑責思想與國法規定的矛盾中，影響了後世爲官者「慎刑」的觀念，此點從後出的針對爲官者所做的居官功過格中，有避免冤杖、冤徒等規定可以看出。〔註52〕

在功格與過律的規定中，有與花費錢財相關的條例，如施錢濟貧或供應道壇諸物有功；反之借錢不還或毀壞道壇諸物亦依價值計算其過。這種允許花錢行善積功的規定，成爲明清慈善團體的思想來源；由這種思想引起的反思，也影響功過體系中出現提倡「不費錢功德例」的呼籲。

上述種種爲筆者就列於《太微仙君功過格》中，關於功過內容的考察，由此可知《太微仙君功過格》儘管作爲道教徒修行指南，而與明清時流行的民眾化的功過格有異，但其中的許多思想仍被保留沿用，在功過體系的發展中仍有其重要性。上面提及關於明清功過思想的具體內容，都將於下面的章節進一步呈現。

四、佛教對功過體系的增補

在功過體系的發展中，佛教地獄觀念與功過相除原則的運用，可視爲對傳統中國功過體系的增補。

（一）功過相除

功過相除的原則在中國已有之，並非完全承襲佛教。在功過體系的思想源流中，《易經‧繫辭傳》有「積善」、「積不善」，「餘慶」、「餘殃」的概念；《太平經》有「承負」、「奪算」之說；葛洪《抱朴子》承襲此一脈絡，並提出一過足抵一千一百九十九功的說法；至《太上感應篇》提出「轉禍爲福」的觀念，隱含有以功除過的意義。但大致來說，以上都還停留在功過積累與報應的範疇，即使葛洪有以過抵功的說法，也還不是明確的功過相除，並沒有以功消過的記載。

但在政治上，則早自漢朝就有「殿最奏呈」做爲官吏績效的考課制度，所謂「殿最」，《漢書‧漢宣帝本紀》有顏師古註：「凡言殿最者：殿，後也，課居後也；最，凡要之首也，課居先。」〔註53〕《後漢書》載太尉「掌四方

〔註52〕 具體事例可參見袁黃輯，《功過格分類彙編‧增附居官功過格》，《叢書集成續編》62冊，頁252～255。（臺北：新文豐書局）
〔註53〕 新校本《漢書‧本紀》卷八，《宣帝紀》，第八，253。

兵事功課，歲盡即奏其殿最而行賞罰」；〔註54〕載丙吉云：「民鬥相殺傷，長安令、京兆尹職所當禁備逐捕，歲竟丞相課其殿最，奏行賞罰而已。」〔註55〕可見在漢代時這種考課官員的「殿最」之法已稱完備，後來歷代也都相承沿用，歷代正史皆可考。

　這種考課官員的殿最奏呈制度，又發展出「功過相除」的原則。《漢書‧東方朔傳》顏師古注：

> 論語仲弓問政於孔子，孔子曰：「赦小過，舉賢才。」周公謂魯公曰：「故舊無大故，則不棄也，毋求備於一人。」故朔引此言也。士有百行，功過相除，不可求備也。〔註56〕

表示「功過相除」的思想一直存在中國的傳統之中，隱而未顯。《北史》載洛拔忠事：

> 太傅清河王等奏：「忠擅殺樞納，輒廢宰輔，朝野駭心，遠近怪愕，功過相除，悉不合賞，請悉追奪。」靈太后從之。〔註57〕

北朝時已有實際將「功過相除」的概念運用於官員行為評語的事例；至唐代後而有以「功過相除」做為官吏考課原則的定制，《舊唐書‧職官志》云：「每年終，監牧使巡按孳數，以功過相除，為之（諸群牧）考課。」〔註58〕《新唐書》有相似規定。〔註59〕後來歷代亦沿用之，如《金史‧宣宗本紀》有「命掌軍官舉奇才絕力之人，提控、都副統等官互舉其屬。頒舉官賞罰格，許功過相除。品官及草澤人有才武者，舉薦升降亦如之」〔註60〕的規定。

　雖然「功過相除」的原則在隋唐之際已經施行在官員考核上，並且發展出一套制度，但在中國的宗教信仰中，「功過相除」的原則實際運用在人道德行為的考課中，主要受到佛教的影響。北魏由西域三藏吉迦夜和僧正釋曇曜所譯《付法藏因緣傳》，載有「若起惡心，當下黑石；設生善念，下白石子。即便如教攝念不散，善惡之起，輒便投石。初黑偏多，白者尠少；漸漸修習，白黑正等；至滿七日，心轉純淨，黑石都盡，唯有白者。」〔註61〕雖然《付

〔註54〕新校本《後漢書‧志》，第二十四，《百官一‧太尉》，3557。

〔註55〕新校本《漢書‧列傳》，卷七十四，《魏相丙吉傳》，3147。

〔註56〕新校本《漢書》，卷六十五，〈列傳三十五‧東方朔〉，頁2867。

〔註57〕新校本《北史》，〈于栗磾子洛拔‧烈子忠〉，頁843。

〔註58〕新校本《舊唐書》，卷四十四，〈志第二十四‧職官三〉，頁1883。

〔註59〕新校本《新唐書》，卷四十八，〈志第三十八‧百官三〉，頁1255。

〔註60〕新校本《金史》，卷十四，本紀第十四，〈宣宗珣上‧至寧四年甲午條〉，頁319。

〔註61〕吉迦夜、釋曇曜譯《付法藏因緣傳》，卷三。轉引自酒井忠夫《功過格研究》

法藏因緣傳》存在著偽經的疑慮，但裡面記載這種流行於北朝的「白（善）黑（惡）相除法」卻是可信的。

原本就存在於中國傳統中的「功過相除」觀念，融入佛教「白黑相除」的方法，在對人功德考評的體系中，漸漸也發展出「功過相除」的定制。酒井忠夫認為，至少在宋初以後的十王信仰中，就已出現「功過相殺」的內容。〔註62〕這是否影響了《太上感應篇》中強調「改過」可以「轉禍為福」的觀念，還沒有十分明確的直接證據；但《太上感應篇》結語引用佛教經典「法句經」來說明「改過」，卻是事實。因此即使佛教「白黑相除」法沒有直接影響《太上感應篇》，間接的思想傳遞不能說沒有。

（二）地獄觀念

中國的地獄觀念則完全是佛教傳入影響下的產物，〔註63〕地獄觀念隨著佛教在中國的盛行而與中國本土的冥界相互影響，產生一個中國式的地獄觀。在佛教傳入前的早期中國，對於死後世界（冥界）曾有過「黃泉」、〔註64〕「幽都」、〔註65〕「蒿里」、「梁父」、「泰山」等想像，至東漢出現了道教的「陰曹地府」，並發展出「泰山治鬼」的認知。人死後「名系（繫）泰山錄」，死者戶籍由陽世遷往陰間，由「泰山府君」掌管。在由「泰山治鬼」的冥界中，已有一套類似人間官府的官僚體系，從出土的鎮墓文中可以找到許多「地吏」的職稱，〔註66〕大致就是本土冥界觀的原型。在這套本土構築的冥界體系中，起初並沒有明確「賞善罰惡」的報應思想，例如曹丕《列異傳‧蔣濟兒條》：

> 其婦（蔣濟妻）夢見亡兒，滋泣曰：「死生異路。我生時為卿相子孫，
> 今在地下為泰山伍伯，憔悴困苦，不可復言。今太廟西謳士孫阿，

註9。
〔註62〕酒井忠夫，《功過格研究》，頁501。
〔註63〕關於中國地獄觀念的產生，一般認為是佛教傳入的影響；余英時《東漢生死觀》則認為，在佛教傳入之前，中國道教已有地獄的觀念，在佛教的地獄觀傳入後與之融合，形成中國的地獄觀。事實上早期道教的冥界思想中，即使有陰曹地府的存在，也是著重在判別幽明或陰陽兩界，並沒有出現與「地獄」一樣，執行冥界審判、刑罰的場所，二者基本上仍是有所差異的。
〔註64〕《左傳‧隱公元年》，鄭莊公有「不及黃泉不相見」之語。
〔註65〕屈原《招魂》：「魂兮歸來！君無下此幽都些。」
〔註66〕（清）羅振玉，《羅雪堂先生全集初編》，第七冊，《遼居雜著丙篇‧古器物識小錄》。

見召爲泰山令，願母爲白侯，屬阿，令轉我得樂處。」〔註67〕
從蔣濟兒死後在地下受轄於「泰山府君」，可以知道故事所描寫的背景是中國
本土的幽冥世界；蔣濟兒生前爲「卿相子孫」，死後卻爲「泰山伍伯」，伍伯
是差役走卒一類的小吏，因此蔣濟兒泣訴「死生異路」，要求母親爲之「關說
調職」。在這裡並沒有明顯道德標準上的善惡分辨，解釋何以生爲「卿相子
孫」，死爲「泰山伍伯，憔悴困苦，不可復言。」似乎只是一種隨機的安排，
也並不特別強調冥界的恐怖或刑罰，與佛教影響下產生的地獄觀大不相同。

佛教的地獄信仰傳入後，結合中國本土的冥界觀，發展出一套有中國本
土神明參與統治的「中國式地獄觀」，其中最爲人知的就是十八層地獄與十殿
閻王的概念。這種融合了佛教、道教與民間信仰的地獄觀，比起中國傳統的
幽冥世界，更加強調地獄對人惡行的的審判與處罰，以及轉世輪迴的概念。〔註
68〕

爲了強化地獄勸善宣教的功能，出現許多生人入冥還陽，轉述地獄之苦
的故事，在南朝宋劉義慶《幽明錄》所載康阿得死後復蘇的故事中，就有「燒
床正赤」、「刀山劍樹」、「抱赤銅柱」等刑；同期王琰的《冥祥記》則有程道
惠所見地獄景象：「行至諸城，城城皆是地獄。人眾巨億，悉受罪報。見有掣
狗，齧人百節，肌肉散落，流血蔽地。又有群鳥，其喙如鋒，飛來甚速，鳩
然血至，入人口中，表裡貫洞；其人宛轉呼叫，筋骨碎落。」

在地獄中，有記錄人功過的簿冊與衡量罪福的業秤，並有「業道如秤，
重者先牽」〔註69〕的說法，與中國傳統功過考察的機制不同。南朝宋王琰《冥
祥記・沙門僧規》記載一則關於地獄如何秤量罪福的故事：

（前略，沙門僧規死後入冥）有一人，衣幘並赤，語規曰：「汝生世
時，有何罪福？依實說之，勿妄言也。」規惶怖未答，赤衣人如局
吏云：「可開簿檢其罪福也。」有頃，吏至長木下，提一匳土，縣鐵
梁上稱之，如覺低昂，吏謂規曰：「此種量罪福之秤也。汝福少罪多，
應先受罰。」俄有一人，衣冠長者，謂規曰：「汝沙門也，何不念佛？
我聞悔過可度八難。」規於是一心稱佛，衣冠人謂吏曰：「可更爲此

〔註67〕 （魏）曹丕等撰、鄭學弢校注，《列異傳等五种》，《列異傳・蔣濟兒條》，收
入《歷代筆記小說叢書》。（北京：文化藝術，1988）

〔註68〕 相關討論，可參看陳登武《從人間世到幽冥界——唐代的法制、社會與國家》
（台北：五南圖書有限公司，2006），頁292～293；317～318。

〔註69〕 曇鸞，《無量壽經優婆提含願生偈註》。

人稱之，既是佛弟子，幸可度脫。」吏乃復上置稱之，稱乃正平。

〔註70〕

由此可知在佛教中有記錄人善惡的簿冊，死後可「開簿檢其罪福」；另外還有「量罪福之秤」，如秤量是「福少罪多」便須入地獄受苦。但此時有「衣冠長者」勸告沙門僧規：「汝沙門也，何不念佛？我聞悔過可度八難」，而在沙門僧規「一心稱佛」後，重新秤量其罪福，結果「稱乃正平」，可知罪福可以相殺，功過可以相抵。人不但能在世時多行善事以消罪過，甚至死後到陰間還可以藉著「一心稱佛」繼續積功，改變結果。透過佛教經典與志怪小說對地獄的生動描寫，佛教中與功過信仰相關聯的新成分，也隨著地獄信仰深入民間，成爲中國功過體系的一部分。

第三節　小　結

綜上所述，在明清那種基於一般民眾道德，對全社會而非特定宗教團開放的功過格出現以前，中國的功過思想已經經歷過一段複雜的變化：在中國本土報應思想的基礎上，東晉葛洪的《抱朴子》繼承《太平經》，發展出針對道教團體道德立場的善惡計算原則，到宋代《太上感應篇》更進一步將這種信仰開放給全社會，成爲中國民眾可以共同遵循的道德指針。

但在報應的內容上，不管是「奪算」、「承負」或「餘慶」、「餘殃」，基本上都是現世的，並未涉及來世。在佛教傳入後，於原有的功過體系增補了地獄與輪迴的觀念，將報應延續到下一世；佛教中又有功過相除的觀念，將中國原本實施在官員考課上的原則，用來考評人的功過。以上總總成份混雜形成了明清以前的功過思想，並流行於民間，爲了能力行這些功過思想的指導，促成了功過格的產生。

〔註70〕　（晉）王琰，《冥祥記‧沙門僧規》。收於《說郛‧子部》，〈小說家類‧筆記‧志怪〉。（上海：上海商務印書館，1927）

第四章　袁黃與功過格

　　功過體系的思想發展在中國淵遠流長，其理論或具體的方法散見於含儒釋道在內的諸家經典，或反過來說是提倡陰騭思想者大多廣泛援用諸家經典來強化自身的合理性與權威性。明代固然由於大時代複雜的社會、經濟和思想變化提供功過格復興的氛圍，但論及功過格在明代的廣泛流行則主要透過一位來自浙江嘉善的士大夫——袁黃的努力。袁黃本身既是功過格的奉行者，也是陰騭思想的推行者，袁黃自傳性質的著作《立命篇》將他一生的許多成功都歸因於使用功過格，使得《立命篇》直至今日仍被視爲功德積累系統的指標教材之一。〔註1〕事實上在許多文本中顯示，即使在袁黃之後的整個17至20世紀，功過格的發展仍與袁黃有密切的關聯，要研究明代陰騭思想以及功過格的使用流傳情形，袁黃是一位極具代表性並且不容忽略的人物。

第一節　袁黃的思想源流與生平

　　本節擬從袁黃的家族、思想淵源、生平與事功三部分，對袁黃做一較爲詳細的介紹，除希望使讀者能對袁黃有一完整的認識外，最重要的目的在於交待袁黃功過思想的來源，並繼續於下節中討論袁黃推廣功過格發展的情形，藉以定位功過體系中袁黃的貢獻與位置。

〔註1〕　包筠雅《功過格：明清社會的道德秩序》頁64，指出許多後來的功過格和善書都是《太上感應篇》、《太微仙君功過格》以及《立命篇》的翻版，以此三部著作同爲功德積累的基本指南。

一、家族際遇與家學傳統

　　袁氏（1533～1606）世居嘉興陶庄，明代併入浙江嘉善縣，元末時已頗富足。明初時袁家為嘉善望族，不但擁有四十頃土地，袁家家長—袁順（袁黃為其第三代孫），更是地方上著名的六經學者。袁順並且和其他熱衷行善的士人共同組成一個勸勉行善的社團，發展出一種類似功過格的行善記錄制度，社團成員每日都要保留個人的行事記錄，按月提交其他成員檢視，以此激勵彼此行善之動力，其成果使得「人皆勇於為善而奔義。」〔註2〕由於這種對禮、義的執著態度，使得袁順在靖難之役時，決定堅守自己的道德立場，選擇支持反朱棣的勢力。當朱棣於1402年登基，袁順事敗後為避禍，不得已舉家遷逃江蘇吳江縣。在逃亡中，袁家被迫拋棄多數的財產與土地，加上袁順獲罪於朝廷，袁家子弟因此被拒於科舉門外，〔註3〕這次政治上的挫敗，使袁家同時失去地主的經濟收入與士人入仕的機會，必須另謀生路，最後他們選擇了從醫。儘管從醫是當時一項受人尊敬的行業，對於這樣的選擇，袁顥（袁順子）則認為純粹是出於袁家對道德追求的考量：

> 所借以養生者，不可無策也……今擇術於諸藝中，惟醫近仁。習之可以資生而養家，可以施惠而濟眾。〔註4〕

袁家從地方望族、遭遇政治挫敗導致家道中落、轉而從醫的這段經歷，對袁家的人生觀與思想學問發生產生極大的影響，造成袁家獨特的家學傳統，在一定程度上為袁黃所吸收，成為袁黃人格特質的主要內涵。

　　（一）家風

　　袁家世代以慈待人，頗有仁風，從《庭幃雜錄》的記載可以得到驗證。袁顥告誡子孫「忠信孝友，則世守之，苐令子孫家法足矣」。袁仁以先父之仁厚教育兒子：「汝祖生平不喜責人，每僮僕有過當刑，輒與汝祖母私約，我執杖而往，汝來勸止，我體其意，終身未嘗以怒責僕，亦未嘗輕罵僕，汝曹識之。」袁家世代以仁厚傳家，至袁黃母親時，更能以德報怨，待人以寬容，化仇為親，以袁、沈二家事為例：

〔註2〕 袁顥，《袁氏叢書》，袁黃編晚明版本，卷1，頁1。

〔註3〕 根據規定，應考時考生必須呈報上數三代（即父、祖父及曾祖父）姓名，只要當中一人曾是罪犯，便無法取得應試資格，因此袁家子弟自袁順後必須至第四代（即袁黃一輩）才能參加科舉。

〔註4〕 袁顥，《袁氏叢書》卷1，頁26。

比鄰沈氏世讎予吾家，吾母初來，吾弟兄尚幼。吾家有桃一株，生出牆外，沈輒鋸之，吾兄弟見之，奔告吾母，母曰：「是宜然，吾家之桃，豈可僭彼家之地。」沈亦有棗生過予**牆**，棗初生，母呼吾弟兄，戒曰：「鄰家之棗，慎勿撲取一枚。」并戒諸僕爲守護。及棗熟，請沈女使至家，面摘之，以盒送還。吾家有羊，走入彼園，彼即撲死；明日，彼有羊竄過**牆**來，群僕大喜，亦欲撲之，以償昨憾。母曰：「不可。」命送還之。沈某病，吾父往胗之，貽之藥。父出，母復遣人告群鄰曰：「疾病相恤，鄰里之義。沈某病，家貧，各出銀五分助之。」得銀一兩三錢五分，獨助米一石，由是沈遂忘讎，感義至今，兩家姻戚往還。古語云：天下無不可化之人，諒哉。〔註5〕

由於袁黃母親李氏的仁厚感化了沈氏，化解兩家的世讎。事實上李氏爲袁仁續弦妻，原配王氏生子袁衷、袁襄，王氏早逝續娶李氏，生子袁裳、袁表（袁黃）、袁袞。但李氏並不獨厚己出，對待五子一視同仁，袁襄自記「吾母（李氏）愛吾兄弟，踰于己出。未寒思衣，未飢思食，親友有饋果饌，必留以相飼。既娶婦，依然呴育無異齠齔也，吾婦感其殷勤，泣語予曰：即親生之母，何以踰此。」

又一次「偶潯鱷，婦（袁襄妻）親烹，命小僮胡松持奉，松私食之。少頃，婦見姑問曰：鱷堪食否？姑愕然良久，曰：『亦堪食。』婦疑退而鞫松，則知其竊食狀。復走詢姑曰：『鱷不送至而曰堪食，何也？』吾母笑曰：『問，則鱷必獻。吾不食則松必竊，吾不欲以口腹之故見人過也。』李氏之慈愛、厚德如此。〔註6〕

從以上二事例，可以知道袁家家風醇厚，以仁愛待人，先祖遺風，於袁黃不能沒有影響；而袁黃母親李氏更是直接影響袁黃，將仁愛精神深植袁黃心中，爲其人格特質樹立良好典範，錢曉云：「參坡博學惇行，世罕其儔；李氏賢淑有識，磊磊有丈夫氣」，〔註7〕袁黃日後的施政措施皆以愛民、不忍民苦爲出發點，其慈善精神在家庭教育時期便已絫下根基。

（二）家學傳統

1. 脫離科舉束縛

袁順因爲政治上的不愼，導致袁家往後三代不得參加科舉考試，但也正

〔註5〕《庭幃雜錄・袁襄》，收入《四庫存目叢書・子部・雜家類86卷》。
〔註6〕關於李氏的二個事例見於《庭幃雜錄・袁襄》。
〔註7〕《庭幃雜錄》，錢曉跋。

因如此，袁家人可以更自由的汲取各家養份，毋需固守應試規範的教本，也不需順應當朝者的思想喜好，這個家族波折反而帶給袁家更多的選擇權，走出一條與多數士人不同的學術道路。中國自元代以來便以四書為應舉藍本、科場程式，尤其自明成祖編成三部儒家經書《大全》後，更加奠定程朱理學的獨尊地位，〔註8〕引導當代士人多鑽研四書而捨棄六經，以程朱理學為真理，不加懷疑也不加思考，達到明政府對士人統一思想的目的，同時也造成士人思想的呆化。然而袁家自袁順時便喜讀五經甚於四書，以為儒家義理精髓在於五經，〔註9〕在失去應試資格後，袁家人對於士人所謂的「標準答案」——程朱理學可以更加自由的發揮思想，不必配合科舉而抱持絕對的態度，因此「袁家從來不把他們自己與經典解釋的任何特定傳統聯繫起來。」〔註10〕

學術上的自由，使袁家得以涉獵更廣博的學問，不必在科舉科目上汲汲營營，因而袁家人對於儒學的解釋往往是不以任何一派為宗，但又是在消化各種派別後得出的獨到見解。例如袁仁（1479～1546，袁黃父）嘗見子姪讀《尚書》，但他認為這個注疏版本不佳，乃自編尚書教材，不與俗套同，教授子姪習讀。甚至袁家人對經典的注釋有時是與朱熹相對立的，這些具有袁家獨門色彩的思想，在當時是一種創新，但對正統理學的擁護者來說卻是一種偏離正軌的表現，例如《四庫全書總目提要》的編纂者對袁仁在〈毛詩或問〉中誹謗朱熹表達不滿，〔註11〕認為袁仁是一個見識不廣而提出偏頗見解的人；袁仁另一篇〈尚書貶蔡篇〉則被評為「存心異端」、「標新立異」而遭到摒斥。〔註12〕

袁仁不僅否認程朱對儒學的解釋是唯一真理，對於心學體系的王陽明學派，袁家同樣抱持著懷疑的態度，堅持袁家對儒家的道德解釋，直接探求孔子的思想真義，而非後代加以演譯的解釋，這就是袁家獨有的儒家學術傳統。

〔註8〕 三部大全分別為《性理大全》、《四書大全》、《五經大全》。三部大全收集內容以程朱學門諸人及後進學說為主。

〔註9〕 在《袁氏叢書》的所有與經書相關的文章或注疏對像都是五經，袁黃《四書刪正》、《袁先生四書訓兒俗說》是袁家寫四書相關文章的開始，與袁黃參加應舉有關。

〔註10〕 包筠雅，《功過格：明清社會的道德秩序》，頁73。

〔註11〕 關於此事包筠雅《功過格》頁73與蕭世勇〈袁黃的經世理念及其實踐方式〉頁14有不同解釋：前者云《四庫全書》編者因袁仁將朱熹對詩經的見解比喻為盲人摸象而不滿；後者則云《四庫全書》編者將袁仁對詩經的見解評為盲人摸象。本文從前者。

〔註12〕 《四庫全書總目提要》，17卷，頁10上；12卷頁18上。

雖然這樣的儒學不被所謂的「正統」（或說官方）所認可，但恰恰表現了袁家在學術上充滿自信且擇善固執的特質。這種對道德的堅持，適足以說明袁順為何能夠勇於反對非正統的篡位者，不惜冒著牽累家族的風險，堅持對合法統治者的忠心。

2. 宿命觀與功德積累思想的開端

突如其來的家庭變故，袁家很自然的會尋找出一個解釋，使家族能平心靜氣的接受命運的安排，安份並認真的行善，靜待命運好轉，這個解釋即是「宿命」。

袁順獲罪於朝廷後，因為擔心招致全家族的危機，因此力勸袁家人做個安份平凡的良民，減少與官府接觸，以降低風險。〔註13〕袁顥（1414〜1494，袁順子，袁黃曾祖父）謹遵父親教訓，告誡其子不要對社會地位或財富有所奢望，因為「操履與升沉自是兩途。不可謂操履之正自宜榮貴；操履不正自宜困厄。若如此，則孔顏應為宰輔，而古今宰輔達官不復有小人矣。」〔註14〕

由於榮華富貴都是由上天安排決定，而決定的標準又非憑藉個人道德或操守，經上天排定的命運也並非個人可以改變，因此袁顥要求家族子弟能夠順從命運，安於命運。為了避禍，袁顥特別強調謙順忍讓，避免與人發生糾紛，以符合太祖皇帝《教民榜文》中「孝順父母、恭敬長上、和睦鄉里、教訓子孫、各安生理、毋作非為」的良民標準，使家族能遠離官府的調查與迫害。這種為適應家族變故所產生的、具有宿命色彩的思想具體的反映在袁顥所寫的《袁氏家訓》中。

從上述袁顥對於命運的態度來看，十分接近孔子對於「命」的理解，孔子以為，命是上天賜與而無法改變的既存事實，即使付出再多努力也強求不得，具有典型的宿命色彩。孟子進一步擴充孔子的觀點，認為人雖受制於「命」，但生而為人天生所具有的「性」卻是操之在我，不受環境、貴賤或聰明才智等各種外在條件限制，只要能充分將內在本性發揮，亦即努力為善，力求道德層次的提升，就能成就人的最高境界，成為聖人。

袁顥也提出與孟子相類似的看法：「吾家既不求仕，則已絕意於榮貴。而操履之正自是吾人當行之事，言必締審，行必確實，而讀書明道，約己濟人，

〔註13〕袁顥，《袁氏叢書・袁氏家訓》：「吾家不謀祿仕，非由憤然逃避。其理之一，殺運未除，應苟全性命至四五性。倘時移刑省，方應世而出。」

〔註14〕袁顥，《袁氏叢書》卷1，頁23下。

絕無分毫望報之意……蓋功名出處原有定分……若定分中所有，雖不奔趨，
遲以歲月，亦終必得。故世有高見遠識，超出造化機緘之外，任其自來自去，
胸中坦夷自在，略無憂喜，亦無怨尤。」〔註15〕

　　袁顥對於家族蒙難採取了這種看似消極的宿命解釋，但在順從接受命運
之餘，卻又透露出袁顥對成就個人積極的一面—行善以求功德圓滿。事實上
袁顥並非真正的宿命論者，其言論中所顯示的宿命思想，只是他選擇的一種
面對方式與自我安慰的方法，試著讓「失去科舉資格」不要顯得太過絕望。
因此袁顥越是表現得「安貧樂道」，我們越可以知道「不得應試」對袁家來說，
是多麼沈重的打擊。袁顥的一段話可見端倪：「吾舍舉業而執是藝六十餘年，
雖不能無誤，而憐貧救患所積陰功無數，子孫宜世世守之。」〔註16〕

　　不僅是袁顥，靖難之役後的幾代袁家人都具有類似思想，且隨著重新參
加科舉時機的接近，這種思想在袁家也就越活躍明確。袁仁（袁黃父）進一
步解釋袁顥「吾舍舉業而執是藝六十餘年，雖不能無誤，而憐貧救患所積陰
功無數，子孫宜世世守之。」的話說：「吾家積德，不試者數世矣，子孫其有
興者乎？」〔註17〕在袁顥時還只是將重心擺放在行善積德，希望後代能遵行
不悖，並未清楚點明積德背後的功利目的；但袁仁時離解除不得應試的禁令
只剩一代，在袁家的家庭記錄《庭幃雜錄》中可以發現科舉的議題又重新成
為袁家的焦點，以下事件可以說明：袁仁的另一名兒子袁裳，和袁黃一樣已
過三代不仕的限制，母親欲栽培其讀書應試，但袁仁以為袁裳福薄，雖聰慧
但不適合入仕，因此令其棄舉學醫。

　　從上面的敘述，我們可以看出二個重點：首先，因「袁裳福薄」所以「不
適合入仕」，表示在袁家人心中，入仕乃是「有福之人」方得享之，顯示出袁
家人對於「入仕」的態度；其次，由於中舉最重要條件不是聰慧或努力，而
是「有福」，因此「積德以求子孫興（中舉）」的思想也因此被突顯出來。

　　到了袁黃時，由於身為家族可應試的第一代，背負著家族長久以來潛藏
的期待，似乎是只許成功不許失敗的壓力，迫使袁黃對於積德以求功名的依
賴十分強烈，在其自傳性的文章《立命篇》中，將自己之所以能夠中舉，完
全歸因於先祖積德所得的福報：「人家科第大率皆由祖宗積德。今少年得意輒

〔註15〕袁顥，《袁氏叢書》，卷1，頁30下，頁31下～32上。
〔註16〕袁顥，《袁氏叢書》，卷1，頁27上。
〔註17〕袁衷，《庭幃雜錄》卷2，頁15。（採用酒井忠夫《袁了凡及其善書二》尹建
　　　華譯版本的句讀）

囂然自負，以爲由我而致，不復念祖考累世締造之難，薄亦甚矣。」

由上述，我們可以發現隱藏在袁家宿命論背後，袁家眞實的家族傳統有著鮮明的功德積累色彩，不但不是「絕無分毫望報之意」，甚至是與孔孟的正命思想有著明顯對立，只是時機未到，於是袁顥選擇了柔順的接受命運，並選擇了最可以行善的從醫，默默積累功德，以待時機獲取回報。袁家人顯然察覺到這二種思想明顯的矛盾，因此袁仁在兒子準備應試的過程中，不斷提醒喪失道德的危險：「……近世人家生子，稟賦稍異，父母師友即以富貴期之，其子幸而有成，富貴之外，不復佑功名爲何物，況道德乎？」〔註18〕要兒子一面準備應試，一面應保持行善修德的誠心。

3. 對佛道的吸收

從事醫業，袁家對於含有大量養生法門的道教，很自然的有所涉獵，袁顥曾主張醫者應對「玄門」、「玄牝之門」與「氣」的運用和保存應有所認識，因爲這些方法恰可以補充醫學無法治療的區塊，對於草藥和針灸無法解決的病痛，也能起到相當的作用；袁仁也曾寫過幾篇文章有關於「氣」的運行，〔註19〕認爲運氣有益於長壽。袁黃《祈嗣眞詮》中關於道教的養生方法，也有相當的篇幅。〔註20〕酒井忠夫認爲，袁黃是首先發現金丹道與醫學關係的人,《祈嗣眞詮》可以視爲呈現道教中「金丹道」和醫學關係的著作。〔註21〕

除了偏向內丹的道教養生系統外，袁家對於道教另一種內容－命理預言極有興趣。袁顥與袁仁都曾研究過《皇極經世》，並利用其中揭示的方法分析過去、預言未來。〔註22〕袁黃的自傳性文章〈立命篇〉中，爲袁黃預言的孔某精通《皇極數正傳》，所謂《皇極數正傳》即是從邵雍《皇極經世》衍生的象數之書，孔某便是利用此一方法爲袁黃剖析命運，並爲袁黃所信服。

佛教對袁家的影響至遲在袁黃父親一代變得顯著。在袁仁以前，袁家與佛教的記錄是零星的，如袁顥曾提示兒子使用佛教的五種工夫進行道德修

〔註18〕 袁衷，《庭幃雜錄》卷1，頁4。
〔註19〕 袁仁，《運氣總論》、《五運論》均是「氣」的相關著作，收入《袁氏叢書》卷10，頁53～56。
〔註20〕 《祈嗣眞詮》共由十個部分組成，分別是改過、積善、聚精、養氣、存神、和室、知時、成胎、治病、祈禱。其中聚精、養氣、存神完全是道教色彩，其他各部則雜有道教及各種成分。
〔註21〕 酒井忠夫，〈袁了凡及其善書（二）〉，《宗教學研究》，1992年，第2期。
〔註22〕 袁仁，《記先祖菊泉遺事》，收入《袁氏叢書》卷10，頁50。轉引自酒井忠夫《中國善書研究》，頁334～337。

煉；〔註23〕到了袁仁時期，袁家崇佛的色彩變得十分鮮明，在《庭幃雜錄》中明確記載袁仁和李氏（袁黃母）信仰佛教，袁仁並且禁止其子接觸崇儒毀佛的思想，並舉出許多因廢棄佛教而導致禍患的例子做爲勸戒：

> 吾目中見毀佛鬭教，及拆僧房借寺基者，其子孫皆不振，或有奇禍。碌碌者姑不論，崑山魏祭酒，崇儒鬭釋，其居官，毀六祖遺鉢；居鄉又拆寺字興書院，畢，竟絕嗣，繼之者亦絕。轟雙江爲蘇州太守，以興儒教鬭異端爲己任。勸僧蓄髮歸農……轟公無嗣，即有嗣當亦不振也。吾友沈一之孝弟忠信，古貌古心，醇然儒者也。然亦鬭佛，近又拆庵爲家廟，聞陸秀卿在岳州，亦專毀淫祠，而間及寺宇，論沈、陸之醇腸碩行，雖百世子孫保之可也；論其毀法輕教，寧能無報乎？〔註24〕

袁仁在此一口氣舉出四人因毀佛將遭惡報之例，除了透露崇佛的態度外，同時具有賞善罰惡的觀念。此外，袁仁也教導兒子要禮敬佛教三寶（佛寶、法寶、僧寶），袁黃的母親李氏更因對佛教的虔誠而聞名，並經常勸告兒子信奉佛教。佛教是最後出現在袁家學術傳統中，但影響袁黃卻至爲深遠。由於父母的提倡，袁黃很早便與佛學有所接觸。

觀察袁家幾代人的學問，不難看出袁家人博學的傾向。在王畿《袁參坡小傳》中記載袁仁的博學：

> 參坡袁公，名仁，字良貴，浙西嘉善人士。祖顥、父祥皆樂隱居之道，著述甚多，吳下推爲文獻世家……公（袁仁）之學問能洞穿性命之精，而不棄人事之粗；能明了玄禪之奧，但弗敢有悖仲尼之軌。天文、地理、書、兵、刑、水利之屬，無不涉獵。尤鍾情醫學，盡畢生以濟人。著作有《內經疑義》、《本草正訛》、《痘疹家傳》等百餘卷……另有《周易心法》、《毛詩或問》、砭蔡編》、《三禮穴法》等著。〔註25〕

因爲無法參與應試，使得袁家人有更多吸收各方學問的彈性，除了獨具特色的儒學見解外，皇極命理亦納入袁家家學之中。遭遇靖難之役後，袁家將家

〔註23〕袁顥，《袁氏叢書》卷2，頁3～5、頁6、頁8、頁11、頁15～16，均有相關記錄。

〔註24〕錢曉訂，《庭幃雜錄‧袁裳條》，收於《四庫全書存目叢書‧子部‧雜家類》，86，頁761。

〔註25〕《袁參坡小傳》，轉引自酒井忠夫《袁了凡及其善書》。

族的劫難歸因於命運，袁顥（袁黃曾祖）被迫放棄舉業，也轉而尋求命運的解釋，並表現出對於面相學的興趣，曾經請教命相師，解說家族成員的命運；由於袁家棄舉從醫，對道家的養生之法亦頗有鑽研。

　　綜合上面所述，袁家的家學以廣博、創新爲特色，內容包含當時流行的儒、釋、道三種主要思想，雜有命理、丹藥、醫學等方術；在援用這些學術思想時，卻又不止於守舊，更能融會各家思想以立一己之說。這樣的家族傳統同樣強烈的表現在袁黃身上，使得出身儒學系統的袁黃，能夠不拘一格，對各種教派、學說內容兼容並蓄；此外，袁家從不將自己侷限於某一學派的傳統，也使袁黃能更加自由的援引儒、釋、道各種經典，使接受的群體更爲廣泛，有助其思想的傳播。袁氏家風與家學傳統不僅成爲袁黃功過思想的重要啓蒙，當袁黃在實踐功過體系時，也同樣與這些內容有深刻連結。

　　特殊的家族際遇與學術傳統，對於袁黃的影響十分深遠，這是促成他日後對於功過格的接受乃至使用，極爲重要的內因；而在不求報償的行善與功利的道德主義兩者間產生的矛盾，也成爲日後袁黃宣傳功過格時必須面對的重要問題，以上所提都將在下文中做更詳盡的探討。

二、生平與事功

（一）籍貫問題

　　袁黃初名表，後改名黃，〔註26〕字坤儀，原號學海，後遇雲谷禪師開釋，有頓悟之感，因改號了凡。

　　關於袁黃戶籍，一般有浙江嘉善縣及江蘇吳江二種說法：嘉善縣的說法主要根據查繼佐的《罪惟錄》：「袁黃，字了凡，浙江嘉善人。」〔註27〕至於說袁黃爲江蘇吳江人，則主要依彭紹升《居士傳》的記載：「袁了凡，名黃，江南吳江人。」〔註28〕對此歧異酒井忠夫認爲是由於考慮袁家先祖事跡所造成，〔註29〕可能是指《居士傳》所載「了凡之先，贅嘉善殳氏」，後避難於江蘇吳江一事；在《嘉善縣志》中的解釋則是「袁黃，初名表，字坤儀，號了凡，吳江趙田人。與嘉善接，因入嘉善籍。」〔註30〕這也是筆者僅見地方

〔註26〕　光緒《嘉善縣志》：「隆慶二年舉于鄉，萬曆五年會試擬第一，以策忤主試被落，改名黃，至十四年始第。」
〔註27〕　查繼佐，《罪惟錄》，收入（續修四庫全書・史部別史類・列傳卷18）頁279。
〔註28〕　彭紹升，《居士傳・傳四十五》，江蘇廣陵古籍刻印社，頁619。
〔註29〕　酒井忠夫，〈袁了凡的生平及著作〉，尹建華譯，宗教學研究，1998年第2期。
〔註30〕　清・江峯青等修、顧福仁等纂，《嘉善縣志》（清光緒十八年刊本）頁352。

志中提及袁黃為吳江人的記載，實際考察吳江縣志並沒有關於袁黃的記錄。袁黃家族的記錄亦主要見於《嘉興府志・嘉善條》及《嘉善縣志》。〔註31〕王畿《袁參坡小傳》中也說：「參坡袁公，名仁，字良貴，浙西嘉善人士……」。

由上，似以袁黃為嘉善縣人較為允當，然若仔細比較袁黃各種著作中的自署，共有「（吳江）趙田逸農袁黃」、「前進士（東吳）袁黃（坤儀甫）」、「嘉禾袁黃坤儀甫」、「吳人袁黃」、「明了凡子袁黃」及「寶坻縣知縣袁黃」數種，其中以吳江佔大多數，似乎又說明袁黃以吳江人氏自居。〔註32〕綜合上面資料，筆者以為此二說法僅為陳述認知的差異，如《萬曆十四年丙戌會試》中所載：「袁黃，貫浙江嘉興府嘉善縣民，籍直隸吳江縣人」，〔註33〕實際上表述內容並不衝突，因略加辨析以明脈絡。

（二）生卒年問題

另一個關於袁黃需加以考察的問題則是生卒年。袁黃於《明史》無傳，酒井忠夫亦言「雖然他的傳這樣多，但沒能搞清其生卒年月日」，〔註34〕因此在細談袁黃其人之前，有必要先對其生卒年進行探究。就筆者查得載有袁黃生卒年份或可直接推論的資料六筆：

1. 清・朱鶴齡《贈尚寶少卿袁公傳》：「萬曆丙戌（1586）始成進士，時年五十三矣。」由此推論袁黃約生於1534年。

2. 據明・王錫爵等編《萬曆十四年丙戌會試錄》記載袁黃生於乙巳年（1545）十二月十一日。

3. 馮夢禎《快雪堂集・日記・壬寅年十二月初三條》有「作壽了凡先生七十序」的記載，依壬寅年（1602）袁黃七十為據來推論，袁黃約生於1533年。

4. 葉天寥（葉紹袁）《自撰年譜》記：「（萬曆）三十四年丙午……七月，袁司馬公卒」。據此則袁黃卒於萬曆三十四年（1606）丙午七月。

5. 袁仁《嘉禾記》：「時嘉靖癸巳歲也。客有朱生永和者，善望氣。七月至余家謂：『瑞氣蔥郁，當有善徵……』十二月十一日，生第四子……」。

〔註31〕《嘉善縣志》於「行誼」、「隱逸」、「名臣」分別收錄袁顥、袁仁及袁黃事蹟。

〔註32〕袁黃各種著作，乃指據萬曆三十三年建陽余氏刻本所刊印《了凡雜著》，計九種十七卷。

〔註33〕（明）王錫爵等編，《萬曆十四年丙戌會試錄》收錄於《明代登科錄彙編》，卷20。

〔註34〕酒井忠夫，〈袁了凡的生平及著作〉，尹建華譯，宗教學研究，1998年第2期。

袁仁第四子即袁黃，依此袁黃生於嘉靖癸巳（1533）十二月十一日。

6. 袁黃〈紫柏眞可上人六十〉詩：「六月十一是何日，悉達宮中鐘磬鳴。花甲已周嘗世變，苦辛歷盡見人情。新愁黯黯寒烟積，故里蕭蕭春晝晴。我已七旬君六十，莫留燕市滯浮名。」詩中「我已七旬君六十」顯示袁黃年紀較紫柏眞可大上十歲，按紫柏眞可爲嘉靖二十二年（1543）生，推知袁黃爲 1533 年生。

以下我們主要依據《立命篇》、彭紹升《居士傳》以及《嘉興縣志》中所記袁黃生平事蹟與上述時間做對照。關於袁黃出生年分別有嘉靖十二年（1533）、嘉靖十三年（1534）及嘉靖二十四年（1545）三種，其中第三個年份與前二者有較大差異，可先進行考察。

據《立命篇》記載，袁黃遇雲南孔老人爲之算一生之數，皆盡應驗。其中載袁黃遇孔老人算其補貢生事：

> （孔）語余曰：『子仕路中人也，明年即進學，何不讀書？』……獨算余食廩九十一石五斗當出貢；及食米七十一石，屠宗師即批準補貢，余竊疑之，後果爲署印楊公所駁。直至丁卯年（1568）……遂依縣申文准貢。

又載袁黃遇雲谷事：

> 貢入燕都，留京一年，終日靜坐，不閱文字。己巳（1569）歸，游南雍，未入監，先訪雲谷會禪師於棲霞山中……。（雲谷對袁黃曰）汝二十年來，被他算定，不曾轉動一毫，豈非是凡夫？

對照上述二段文字所載，若袁黃爲一五四五年生，則補貢生時爲二十四歲，遇雲谷時爲二十五歲。然雲谷說袁黃「二十年來」被孔老人算定。由二十四、五歲往前推二十年，則袁黃遇孔老人只有四、五歲年紀，並不合理。且袁黃遇孔老人時尚未「進學」（孔謂袁黃明年即進學），明代讀書人須通過縣考、府考、提學考，取得秀才資格，而後才能進學宮學習，謂之「進學」。若袁黃僅四、五歲年紀，應不可能「明年即進學」。

再看《嘉善縣志》載袁黃朝鮮戰事：

> 壬辰（1592）召爲兵部職方主事，適倭侵朝鮮，朝廷大舉東征，經略薊遼，宋應昌疏請黃贊畫軍前，與劉黃裳浮海渡鴨綠江，調護諸帥，提督李如松捷于平壤，部下都割死級報功，黃禁止，如松不悅，自引兵而東，委守平壤，不畀一卒，猝遇兵至，黃率麾下及朝鮮兵

　　三千擊卻之，如松旋敗于碧蹄館。兵部尚書石星意遂主款黃，亦以
　　將驕兵罷上書于星，言之未幾，而如松以十罪列黃，黃遂中察典免
　　歸，十餘年卒，卒年七十四。

袁黃於任辰（1592 年）任兵部職，後因與提督李如松不和遭陷革職，歸鄉十
餘年卒，享年七十四歲。與彭紹升《居士傳》載：「家居十餘年卒，年七十四」、
《嘉興縣志》：「卒年七十四」的記錄相符合。據此，若袁黃生年爲 1545 年，
則卒年爲 1618 年，然其遭免職爲萬曆廿一年（1593 年），﹝註35﹞以卒年 1618
年來看，居鄉期間長達廿五年，明顯與「歸鄉十餘年卒」不符。依上述二事
例，我們可以判斷 1545～1618 年應爲錯誤的數字，孫秀君認爲之所以出現這
個記載，可能是由於萬曆五年袁黃以策忤主試事件，使袁黃再次報考將資料
做了更動。﹝註36﹞

　　餘下 1533 年、1534 年二個出生年份，與袁黃卒年七十四歲對照，可得
出生卒年 1533～1606 與 1534～1607 兩組數字，二組年份對照上列諸事例亦
皆合理，正確的可能性極高。最後我們再依資料所涉人物進行分疏，其中與
袁黃關係最親近的當屬資料 4 的葉天寥，以及資料 5 的袁仁。第 4 條資料葉
天寥所記與第 1533～1606 相符。由於葉天寥「幼育於了凡先生，故名紹袁」，
﹝註37﹞與袁黃關係密切，所記應當可信；資料 5 由袁仁明確點出袁黃生於 1533
年，父親記載兒子的出生年應不致有誤。因此當以 1533～1606 爲袁黃生卒
年最爲可信，至於 1534～1607 這組數字判斷應該只是實歲、虛歲記年方式
造成的差異。

（三）袁黃生平

　　袁黃自小聰明好學，凡「十三乘、四部、星雜諸書，無不研究」，﹝註38﹞
很早就以「博學」有名於鄉里，知縣有事亦向袁黃請教，聲譽甚著。

　　上一節我們敘述了袁黃先祖的事跡，袁黃成爲靖難之禍後，袁家可以應
試的第一代子弟，因此承受家族期望的壓力也就格外的沈重。然而袁黃的仕
途並不順遂，他曾寫信向友人透露心聲：「弟偃蹇詞場，流落不偶者，二十餘

﹝註35﹞ 參見《嘉靖以來注略‧萬曆二十一年二月條》、《明神宗實錄‧萬曆廿一年三
　　　　月已未條》中有袁黃遭革職的相關記錄。
﹝註36﹞ 孫秀君，〈七十二朝人物演義作者研究〉，東海中文學報，15 期，2003 年 7 月，
　　　　頁 159～176。
﹝註37﹞ 楊復吉，《夢闌瑣筆》。（臺北：新文豐，民國 78）
﹝註38﹞ 清光緒十八年刊本，《嘉善縣志‧名臣‧袁黃條》。

年……徘徊末路，一試即歸，寒衣既典，散齏常空……」又說「弟凡六應秋試，始獲與丈齊升。又六上春官，僅叨末第，秦裘履敝，齊瑟知非，落魄春風，孤舟夜雨，此時此味，此恨此心，惟親嘗者脉脉識之，未易爲旁人道也。」〔註39〕歷經二十餘載考試生涯，直到五十三歲才中進士。

進士及第後，初任禮部觀政，〔註40〕繼授寶坻縣令，任職五年間減省徭役，輕田賦，並植柳築堤以防潦，使曠土大開，頗有治績。後袁黃以「暢曉邊事」受召爲兵部職方司主事。壬辰年日本進犯朝鮮，袁黃與劉黃裳受命隨提督李如松東征救援，袁黃雖盡力於戰事中，且頗有戰功，最後卻因與李如松不睦遭如松列十罪狀構陷，遭到解職歸田的命運，袁黃仕途生涯亦於此結束。田居十餘年後卒，卒年七十四歲。〔註41〕

（四）事功

袁黃事功載於史籍者主要在進士後，重要事功有三：與趙用賢覈蘇議松賦役、寶坻政績、東征朝鮮。分別概述之：

1. 與趙用賢覈蘇議松賦役

自明初以來，江南地區賦額向來繁重，尤以蘇州、松江兩府爲甚，以比例言之，兩府耕地面積佔全國總耕地 1／44，而承擔稅粮高達全國 11～14%，無論是絕對田賦額或相田的田賦稅率均居全國之冠，遠超出其他各區。〔註42〕沉重的稅賦經常造成流民問題，歷代賢士極思改革此一弊端，皆不得果。

袁黃進士及第，初授禮部觀政，適時趙用賢欲覈蘇松賦役，知聞袁黃博學名聲，與之相議數十日，最後袁黃提出賦役議，共計五要點：一、分賦役以免混派。二、清加派以絕影射。三、修實政以省兵餉。四、查派剩以杜加賦。五、免協濟以恤窮民。此外又請減額外加徵米銀十餘條。此議最後以「豪滑以不便己，率爲浮言眩當事，當事者以爲南人不便言與事」遭到駁回。〔註43〕

〔註39〕袁黃，《兩行齋集》，前文引自卷 10，〈復殷公子書〉；後文引自卷 9〈寄夏官明書〉。

〔註40〕《明代登科錄彙編》，20 冊，〈萬曆十四年丙戌會試〉頁 10902。

〔註41〕本節關於袁黃事蹟主要見於清光緒十八年刊本，《嘉善縣志・名臣・袁黃條》。

〔註42〕詳見林金樹、高壽仙、梁勇著，《中國民代經濟史》，頁 114。（北京：人民出版社）

〔註43〕參見見朱鶴齡《愚菴小集》，卷 15，〈贈尚寶少卿袁公傳〉，以及《嘉善縣志・名臣・袁黃》。

2. 任寶坻縣令

結束禮部觀政，袁黃接著赴任寶坻縣令，治縣期間有諸多善政，勞心勞力，從根本上改善了寶坻縣的諸項缺失，雖只在短短數年，而離職後寶坻縣民為其立生祠以為感念，可知治縣有成。但為使寶坻善政與袁黃思想能做更清楚的對照，此處暫略，留待第五章做進一步討論。

3. 軍事方面

（1）議薊州邊防十條

袁黃任寶坻縣令期間，以寶坻臨近邊防薊州，對於邊防事務格外留心。藉由與往來薊州的兵將交好，袁黃得以熟知軍政與邊防情況，時常上策直言薊州屯軍之弊病，頗為中道，成為朝中當政者談兵用將之資。〔註44〕又得巡撫賞識，「以黃曉暢邊事，檄令約議」。袁黃乃列十事以獻：一革養軍虛費、二汰臺兵冗員、三謹撫賞機宜、四定市馬良法、五復舊耕額田、六廣山林種植、七興險阻水利、八增將令供給、九置輕車便利、十覈器械冒溢。〔註45〕皆為洞悉時弊之灼見，從此袁黃軍事才能之名益顯，關於袁黃所上邊防建議十條，亦見於《寶坻政書・邊防書》。

（2）朝鮮之役

萬曆二十年，日本豐臣秀吉寇犯朝鮮，其主要目的乃在佔領朝鮮，據此恢復與中國的「勘合貿易。」〔註46〕朝鮮國王李蚣自願內屬中國，以求中國援助；中國方面為阻止烽火波及遼東，進逼京師，乃出兵相救。

明以宋應昌為經略，提督李如松任防海禦倭統兵官。宋應昌以袁黃軍議精當，召為兵部職方司，朝鮮戰起，委袁黃以「軍前贊畫」銜隨同東征。袁黃於朝鮮役中，充分展露其軍事方面的才能，具體事項略記如下：

強化通訊功能

據《朝鮮宣祖實錄》：

> 兵部主事袁黃出示禁令約云……每驛各置循環簿二扇，本部用關防鈐印，分別等地，開後，仍每驛差官一員坐守掛號，其循環五日一換。有地方倭情，即時傳報，有不遵約束者，開名飛報，以憑申請，

〔註44〕乾隆《寶坻縣志・人物上・袁黃條》。
〔註45〕清光緒十八年刊本，《嘉善縣志・名臣・袁黃條》。
〔註46〕金寬中，〈萬曆朝鮮之役與其影響〉（臺灣大學歷史研究所碩士論文，59年6月），頁38。

依令處斬。各驛館夫亦不許躲避，以致誤事。〔註47〕

傳訊系統的鞏固與強化，不但使朝鮮戰力得以凝聚統一，袁黃依此重整了朝鮮十五、六萬的兵力，〔註48〕更從中取得大量「倭情」，〔註49〕據以訂立對戰策略，對明軍作戰幫助很大。

激勵士氣，穩定軍心

為激勵士氣，袁黃委官差人買豬造酒，以慰將士辛勞。又將上級所發銀兩分予各將官，「統官相等者，每員銀三兩；把總官相等者，每員銀二兩；補貼隊軍士，在開城住者，每名銀七錢，在平壤住者，每名銀五錢。」〔註50〕

為了讓糧食得到最大使用效益，袁黃逐一排定軍隊糧草：千把總管官，給天字號飯；各衙門差人，給地字號飯；軍兵給人字號飯。每馬一匹，照例給料一小斗，草一束。〔註51〕對全軍糧草進行嚴格控管與規畫，使將兵無斷糧之虞，可安心作戰。除糧草外，戰備如兵馬、器械、軍火，人事如部隊編整、軍士是否精實等，皆屬職責內事，而袁黃皆能一一安置妥當，足見袁黃於軍事方面的才能頗為優異。

儘管袁黃於戰時頗有表現，但卻與上級不睦，最後遭到參劾而解職：

> （前略）提督李如松以封貢給倭，倭信之，不設備，如松遂襲破倭
> 於平壤。了凡面折如松不應行詭道，虧損國體，而如松麾下又殺平
> 民為首功，了凡爭之強。如松怒，獨引兵而東⋯⋯如松以十罪列黃，
> 黃遂中察典免歸。〔註52〕

這場朝鮮之役是袁黃仕途中的最後一項政績，也是為官生涯的終點。

〔註47〕《宣祖實錄・癸巳正月》，卷34，頁22，轉引自蕭世勇，〈袁黃的經世理念及其實踐方式〉。

〔註48〕袁黃，《兩行齋集》，卷10，〈上張弘揚閣下書〉。

〔註49〕具體事例散見於《經略復國要編》卷6〈報石司馬書〉、卷10〈與諸陽書〉、卷10〈與吳海舟侍御書〉；《兩行齋集》，卷10〈上張弘揚閣下書〉；《宣祖實錄・癸巳正月》，卷34。

〔註50〕《經略復國要編》卷7，頁26～27。

〔註51〕《宣祖實錄・癸巳正月》，卷34。轉引自蕭世勇，〈袁黃的經世理念及其實踐方式〉。

〔註52〕（清）彭紹升《居士傳》，傳45，〈袁黃〉。以上關於袁黃參與朝鮮之役更詳盡情形，可參照蕭世勇〈袁黃的經世理念及其實踐方式〉，（臺灣師範大學歷史研究所碩士論文，83年6月）

（五）交遊

由於袁黃家族本爲望族，又以詩書傳家，因此袁黃交遊的對象亦多爲有名望之士，大致可分爲因地緣關係的親族鄰里、由袁仁引介的泰州王門、佛門弟子以及官場同僚。

1. 親族友人

袁黃本家博學樂善，有聲於鄉里，家族間亦不乏傑出之士，其中如錢家的錢昺、錢吾德，沈家二兄弟稱與科，皆有美名而爲人熟知。《嘉善縣志》記錢昺「所學多得之舅氏袁仁」，錢昺曾向袁仁請教爲詩原則，袁仁善教之，使昺「學有本而又能調節性情，沖融恬雅，有陶韋之風」，後以詩聞名，後代子孫皆有文聲，「錢氏世業，昺實裕之。」錢吾德與袁黃並列萬曆初禾郡三名家，〔註53〕時相往來，切磋學問，二家關係十分友好密切。

沈家與袁家比鄰而居，二家往來的詳細情形在上節已有說明，袁黃母親待人寬厚，律己甚嚴，遇人有難能不計前嫌誠心相助，不但化解了袁、沈二家之仇，袁仁還將妹妹袁娠嫁給沈心松，生子沈科、沈稱。沈科曾向袁仁請教六藝，當沈科授南京人司副，上任前曾來向袁仁拜別，袁仁教之以官場處事之道。沈科與沈稱二人經常與袁家往來，皆博學有聲藝林之士。〔註54〕在《庭幃雜錄》中雖未見袁黃與沈家往來的直接記錄，但上述諸事均由袁仁之子加以記錄，袁、沈二家交好兼有姻親關係，沈家二子又與袁黃兄弟年紀相仿，且俱爲勤勉好學之士，可以推想袁黃與二沈當是相互切磋、砥礪之友。

2. 鄉里之友

除了親族友人，袁黃亦與鄉里文人相善，其中有文可證，關係較密切者大約有丁賓、葉重第、馮夢禎三人。袁黃曾盛讚丁賓能「以至柔而勝天下之至剛，以無爲而勝天下之有爲，實爲當世之偉人，而理學之巨擘也。」〔註55〕袁黃於《立命篇》中反省自身缺點「不耐煩劇，不能容人；時或以才智藝人，直心直行，輕言妄談」，恰與丁賓「至柔」、「無爲」、「謙虛」相反，使袁黃十分折服。

葉重第即前面曾經提及的葉天寥之父，與袁黃爲同鄉、同年進士，兼有

〔註53〕《嘉興府志》，卷54，〈喜善列傳・錢吾德條〉，頁1482。

〔註54〕關於稱、科二人事蹟可參見《嘉善縣志・孝友》，與袁家往來情形散見於《庭幃雜錄》。

〔註55〕袁黃，《兩行齋集》，卷9，〈退丁敬宇書〉。

同門情誼。〔註56〕袁黃欣賞葉重第的氣質，稱其為人「慈祥愷悌，一塵不染。」〔註57〕袁黃曾至葉重第擔任縣令的玉田縣拜訪，讚其治績「愈釀愈治，萬民頌之，如出一口。」〔註58〕兩人交情甚篤，重第以其前四子皆夭折，恐幼子天寥不育，遂寄姓於袁黃，二歲託育於袁黃，稱義父子，並改名紹袁。〔註59〕由此可以看出葉重第對於袁黃敬佩的態度。

馮夢禎不但與袁黃同鄉，且幼時即已相識，由袁黃記述馮夢禎「虛己斂容，大變其幼年之習」〔註60〕可推知。兩人同時參加了萬曆五年的會試，馮夢禎高中狀元，袁黃會試原擬第一，卻因以策忤主試而落榜，〔註61〕袁黃事後於《立命篇》分析其原因，認為馮夢禎因其謙虛而有福相，因而高中；自己卻因恃才傲物，不懂謙虛，以致落第，從此益加明白謙虛之重要，終生以此自誡。二人情誼一直維持至晚年，相重相惜，其往來情形於馮夢禎《快雪堂集》中有詳細的記錄。

3. 泰州學派

袁黃父親袁仁與泰州學派中的王艮、王畿相善，王門中人與袁黃亦多有往來，至袁仁死後亦然。王畿與袁仁關係深厚，在袁仁死後為之立《袁參坡小傳》。王畿曾在袁黃小時候教過他一段時間，並稱讚袁黃天資聰穎，為袁仁眾子中最優異的一個。袁黃擔任寶坻縣令時，又與泰州學派的羅近溪、楊起元、管東溟等人往來密切，楊復所師事羅近溪，袁黃又「善楊復所為學，亦以圓悟為宗」，〔註62〕袁黃所著的《勸農書》中有「吾師近溪羅先生……」的文字，顯示羅近溪對袁黃亦師亦友的關係。管東溟以其「好為三教合一之說」與袁黃深契。泰州學派的王畿是袁黃啟蒙之師，而學派後人又多與袁黃相善，於袁黃的心學思想有一定的影響。

4. 佛門中人

由於家庭信仰的關係，佛教對袁黃的影響從童蒙時期已經開始，觀察袁黃日後的各種行為均深受佛學影響，彭紹升《居士傳》中對袁黃有如下的記錄：

〔註56〕《明代登科錄彙編》20 冊，〈萬曆十四年丙戌會試〉頁 10883。
〔註57〕袁黃，《兩行齋集》，卷 10，〈上樊友軒御史書〉。
〔註58〕袁黃，《兩行齋集》，卷 10，〈與楊磐石書〉。
〔註59〕（明）葉紹袁，《葉天寥自撰年譜》。（北京市：北京圖書館出版社，1999）
〔註60〕袁黃，《了凡四訓‧謙德之效》。
〔註61〕光緒十八年刊本，《嘉善縣志‧名臣‧袁黃》。
〔註62〕洪梀琳編，乾隆《寶坻縣志》卷 11，〈人物上‧袁黃條〉。

居常誦持經呪，習禪觀，日有課程，公私遽冗，未嘗暫綴。初與僧
幻予密藏議刻小本藏經，閱數年事頗集，遂於佛前發願云：「黃自無
始以來，迷失眞性，枉受輪迴，今幸生人道，誠心懺悔，破戒障道
重罪，勤修種種善道，觀諸眾生現溺苦海，不願生天獨受樂趣；觀
諸眾生昏迷顛倒，不願證聲聞緣覺。自超三界，但願諸佛憐我，賢
聖助我，即賜神丹，或逢仙草，證五通仙果，住五濁惡世，救度眾
生，力持大法，永不息滅；又願得六神通，智慧頓開，辯才無量，
一切法門靡不精進，世間眾藝，高擅古今，使外道闡提，垂首折伏，
作如來之金湯護正法於無盡。」發願已，書之冊。〔註63〕

根據這段文字的記載，袁黃不僅在信仰上深具佛學思想，其修養心性亦一切
跟隨佛教法門，如誦持經呪、習禪觀等皆是，即從袁黃被收入《居士傳》一
事，便可看出其佛門色彩濃厚。袁黃與佛門中人往來事蹟散見於袁黃諸多著
作中，主要可參見〈立命篇〉、《靜坐要訣》、《兩行齋集》等書。

其中與袁黃往來最爲密切的幾位禪師，多半同爲嘉善縣人，較爲人熟知
的計有雲谷法會、法本幻予、紫柏眞可等，其他尚有多位禪師曾與袁黃有佛
學上的交流，或在袁黃起願時爲其回向。雲谷禪師曾與袁黃談論命數，又授
與袁黃功過格助其改變命運。法本幻予曾與袁黃議刻小本藏經，當袁黃以仙
人提示袁黃以減糧圓滿功德的夢境請教幻予禪師時，幻予又助袁黃就五臺山
齋僧一萬回向。紫柏眞可爲明末四大師之一，佛學廣博深厚，法本幻予即出
於紫柏眞可師門。眞可與袁黃交情深厚，袁黃爲其作過「紫柏眞可上人六十」
詩，在上文討論袁黃生卒年時已有引述；袁黃養子葉紹袁於《湖隱外史.飛錫》
中的記述：

紫柏大師，吳江太湖人。少游四方，參契道奧，英氣高情，挺然干
雲霄而立，與司馬公心宗密友也。司馬家多藏書，故大師在湖上閉
關三年，盡司馬公諸書而去，以此益名聞天下。〔註64〕

由此可知紫柏眞可極好學問，爲人高潔，又諳佛學，心性與與袁黃極爲契合，
因此袁黃與紫柏眞可不僅在佛學上是相互切磋的學問友，兩人也是私交甚篤
的密友。

袁黃的一生受佛學影響極深，即使以佛學爲袁黃的中心思想亦不爲過，

〔註63〕 （清）彭紹升，《居士傳・袁了凡》。
〔註64〕 （明）葉紹袁，《湖隱外史》。

而在袁黃諸多佛門友人中，又以雲谷禪師的影響最爲深遠，不但徹底改了變袁黃的宇宙觀，更進一步改變了袁黃一生的命運。

第二節　袁黃著述中的陰騭思想

關於袁黃的家世背景、大致生平與宦遊已於上節詳述，袁黃自小受到十分良好的教育，並且涉獵廣博，交遊遍及三教人士與王門中人，因此無論是儒、釋、道的理論，或是醫學、天文、水利等，無一不通。在這種兼容並蓄的學識背景下，養成他怎樣的思想內容？又在他所有的這些繁雜的學問系統中，是否有所偏重？以下我們試圖從袁黃現存可考的著述中，對他複雜的學問體系做一梳理。

一、袁黃著作考察

袁黃學問極廣，著述幾與讀書等，其門生楊士範作《了凡雜著序》云：

> 先生（了凡）又以其餘力發揮古先聖人之書，讀《易》則有《袁氏易傳》三十卷；讀《詩》《毛詩袁箋》二十卷；讀《書》則《尚書大旨十二卷》；讀《春秋》則有《義例全書十八卷》；讀《禮》則有《禮記略說》、《周禮正經解義》共二十卷；讀《四書》則有《疏意》二十四卷；外古史有《袁氏通史》一千卷；今史有《皇明正史》四百卷。皆未梓行。先梓《四書書經刪正》，已被指摘，然禁之愈嚴，而四方學者趨之愈眾……先生識高今古，學貫天人，上自天文地理曆律兵刑之屬，下至奇門六壬遁甲翻禽陰陽選擇之類，靡不涉其律……。〔註65〕

楊士範爲袁黃學生，序文中固然有許多溢美之辭，但其記錄袁黃著作書目應不致偏差；此外，其甚言袁黃之博學，於本章首節亦有論述，可知爲確言，此不再贅。另據韓初命所作《祈嗣眞詮序》，〔註66〕袁黃撰有《心鵠》、《備考》、《疏意》等舉業之書，「令都市紙增價」；另有《經世略》三百卷，《通史》一千卷，即楊士範所云《袁氏通史》，「皆未梓世。」〔註67〕

〔註65〕楊士範《刻了凡雜著序》，收於《北京圖書館古籍珍本叢刊》80，《子部・叢書類》，明袁黃撰《了凡雜著》九種十七卷。

〔註66〕《祈嗣眞詮》收於上註《了凡雜著》本與《叢書集成》本，均有韓初命之序，內容相同。

〔註67〕見於韓初命所作《祈嗣眞詮序》。

　　由上述可知，袁黃著述極多，可惜並未全部付梓，尤其是其發揮儒家經典所作之書，有目無書者甚多，可能由於袁黃在解釋儒家經典時融合了釋家思想，而不容於當代儒者有關；但其具「實用」價值的著作，如舉業的參考用書以及勸農、勸善等書，則有許多流行於世。

　　關於袁黃著而未刊的情形，大致如上。至於袁黃著述並刊行，甚至留存至今的作品，日本學者酒井忠夫已作過整理，也述及各書版本與內容，可參照之。但與筆者蒐羅資料相互對照，仍有少數缺漏或版本內容不同者，可作為酒井忠夫對袁黃著作研究之增補，以下表列之。

表 2：袁黃現存著作列表

編號	書目名稱	說明	版本／備註	（補）著書緣起／時間
1	立命篇	本書為集結《立命篇》、《科第全憑陰德》、《謙虛利中》三篇文章而成。民間流傳的《立命之學》是指其第一篇，並非全書。	丁未春孟日晏然居士書，收錄《立命篇敘》	首篇《立命篇》作於萬曆廿八年（1600），其餘兩篇皆出於《祈嗣眞詮》（見下述）。至於三篇集結為《立命篇》依前引「丁未春孟日晏然居士書」，應為 1607 年。
2	省身錄	內容與《立命篇》同，二者同書異名。	1. 收錄於周汝登《袁先生省身錄引》。 2. 收於《廣生篇》卷末《增補袁先生省身錄》	
3	祈嗣眞詮	（補）《叢書集成》本與《了凡雜著》本均有韓初命序。內容計有如下十項：改過第一、積善第二、聚精第三、養氣第四、存神第五、和室第六、知時第七、成胎第八、治病第九、祈禱第十。	計四版本：寶顏堂祕笈、普集第七本、叢書集成本、（補）了凡雜著本卷三	叢書集成本與了凡雜著本皆有作於萬曆庚寅（1590）序，〔註68〕為了凡教人獲嗣之書。

〔註68〕韓初命《祈嗣眞詮》序末署名：「萬曆庚寅夏門人東萊韓初命謹撰」。另據蕭世勇《袁黃的經世理念及其實踐方式·附錄·袁黃大事年表》，《祈嗣眞詮》為 1591 年刊，但不知其據。

4	廣生篇	由《祈嗣眞詮》、附錄中峯禪師與王龍溪文章、卷末《省身錄》與《普勸父母鞠養深恩》合刊而成。	內閣文庫藏	有林文熊、王瑞元、韓初命、李曜文崇禎癸未（1631 年）的序。
5	陰騭錄	1. 由《立命之學》、《謙虛利中》、《積善》、《改過》、楊復貞《決科要語》、《功過格》與《功過格雲谷禪師傳》等合刊而成。 2. 明末於《陰騭錄》外，加上《自知錄》、《功過格圖》合篇一本，亦名爲《陰騭錄》	1. 元祿十四年雒東獅谷社和刻本，與《自知錄》合刻。 2. （補）收於《中國古典新書》，石川梅次郎譯注	《陰騭錄》所收《功過格》印有崇禎日期，因而此書當不會早於崇禎。
6	四書刪正	科舉用書	明版，內閣文庫藏	
7	袁先生四書訓兒俗說	1. 四書通俗註解，收有萬曆丁未（35 年）門生余應學序 2. （補）收於《了凡雜著》本篇目爲《訓兒俗說》，有萬曆丁酉一陽月通家弟沈大奎序，與內閣文庫藏本不同。	1. 內閣文庫藏 2. （補）了凡雜著本	約作於萬曆甲午（1594）～丁酉（1597），〔註69〕是了凡爲兒子解說儒家經典的通俗著作。
8	增訂二三場群書備考	蒐羅上古到明代的事類、文類、典故、經濟等事項分門別類輯成，重點突出應舉與爲官事項。	1. 袁黃撰，袁儼注，沈昌世增補，崇禎五年序刊。 2. （補）《四庫禁燬書叢刊補編》，編號42，爲明萬曆刻本。	

〔註69〕《了凡雜著本》，沈大奎《訓兒俗說序》有「萬曆丁酉（1597）一陽月通家弟沈大奎頓首拜諮」語；了凡於該篇「立志第一」則有「汝今十四歲，明年十五」之語，按《立命篇》了凡自謂：「辛巳（1581），生男天啓」，則了凡子儼十四歲當爲萬曆甲午年（1594年）。

9	（補）游藝塾文規十卷	由袁黃編輯，弟子及子儼閱、訂、校後刊。分類輯錄應舉論文寫法、形式、範例等，在當時似乎普遍流傳。	（補）中國基本古籍庫，圖文據明萬曆三十年刻本	
10	游藝塾續文規十八卷		1. 明刊，內閣文庫藏 2.（補）中國基本古籍庫，圖文據明萬曆三十年刻本	
11	袁了凡先生匯選古今文苑舉業精華四集	袁黃編輯有關舉業之書，由坊間書肆刊行，為明末流行的科舉參考類書。	明版，四冊，葉仰山原版，尊經閣文庫藏	
12	新刻經世文衡二八卷	內容言天、地、春、夏、秋、冬官六部。分類列舉與為官事務相關的語文與事例，是為當官預備的類書。	明版四冊，尊經閣文庫藏	
13	兩行齋集一四卷	收集袁黃各類文章，並收錄與舉業和為官必備的「議」、「書啓」等，以及佛教、善書相關序文舉例。	天啓甲子四年嘉興袁氏家刊本	
14	歷史大方綱鑒補三九卷		萬曆三十八年（1610）余氏雙峰堂刊，內閣文庫藏	
15	（補）了凡雜著九種十七卷	一卷訓兒俗說，二卷靜坐要訣，三卷祈嗣眞詮，四卷袁生懺法，淨行別品（袁黃編），河圖洛書解，五卷勸農書，六卷皇都水利，七、八卷詩外別傳（有弄丸道人黃洪憲序），九至十三卷曆法新書，十四至十七卷寶坻政書。	1. 加上淨行別品、河圖洛書解共十一種十九卷 2.《訓兒俗說》與7同 3.《祈嗣眞詮》與3同 4.《皇都水利》亦見於《四庫存目叢書·史部》222號。	1.《了凡雜著序》寫於萬曆乙巳（1605）年孟夏。 2. 靜坐要訣寫於雲谷禪師會面（1569）後，〔註70〕為了凡教人靜坐禪定法門之作。 3. 袁生懺法、淨行別品、詩外別傳皆為闡釋佛學之作。 4. 曆法新書約寫於萬

〔註70〕《了凡雜著本》，《靜坐要訣》有袁黃語：「……吾師雲谷大師靜坐二十餘載，妙得天台遺旨，為余譚之甚備；余又交紗峰法師，深信天台之教……。」可知此文之作當在袁黃與雲谷會面之後，並受天台教啓發。又據蕭世勇《袁黃的經世理念及其實踐方式》（臺灣師範大學歷史系碩士論文，82年）靜坐要訣刊於1590。

			曆十五年（1587），〔註71〕是了凡師從陳星川學習曆法後的著作。〔註72〕
			5. 勸農書作於袁黃任寶坻縣內（1587～1591），爲勸縣民務農而作。〔註73〕
			6.《寶坻政書》爲袁黃寶坻政績的記錄，爲其門生劉邦謨、王好善編輯。
16	評注八代文宗八卷		收入四庫全書
17	其他	卷10《史部・政刑類》寶坻政書二卷、袁氏政書二卷。 卷12《子部・農家類》寶坻農政二卷 卷16《子部・釋家類》袁生懺法一卷、詩外別傳一卷、靜坐要訣一卷 卷13《子部・曆書類》曆法新書五卷	載於千傾堂書目，未錄書
		《袁氏叢書》、《針胡編》、《一螺集》	袁仁著，袁黃序而出版
		《庭幃雜錄》	袁黃諸兄弟述錄。
		（補）《袁了凡先生釋義琵琶記》	元高明撰，袁黃釋義，汪廷訥校

註：本表據酒井忠夫〈袁了凡的生平及著作〉〔註74〕增補而成，有補充處前加（補）。

〔註71〕 《曆法新書》有「關中廓道人李世達」的序云：「……汝（袁黃）丙戌（1587）進士也，塵緣未斷，何隱爲？明年予起官赴淮。旋自南轉北……」。了凡雜著本《寶坻政書・到任祭城隍文》有「維萬曆十六年六月初九日」的日期，可知袁黃遇陳星川當爲出任寶坻前一年，即萬曆十五年。

〔註72〕 據《曆法新書》李世達序，袁黃經李世達引介梅翁，再經梅翁得遇其師，其習曆法。袁黃自序：「古今談曆法者，至我師陳星川先生，精絕矣，予從之遊，口授心惟，頗盡其祕。」可知陳星川即梅翁之師。

〔註73〕 《勸農書・天時第一》前有「寶坻縣知縣袁黃書」的署名。據蕭世勇《袁黃的經世理念及其實踐方式》（臺灣師範大學歷史系碩士論文，82年）靜坐要訣刊於 1590。

〔註74〕 酒井忠夫著，尹建華譯，〈袁了凡的生平及著作〉，《宗教學研究》，1998年第2期。

從上表可知，袁黃著作中版本最多而廣爲收錄的，是其關於功德積累的勸善之作，不少篇章重複出現在不同的集冊，又有內容相同而名稱相異的情形，這種情形從明末一直延續至清，反映出袁黃這類著作的流行。

明末時顏茂猷雜收果報勸善故事而成的《迪吉錄》，收錄了《立命之學》；〔註75〕陳智錫《勸戒全書》則收入《積善》與《改過》；另外上表列之和刻本《陰騭錄》則收錄《立命之學》、《謙虛利中》、《積善》與《改過》四篇，此四篇至清初《丹桂籍》合稱爲《袁了凡先生四訓》，袁黃的許多勸善著作至《袁了凡先生四訓》之名出，大約成爲定本，成爲現今流行的《了凡四訓》內容，雖在篇名或內容上略有出入，但基本上是後人根據原來的版本增補而成，並無太大差異。〔註76〕以上是袁黃著作的大致情形，尤其以其功德積累與勸善著作版本、輯錄情形較爲紛雜，需多加留意。

二、《了凡四訓》：袁黃功過格的實踐

承上述，袁黃最重要、流傳最廣、影響最深遠的著作，都與功德積累或勸善思想相關。那麼，他本人是如何開始使用功過格的？他所使用的功過格具有怎樣的特色與原則？要回答這些問題，必須從集結其勸善思想的《了凡四訓》著手。

（一）由宿命而立命：《立命之學》

前面已說過，佛學是袁黃思想體系的最終指導，貫串其所有思想成分，袁黃早在家庭教育時便對佛學有所接觸，後來的交遊也與佛門中人往來密切，其中又以雲谷禪師授袁黃「立命之法」影響最爲深遠。雲谷爲袁黃開釋「立命之學」，又教其使用「功過格」做爲積德求福的工具，不但徹底改變了袁黃的宇宙觀與對命運的看法，更使袁黃對人生的態度有了極大的轉變，由原來的宿命而立命、認命而求命，進一步改變了他後來的人生。這個經歷詳

〔註75〕筆者所據《迪吉錄》爲《四庫全書存目叢書‧子部》版本。酒井忠夫〈袁了凡的生平及著作〉（宗教學研究，1998年第2期）中說《迪吉錄》收錄《積善》與《立命之學》，可能據於《迪吉錄》卷八，《積善立命之學》卷名而來，但察其內容則與《立命之學》相同，至於《積善》則僅有其名而無內容。

〔註76〕今民間流傳之《了凡四訓》版本眾多，除《立命之學》保留不變外，改《改過》爲《改過之法》、《積善》爲《積善之方》、《謙虛利中》爲《謙德之效》；以內容言，民間版本的《積善之方》前舉果報事例與《祈嗣眞詮》收錄之《積善》有較明顯差異，其餘各篇亦與原文有些微差異，但皆不影響全文意旨。

載於袁黃自傳性的文章《立命之學》中。〔註77〕

　　據《立命之學》，袁黃年輕時於慈雲寺遇一孔姓老者，孔某自謂「得邵子皇極數正傳」，爲袁黃起數算功名，指明袁黃「縣考童生，當十四名；府考七十一名；提學考第九名。」又「爲卜終身休咎」，言其「黃年考第幾名，某年當補廩，某年當貢，貢後某年，當選四川一大尹，在任三年半，即宜告歸。」更進一步算定袁黃「五十三歲八月十四日丑時，當終於正寢，惜無子。」

　　在以後的日子中，孔老人爲袁黃所算之事皆盡應驗，「凡遇考校，其名數先後皆不出孔公所懸定者」；唯補貢一事，及食廩米七十一石即預補貢，與孔老人所算食廩米九十一石五斗出貢不符，袁黃正懷疑間，結果補貢被駁回，直至丁卯年方准，連前食米計之，恰好是孔老人算定之九十一石五斗。

　　袁黃因此對於孔老人所算之命數深信不疑，自此「益信進退有命，遲速有時，澹然無求矣」，認爲人的命運生來即已註定，無法改變，成爲一個徹底的宿命論者。袁黃獲准補貢後，於入國子監前（己巳年，1569）先至棲霞山訪雲谷禪師，將孔某所算悉告之，雲谷因而開導袁黃曰：「人未能無心，終爲陰陽所縛，安得無數？但惟凡人有數。極善之人，數固拘他不定，極惡之人，數亦拘他不定。」表明人雖有天生之命數，然並非無法改變，極善或極惡之人皆會因其行爲影響命運。

　　雲谷又進一步提出「命由我作，福自己求」的概念，提示袁黃應積極行善改變命運。與所有流傳民間的勸善思想一樣，雲谷引用各教派先賢的學說來增強其說的可信度，以六祖惠能「一切福田，不離方寸；從心而覓，感無不通」的話，解釋儒家孟子「求則得之，是求在我者也」的涵意，認爲所謂「求在我者」不獨道德仁義，更包含功名富貴，具有「內外雙得」的功效。因此富貴者與仁義同，皆可藉由善心善行求之。接著又舉《尚書・太甲》中「天作孽，猶可違；自作孽，不可活（原作逭）」，說明孔老人爲袁黃算定之命數乃「天作之孽」，只要從自而後「擴充德性，力行善事，多積陰德」，則命數不僅可違，並且可以享受積德之福報，改變「不登科第」、「不能生子」的命運。

　　袁黃接受了雲谷禪師的「立命」之說，一改往昔宿命消極的態度，「因將往日之罪，佛前盡情發露，爲疏一通，先求登科；誓行善事三千條，以報天地祖宗之德。」雲谷因此傳授袁黃功過格，「令所行之事，逐日登記；善則記

───────────────

〔註77〕以下若無特別註明，則《立命篇》均指單篇著作，即後來《了凡四訓》的首篇《立命之學》。

數，惡則退除，且教持準提咒，以期必驗。」說明功過格的使用方法，並運用了佛教「功過相除」的原則，這些內容原則在後來流行的民間功過格中，繼續被保留延用，基本上沒有太大差異。除了功過格外，雲谷又要求袁黃持「準提咒」，借重佛力以加強效果。

自袁黃在佛前誓行善事三千以求登科後，「終日兢兢，便覺與前不同。前日只是悠悠放任，到此自有戰兢惕厲景象；在暗室屋漏中，常恐得罪天地鬼神；遇人憎我毀我，自能恬然容受。」隔年袁黃參加禮部科舉第一，比孔老人算定的第三還高出二名；同年秋闈又考中舉人，超出孔老人所算命數。自此而後袁黃對於「命由我作，福自己求」更加深信不疑，由一個宿命論者，徹底轉變為積極的立命派。

這種行善求報的方式對袁黃來說顯然是有效的，因為己巳年誓行三千善，並順利取得舉人功名後，袁黃又先後於萬曆八年許行三千善起「求子願」、〔註78〕萬曆十一年許行一萬善起「求中進士願」，〔註79〕並分別於「辛巳，生男天啟」、「丙戌登第，授寶坻知縣」。甚至袁黃並未特意祈求的「增壽」，也因其使用功過格行善，獲得意外的長壽，再次破除孔老人謂袁黃將於「五十三歲八月十四日丑時，當終於正寢」的預言，「是歲（五十三）竟無恙，今六十九矣」，享壽七十四。

由於幾次許願皆能突破命數而實現，功過格因此成為袁黃日常作息不可或缺的一項工具，至任寶坻縣令時仍「置空格一冊，名曰治心篇。晨起坐堂，家人攜付門役，置案上，所行善惡，纖悉必記；夜則設桌於庭，效趙閱道焚香告帝。」〔註80〕當袁黃辦公審案時，便由家人將這本有空格的小冊子交給門人，再由門人放置案上。由此觀之，可見這本名曰「治心篇」的功過記錄冊，袁黃是隨身攜帶的，無論辦公或下班返家，這本冊子都要帶在身邊；即便已經在冊子上做了善惡記錄，夜晚仍要焚香，以日所為告之於天，徹底杜絕僥倖自欺的心態。顯示袁黃時時刻刻都要記錄自身功過的決心。最後，如同典型的勸善書籍，袁黃在篇末重新強調了「禍福可求」與「改過」的重要，

〔註78〕《了凡四訓・立命之學》：「庚辰南還……遂起求子願」。

〔註79〕《了凡四訓・立命之學》：「至癸末八月，三千之數已滿……九月十三日，復起求進士願，許行善事一萬條」。

〔註80〕趙閱道焚香告帝事載於新校本《宋史・列傳第七十五・趙抃條》，卷三百一十六，頁10325。其記趙閱道：「抃（趙抃，字閱道）……日所為事，入夜必衣冠露香以告于天，不可告，則不敢為也。」

勉人能依循此立命之說，「熟玩而勉行之，毋自曠也」。

（二）積功原則：《積善之方》與《改過之法》

上面敘述了袁黃對於「立命之學」，由接受到力行的大致過程。袁黃在使用功過格時，發展出一套對於積功原則的解釋，主要見於《了凡四訓》的《改過之法》、《積善之方》二篇，即出於《祈嗣真詮》的《改過第一》與《積善第二》。

袁黃素重改過，在《了凡四訓・立命之學》篇末，提示有志積功立德者「務要日日知非，日日改過。」在《改過之法》中說「今欲獲福而遠禍，未論行善，先須改過。」又舉蘧伯玉事例勉人改過不怠：

> 昔蘧伯玉當二十歲時，已覺前日之非而盡改之矣。至二十一歲，乃知前之所改未盡也；及二十二歲，回視二十一歲，猶在夢中，歲復一歲，遞遞改之。行年五十，而猶知四十九年之非，故人改過之學如此。〔註81〕

袁黃提出改過的幾項原則：

1. 要發恥心：要人能以自身之不善爲恥，莫謂人不知而無愧。又引孟子語：「恥之於人大矣」，則「恥心」實爲人與禽獸之分別，亦爲「改過之機要也」。

2. 要發畏心：當畏者有二，一是對鬼神的敬畏之心；一是死亡後「欲改無由」，而淪獄報的畏懼之心。以此警人須時時戒慎恐懼，勿以獨處漏室而惡行不顯，因爲「天地在上，鬼神難欺，吾雖過在隱微，而天地鬼神，實鑒臨之。」與儒家強調「愼獨」的概念殊途同歸，袁黃的「愼獨」源自鬼神無所不在的監督，雖爲「獨處」漏室，實則鬼神司命與之共處；儒家的「愼獨」則爲自我修煉之意。又勸人改過當勿拖延，人只要「一息尚存，彌天之惡，猶可悔改」，並且有立即的功效，他說：「故人有一生作惡，臨死悔悟，發一善念，遂得善終者。」又說「故過不論久近，惟以改爲貴。」否則「明則千百年擔負惡名，雖孝子慈孫，不能洗滌；幽則千百劫沈淪獄報，雖聖賢佛菩薩，不能援引。」

3. 須發勇心：改過不可因循，凡有過者，「如毒蛇嚙指，速與斬除，無絲毫凝滯」。

〔註81〕《了凡四訓・改過之法》，因民間版本眾多故不列頁數；又見於《祈嗣真詮・改過第一》，《了凡雜著》本，頁549。

又說明改過有三著手處，「工夫不同，效驗亦異」：

1. 從事上改者：如犯殺生之過，前日殺生，今戒不殺；僅就事情本身禁止，然「病根終在，東滅西生，非究竟廓然之道也。」

2. 從理上改者：「善改事者，未禁其事，先明其理」。如殺生，則思上帝好生、物皆戀命之理，又思被殺之生靈，「既受屠割，復入鼎鑊，種種痛苦，徹入骨髓；己之養也，珍膏羅列，食過即空，疏食菜羹，儘可充腹，何必戕彼之生，損己之福哉？」先明白事理，自然不會再犯殺生之過。

3. 從心上改者：由於「過有千端，惟心所造」，能使「吾心不動」則過無從生也。因此人需修心，一心爲善，「邪念自然污染不上」，改過由心，「如斬毒樹，直斷其根」，可收一勞永逸之效也。

在提示了改過的重要與方法後，接著教導人們如何藉著積善進而積功。《了凡四訓·積善之方》開篇先舉出數件因行善積德而得福報的事例，以明行善之效。其中包含了儒家經典《易經》，叔梁紇因祖上積德而生仲尼，以舜之大孝說其「宗廟饗之，子孫保之」等儒家系統的先賢事例。這種將善書與儒家系統進行連結以加強其正統性與可信度，是中國歷代皆有的現象，在宋以後由於《太上感應篇》、《太微仙君功過格》等經典的流傳，這種假借、援引儒家先聖先賢的贊行以利流傳的情形更成常態。

值得注意的是，《了凡四訓·積善之方》的內容主要根據《祈嗣眞詮·積善第二》，但不盡相同，主要差異之處在開篇所舉的福報事例。《了凡四訓·積善之方》共錄十人行善得福報事，其中具公門身分七人，四人爲官、二吏、一庠生；另三人則爲濟渡者、富有人家、樂善好施之家，其福報全數爲「福蔭子孫」，行善之人（家）皆得子孫登第高官之報，亦有福綿數世者；而《祈嗣眞詮·積善第二》則僅舉四例，其中「康僖公」事與《了凡四訓》所收相同，但較簡略，也是四例中唯一有爲官身份者，另三人皆爲尋常百姓。而行善者所得福報不只子孫登第，也記錄了老年得子的事例。《祈嗣眞詮·積善第二》記鎭江靳翁事：

> 鎭江靳翁，踰五十無子，訓蒙于金壇。夫人鬻金釵梳買鄰女爲侍妾……（靳翁）告夫人曰：「汝用意良厚，不特我感汝，我祖考亦感汝矣。但此女幼時吾常提抱之，恒願其嫁而得所，吾老又多病，不可以辱，遂謁鄰而還其女。踰年，夫人自受妊，生子貴，十七歲發解；明年登第，爲賢宰相。

可見相同的內容，或為符應時代需求、或因設定的讀者不同，在收編時將有所增刪，並非一字不易的引用。袁黃各種闡述勸善思想的著作，由於援用極廣，這種情形也屢見不鮮，在使用時可列為參考。

接著袁黃又詳細分析了善的內容，舉出善有真假、端曲、陰陽、是非、偏正、半滿、大小、難易等分別，行善者皆當深辨，否則自謂行善，實則可能造孽，枉費苦心，以下簡略述之：〔註82〕

1. 真假：袁黃引用中峰禪師對善惡的看法，認為真善假善的根本區別在於「利人」與「利己」。世俗多以詈人毆人為惡、敬人禮人為善；中峰告之曰：「有益於人，則毆人、詈人皆善也；有益於己，則敬人、禮人皆惡也。」故人之行善，「利人者公，公則為真；利己者私，私則為假」。此外，行善者「根心者真，襲跡者假」；「無為而為者真，有為而為者假」。在「真假」的分辨中，袁黃繼承了佛門「為人」的思想，這種「利他思想」在袁黃的各類著作中隨處可見，是袁黃著述、處世的重要原則，也是袁黃深受佛學影響所展現的重要特徵。

2. 端曲：由「真假」發展而來，謂「純是濟世之心則為端，苟有一毫媚世之心即為曲；純是愛人之心則為端，有一毫憤世之心即為曲；純是敬人之心則為端，有一毫玩世之心，即為曲。」凡善之端者，則為上述「根心」者、「無為而為」者；凡善之曲者，即上述「襲跡」者、「有為而為」者。又以為「天地鬼神之福善禍淫，皆與聖人同是非，而不與世俗同取捨」，因此自以為積善而無福報者，皆因不加細辨善之真假、端曲之故。

3. 陰陽：「凡為善而人知之，則為陽善；為善而人不知，則為陰德。陰德，天報之；陽善，享世名」。這裡表現出中國功德積累體系的一個傳統觀念：一善不二賞。如果一個人因善行而在世間受到了名聲或物質的報酬，那麼他就不能再受到神的賞賜。〔註83〕

4. 是非：人之為善，「不論現行而論流弊，不論一時而論久遠，不論一身而論天下。現行雖善，而其流足以害人，則似善而實非也；現行雖不善，而其流足以濟人，則非善而實是也。」因此行善須當深慮，勿以

〔註82〕袁光儀《晚明之儒家道德哲學與世俗道德範例研究－劉蕺山《人譜》與《了凡四訓》、《菜根譚》之比較》，對《了凡四訓》中關於「善」分辨亦有所論述，可參考之。

〔註83〕包筠雅，《功過格──明清社會的道德秩序》，頁32。

小害大，以今害未來也。

5. 偏正：有「以善心而行惡事者」，雖欲行善，卻反而貽害他人，為「正中偏也」；以「惡心而行善事者」，雖是為己，而恰好有益於人，為「偏中正也」。

6. 半滿：有三種說法。引《書》「商罪貫盈，天命誅之」，袁黃認為這有如「貯物於器，勤而積之則滿；懈而不積，則不滿。」其一也；以善心是否至誠為半滿之據，誠心為善則功德圓滿，善心不誠則功德為半，此其二也。又進一步強調「為善而心不著善」的工夫，忘卻行善的功利目的而行善，忘卻行善本身，純粹從善心而發善行，能如此則「隨所成就，皆得圓滿」；若「心著於善，雖終身勤勵，止於半善而已」，此其三也。「半滿」的第一種說法，顯然是中國功德積累概念的展現；其後二說則勸人行善當修善心，拋卻功利目的，方可圓滿。

7. 大小：「志在天下國家，則善雖少而大；苟在一身，雖多亦小」。這裡記錄了衛仲達入冥的事情說明「大小」之區別：

昔衛仲達為館職，被攝至冥司，主者命吏呈善惡二錄。比至，則惡錄盈庭，其善錄一軸，僅如筯而已。索秤稱之，則盈庭者反輕，而如筯者反重。仲達曰「某年未四十，安得過惡如是多乎？」曰：「一念之不正即是，不待犯也。」因問軸中所書何事？曰：「朝廷嘗興大工，修三山石橋，君上疏諫之，此疏稿也。」仲達曰：「某雖言，朝廷不從，於事無補，而能有如是之力？」曰：「朝廷雖不從，君之一念，已在萬民；向使聽從，善力更大矣。

此大小之辨不僅有佛教「利他」的思想，也展現出儒家的淑世情懷，此二者正是袁黃思想的二大主體。又由衛仲達入冥經歷，可知袁黃的功德積累體系深受佛教影響，而有「業秤」與「善惡簿錄」的概念。

8. 難易：此點在於強調人之處境條件不同，則所行之善亦有難易之區別；若能於難捨處能捨、難忍處能忍，則天隆之福亦厚。「凡有財有勢者，其立德皆易，易而不為，是謂自暴；貧賤作福皆難，難而能為，斯可貴耳。」

在提出辦析「善」的八點原則後，袁黃又舉出十點行善的具體指標，分別是與人為善、愛敬存心、成人之美、美尺為善、救人危急、興建大利、拾財作福、護持正法、敬重尊長、愛惜物命。

在這十點中，前三點宣揚儒家的道德標準，孟子言：「君子莫大乎與人為善」；〔註84〕論語言：「君子成人之美，不成人之惡，小人反是。」〔註85〕「與人為善」與「成人之美」不特是儒家所讚揚的善行，同時二者的內涵也相類似，皆在助人為善；「愛敬存心」的具體內容則與儒家強調的「仁心」相同。一方面也展現其對佛教的崇敬之心，「護持正法」勉人禮敬三教聖寶，又強調「舉揚正法，上報佛恩，尤當勉勵」；「愛惜物命」中勉人茹素以減少殺生，此觀點為儒、道所無，乃佛教戒律。由此可見，袁黃雖有三教合一的思想，然隨處可見其以佛法為宗之意；這些承自儒家、佛教的善惡道德標準，演進成為中國普世的道德觀，不但為袁黃本身所力行，也常見於其勸善類的著述之中，是其勸善思想的主要成份。

（三）福報之門：謙德之效

本篇約同於《立命篇・謙虛利中》，袁黃引《易》之文句：「天道虧盈而益謙；地道變盈而流謙；鬼神害盈而福謙；人道惡盈而好謙」，說明「謙虛」可招鬼神賜福。又舉數人因謙虛而得登科之例，篇中言：「舉頭三尺，決有神明；趨吉避凶，斷然由我。須使我存心制行，毫不得罪於天地鬼神；而虛心屈己，使天地鬼神，時時憐我，方有受福之基。」據此謙虛實受福之基，尤其欲求登科者，更應虛己待人，方能得到鬼神福佑。

這種思想的產生，或許與袁黃年輕時因侮主試而落第的遭遇有關，據《嘉善縣志》載袁黃：「萬曆五年會試，以策忤主試被落」，〔註86〕親身遭遇可能讓袁黃更易產生此番體悟。

（四）袁黃的功德積累思想

《了凡四訓》中的文章安排，先由袁黃生平親身遭遇說起，以取信於讀者，禍福的確由人自招；接著又論述了改過積善的方法，使人能招福遠禍；最末強調人於改過積善之外，亦須常保謙虛之心，方能使鬼神憐之，而有受福之基。因此《了凡四訓》實為袁黃勸善思想的總結，亦是觀察袁黃所持功德積累體系最具體的材料。

根據《了凡四訓》的內容，大約有如下數點，在在表現袁黃三教合一的傾向：

〔註84〕《孟子・公孫丑上》，第 8 章。
〔註85〕《論語・顏淵》。
〔註86〕光緒《嘉善縣志》，卷十九，《名臣・袁黃條》，頁 7～8。

1.

袁黃改過、積善的道德標準，主要是儒家、佛門與中國的普世標準融合而成，與《太上感應篇》或《太微仙君功過格》具有明顯道教色彩的道德標準不同，以民間百姓的道德作為取向的成份大為增加。

至晚明袁黃一代，受到自宋以來儒學世俗化思潮的影響，這種脫離某一特定宗教，專為百姓設計的功德積累體系越來越普遍。與以前有濃厚宗教色彩的勸善經典相比，大幅提升「人」的主體性，這套系統中人對自身命運握有主控權，「天」的存在只是對人的行為做出回應，無論與之前所提的任何一套功德積累或因果系統相較，都顯得更為積極，「人」在命運中所起的作用也更為巨大。

由於重視的主體在「人」不在「天」，因此袁黃所提倡的功德積累體系，十分強調現世的利益，這點與佛教將善報寄託於來世或輪迴，或是道教將積善目的指向成仙永生有明顯的區別：袁黃所立足的場域在於耳、目、口、舌與身體所可驗證的現世，不如宗教將願景建構在一個虛無飄渺的來世或仙境，這也是袁黃功德積累最吸引人的地方，一個現世可得的好處。

2.

袁黃的功德積累信仰，在宇宙觀上，雖承襲《太上感應篇》以來，相信有一個能夠降禍賜福的天職體系，但這個天職體系，並不專屬於任何一個宗教，而是揉合了中國傳統民間信仰、佛教與道教的神職體系而成。

例如《了凡四訓·改過之法》有「幽則千百劫沈淪獄報，雖聖賢佛菩薩，不能援引，烏得不畏？」之語，顯然是受了佛教地獄觀念的影響；另外又有「在暗室屋漏中，常恐得罪天地鬼神」、[註87]「天地在上，鬼神難欺，吾雖過在隱微，而天地鬼神，實鑒臨之」[註88]云云，這種鬼神環伺以察人言行的觀念，則有道教體系從民間信仰發展出來的「灶神」、「三尸神」的影子；在報應思想的基礎上，雖然有研究指出佛教因果報應是袁黃功德積累體的基礎，[註89]但更周全地說，袁黃的功德積累思想雖啟蒙於雲谷禪師，而「報應」的概念卻是自商周已來就存在於中國傳統，無論儒、釋、道何者，皆有

〔註87〕《了凡四訓·立命篇》
〔註88〕《了凡四訓·改過之法》
〔註89〕如袁光儀《晚明之儒家道德哲學與世俗道德範例研究——劉蕺山《人譜》與《了凡四訓》、《菜根譚》之比較》，頁48。（臺灣師範大學，85年國文系碩士論文）

對於「報應」的一套理論，袁黃對於「報應」的篤信不能完全歸結於佛教的影響，仍是融合三教與中國傳統觀念的結果。

正如包筠雅在其關於功過格的著作中提到「在分析功過體系背後的『理』時，雲谷和袁黃對佛教來源輕描淡寫；相反，兩個人都從儒教中爲功過體系提取眞正的合法性。」佛教在袁黃的功德積累體系中，是一種無所不有的存在，但從未被明白宣示過；經常被張揚引用的是儒家理論（尤其孟子、四書五經）。

3.

和所有提倡「善惡報應」的體系一樣，袁黃的功德積累也面臨對於應驗的質疑，現實情況是否眞的「善有善報，惡有惡報」呢？顯然不盡如此。袁黃一方面引用佛教獄報的觀念，說明爲惡者死後將淪地獄受苦，這種報應對一般人來說是無法證實的，但卻爲中國民間深信，起著巨大的嚇止作用；　一方面設計了一套關於「善」的精確理論，即上述善之眞假、端曲、陰陽、是非等等，由於一般人並無法正確的理解「善」的眞意，非聖人不能明白，而「世人之善惡，分明與聖人相反」，〔註90〕偏偏「天地鬼神之福善禍淫，皆與聖人同是非，而不與世俗同取舍」，因此爲善卻不得善報者，並非「報應」系統的差錯，而是世俗對於「善」的曲解所致。袁黃藉由對「善」的精確定義，不但使其功德積累體系更形完整，也掩飾了這套系統易見的缺失。

（五）袁黃所持功過格考察

上面已經由《了凡四訓》考察了袁黃的功德積累思想，那麼袁黃本人所使用的功過格究竟如何呢？袁黃的功過格與後出的諸多功過格之間是否存在某些關聯？要解答這些問題，勢必要找出袁黃所持用的功過格，儘管可以找到許多以「雲谷禪師授了凡功過格」爲名的功過格，卻沒有足夠的證據顯示這些功過格就是袁黃本人所持用的版本；〔註91〕另據《劉子年譜》載：「……秦弘佑倣袁了凡《功過冊》著遷改格一書，善與過對舉，一理性情、二敦倫紀、三坊流俗、四廣利濟……」，〔註92〕可惜今未見存書。

〔註90〕《了凡四訓・積善之方》
〔註91〕這類功過格多存在於佛教網站上，出處與所據不明；另酒井忠夫於《功過格的研究》中，也列出被視爲「袁了凡功過格」的許多異本，可參照之。
〔註92〕劉宗周，《劉子全書》，卷四十，《劉子年譜》，頁 3585，《中華文史叢書》，57冊。

　　目前筆者所見以袁黃爲作者的功過格類著作，是收錄於《新編叢書集成》的《功過格分類彙編》一卷，收錄有未署名的〈明袁了凡先生功過格序〉、〈功過格例〉、〈記功過法〉、〈功過格靈驗〉，以及明陶奭齡的〈功過格論〉、清曹鼎臣的〈奉行功過格應驗感夢記〉以及正文〈功過格分類彙編〉，卷末則附有記功書過的空格冊，供讀者使用。另外，在記錄袁黃任寶坻縣令政績的《寶坻政書》末卷《自知書》，錄有袁黃的〈當官功過格〉，留待後文討論，此處以《功過格分類彙編》所錄功過格爲對象，分析袁黃所持功過格的情形。

　　《明袁了凡先生功過格序》記述袁黃一生奮發行善徼福的經歷；《功過格例》解釋了一些記功過的原則與條例，共有「記過兼記功」、「以功折過，亦有不可折者」、「受賄及屈於勢力者，不得記功」、「功過增加有分載格中者」、「功過有是非」、「功有眞假」、「雲谷禪師云」七條。前四條都是由中國早期功德積累本有的內容承襲而來，後三條則顯然是袁黃《積善》中善有「眞假、是非、半滿」概念的沿用。《記功過格法》記載了起願的儀式：「凡受持者，擇一吉日，齋戒告天，焚香發誓」，接著更詳細說明了記錄功過的方法：

> 訂一冊子，先書年月，次書日，臨臥查點一日所爲。有功則於功下註之；有過則於過下註之。一功記一〇、十功記一⊕、百功記⑩；一過記×、十過記米、百過記困。不重功恕過，不可輕勿間斷，月終會計功過，折算淨餘若干，終年大比，算所餘者爲定，焚告竈神。凡記功有疑實，宵從其少；記過有疑實，宵從其多，此是減罪消愆之法。凡功十五日不倦者，外加十功以示鼓舞；凡過十五日不改者，外加十過以示創懲。〔註93〕

其所記「先書日期」、「臨臥查點」與「一月一小比、一年一大比」等原則與《太微仙君功過格》相較並無二致，但形式上看來更爲精密，包含記錄符號與獎勵、處罰制度都有規定。表明功過格這類冊子的使用，自宋到明清一直是持續發展的，因而會越來越完整而精密。

　　《功過格論》論述了功過格的作用，又以「孔子曰：『故大德必得其位、必得其祿、必得其名、必得其壽』」強化了功過格的正當性。最後的《功過格靈驗》則是許多使用功過格而有靈驗的舉例，包含了從宋以來的善書經典經常援引的范文正公、眉山蘇杲、張魏公等，以及其他明代以後的名士，如著

〔註93〕袁黃編，《功過格分類匯編·記功過法》，頁241～242，收於《叢書集成續編》，第62冊。

名的勸善書《迪吉錄》作者顏茂猷、劉宗周、以及記有「清咸豐己未孟秋上
浣書於退思軒」的曹鼎臣等人。大致說來，宋以來的范文正公云云，多為假
借附會之說，已於上述；明代以後的名士則確實曾為功過格的奉行者。值得
注意的是，在清曹鼎臣的《奉行功過格應驗感夢記》中，將袁黃神格化，見
如下記載：

> 戊午冬，家大人忽病，患中風，百藥罔效，余憂心如醉，終夜皇然。
> 己未夏，長男病夭，而次三子尚幼，余益痛悼，無已自念，何辜於天，
> 慘罹此罰。每夕禱於竈神，祈有以明示。六月望日，夢至一公署，見
> 左坐者烏帽藍袍，右坐者角巾皂服，余急趨下拜。右坐者曰：子新刻
> 竈書將成，必知角巾皂服者為何人也。」余頓悟為司命神，即伏地再
> 拜，急欲陳說己意，左坐者忽屬聲曰：「禍福皆由自取……自後當振
> 屬精神，奮發有為，守之彌堅，信之彌篤，補以前之過，積以後之功，
> 則將來造就有未可限者，又何患不除而何福不集哉？且獨為善，不如
> 與人為善。君前刻功過格日記，法甚善，可速糾集同志，廣為傳布，
> 并處處美尺奉行。凡有志功名求嗣者，惟此書得效最速，我之往事可
> 鑒也……」余始知藍袍神即了凡先生……。〔註94〕

在一連串引導人使用功過格的理論、方法、實例後，最後以勸善書籍常見的
夢遊遇仙事，使人對功過格更加信服。在最後的這個舉例中，袁黃被視為「藍
袍神」，和中國傳統中掌管善惡報應的司命神並坐左右；而曹鼎臣夢遊仙人公
署的原因是「家大人忽病，患中風，百藥罔效」，加上「長男病夭」，而使他
「夕禱於竈神，祈有以明示」，出於其對自身命運的疑惑。由此推知，至遲到
了清代，袁黃已被視為類似「命運之神」而神格化的情形。

　　在這個被認為是袁黃所持有的功過格中，〔註95〕共有敦倫、脩身、勸化、
救濟四大類格、十八分項。其中敦倫格與脩身格為主要二格，在全部分項中
佔近七成，主要內容取材自儒家的倫理道德與民間世俗道德，儒家的部分主
要在於家庭倫理與心性的修養上；民間世俗的內容則表現在待人接物、金錢
往來、職業道德（尤其是商業）、以及拒淫逸等；另外值得注意的有二點：

　　其一，在敦倫格中列入了「主僕」一項，正是符應本文上述的，明末以
來出現許多有權勢的奴僕，至有與主人相爭者，以及各地發生大規模「奴變」

〔註94〕　袁黃編，《功過格分類匯編‧記功過法》，頁241～242。
〔註95〕　持此一看法者尚有蕭世勇《袁黃的經世理念及其實踐方式》，頁119收有取材
　　　　自《功過格分類彙編》的功過格圖，並以之為袁黃所持之功過格。

的這種情勢，因而必須對奴僕與主人進行規範，一方面要求主人應善待下屬，不但要「厚給衣食，難苦必恤」、「有疾盡心醫治」，並且遇奴僕有過，還要「不當人罵詈」、「遇事善教，有過不苛責，善導之」，對待奴僕直如子弟；一方面又要求奴僕「一心事主，不欺不肆」，並且「不靠主勢欺人」，不可「欺忤幼主」。由這些條規的內容，均可與前文所述，當時主僕間的關係變化做一對照。

其二，「脩身格」的最後一個項目為「敬惜」，內容包含宗教上的指示，但對象則不限一端，既有承襲自道教系統的「不對北涕溺」、「五臘八節及朔望清晨有怒不發，戒齋脩省」等；亦有對於「每晨禮拜神佛」的要求；民間信仰也列入其中，包含「祀先極誠盡敬」、「掃墓及時」等。條規融合各種宗教內容，是明末民眾功過格的一種特色，也是與《太微格》重要區別所在。由於到了晚明，有「化儒學為宗教」、〔註96〕「融宗教與倫理」〔註97〕的趨勢，因此字面看來「敬惜條」是關於宗教的條規，事實上將之視為由宗教的教化演變而成的民間普遍習俗道德，或許更為貼切。

至於「勸化」與「救濟」格，共計四分項，所佔篇幅不大，「勸化格」要求人能對他人進行「勸善化惡」，使他人得以遷過向善；「救濟格」則包含「救人」與「利物」二個層面，後單立「過款」數條，多強調愛惜物命、戒殺生的思想，其中關於茹素、禁殺生與放生等條目，俱為佛教產物，儒家與道教並不特別講究。綜觀這二格所呈現的內容，很清楚最主要的中心思想在「利他」，正是上文所提袁黃篤信佛教而持有的重要思想，除此之外，並不應忽略其中也有與《太上感應篇》「不仁門‧殺傷畜命條」相合者，二者可能具有一定程度的繼承關係。

在四大格十八分項之後，又有「增訂居官功過格」，在不含「水利」的一〇七條中，關於告訴、刑訊、獄囚的條規有四十四條為最大宗，其他尚有催征、教化、舉賢、賑災等，俱為地方官最要緊事，尤以刑名為要；其後又有「水利」數條，提示地方官宜行「大興水利」、「修築河防」等民生工程。雖然無法得知此格是否為袁黃所作或使用，然將本「居官功過格」所列條目與袁黃任寶坻縣令時的作為相互對照，則頗有相合之處，二者之間的關係，留待下章再做進一步論述。

〔註96〕余英時語，轉引自吳震《明末清初勸善思想研究》，導論 ix。
〔註97〕吳震，《明末清初勸善思想研究》，導論 ix。

三、陰騭思想的展現：《寶坻政書・自治書》與《寶坻政書・感應篇》

《寶坻政書》由袁黃門生輯錄其重要公移文書與手稿而成，雖非由袁黃完成本書，卻很能展現袁黃的思想，尤其本書最末二卷〈自治書〉、〈感應篇〉，更充分顯現其信仰與陰騭思想的面貌。

（一）《自治書》

《自治書》主要呈現袁黃信仰的面貌，以及修養心性的方法。《自治書》前劉邦謨、王好善編輯序云：「……其（袁黃）自治之密，則通儒大人或未能察也。先生孳孳為善，惟恐不及；其自檢之條及當官功過格、晨昏功課錄，有志者所當服行者也……。」〔註98〕從序文中可以知道，袁黃通過「自檢之條」、「當官功過格」、「晨昏功課錄」的約束，自治甚嚴，其目標是要能夠「孳孳為善」，而其之所以如此積極行善，考慮其《立命篇》的內容（見上章），不能說不受到陰騭思想的影響，其中的「自檢之條」、「當官功過格」都呈現典型的功德積累思想，「當官功過格」更直接就是功過格的形式；「晨昏功課錄」則完全是其佛教信仰的展現。

1.〈思補堂自儉款目〉

本篇下有袁黃條列出的自治法則數條，內容大多是袁黃對自我道德的要求，也有談及功過信仰者。如首條規定「晨昏功課，俱有成規，有事不及行，即撥冗補之，不可缺也，缺則書冊以志吾過」，〔註99〕這是將功過格的方法運用在佛教的晨昏功課上；接下來二條分別勉人「須有邁種德之念」，積極為善，並置「治心編」一冊，將每日所做所為隨手記之，至夜晚則效趙閱焚香告天，顯然是其陰騭思想的發揮。

接下來袁黃使用了較多的規範約束個人的品性、言行，且多半是針對為官者的要求，在聽訟用刑方面，他要人能忍耐怒氣，「今遇有可怒可忍之事，皆當百倍忍耐，決不可乘怒用刑，乘忿發書，以貽後日之悔」，〔註100〕與他在《刑書・諭寮屬用刑文》關於「聽訟」的部份相似。又說「當官行事，凡吏書之言，決不可聽，則我為彼役矣」，〔註101〕必須要能洞燭真相，才不致在斷案時受書吏所錄供詞矇騙，而做出錯誤的判決，造成冤獄。又說「主威之道

〔註98〕《寶坻政書》，卷十一，〈自治書序〉，頁442上。
〔註99〕《寶坻政書》，卷十一，〈自治書・思補堂自儉款目〉，頁442上。
〔註100〕《寶坻政書》，卷十一，〈自治書・思補堂自儉款目〉，頁442下。
〔註101〕《寶坻政書》，卷十一，〈自治書・思補堂自儉款目〉，頁442下。

不在刑罰而在威儀」，因此每上堂袁黃「必正衣冠以尊瞻視」，無論寒暑決不可褻。〔註102〕

在當官的操守上，袁黃以爲「一清如水，大節凜然，皆吾本份之事也」，〔註103〕所做所爲皆要以民利爲利，以民苦爲苦，「事到手即思其利害何……如果有益于生民，有裨于朝改者，即行之。」〔註104〕要能爲地方去惡積善，但也不可太過，其云「然不可疾惡太嚴，吾寧失于不經，勿過刻也」。凡事所考慮者，只有百姓、只有國家，不應以利己爲念，方合於爲官之節。

至於個人的操守，袁黃也以澹泊自我要求，「日用支俸錢自給，勿得過五十文」；但與百姓交易則不可過苛，反要「較常價稍優値，寧使賣物者欺官，勿使官欺商人也」，〔註105〕使百姓樂於與官爲市，可見其愛民、不與民爭利。

2.〈當官功過格〉

本功過格與上文提到《功過格分類彙編》所收功過格，無論在內容或形式上均有不同，主要是針對擔任官職者所做的一部功過格。本篇序開頭是《尙書》中被後世功過格作品廣泛引用的二句話：「作善降之百祥，作不善降之百殃」、「惠迪吉，從逆凶」，明白宣示了本作品的陰騭色彩。接著又說明本篇功過格乃取材自道藏版《太微仙君功過格》變化而來：「道藏有紫微帝君功過格，吾師復所楊先生刻之感應篇中，余取其有切于官守者，增損數條，用以自警」。

接下來是與諸多功過格相似的格式，分別開列功格、過格二類，其下則是各種善行與其功値與各種惡行的過値。上一章我們討論了明末以後流行的居官格，提到一個重要的特色，即此時期的居官格與原始的道藏本《太微格》相較，減少了與王法的衝突，這是指在免刑的觀念上；此時的居官格出現將道藏本所規定的「免刑」、「減刑」轉爲「免冤刑」的變化，具有愼刑的意義。以下先將本篇收於《寶坻政書》中袁黃的《當官功過格》以表列方式先行整理，再做進一步分析：

〔註102〕《寶坻政書》，卷十一，〈自治書·思補堂自儉款目〉，頁443上。
〔註103〕《寶坻政書》，卷十一，〈自治書·思補堂自儉款目〉，頁442下。
〔註104〕《寶坻政書》，卷十一，〈自治書·思補堂自儉款目〉，頁442下。
〔註105〕《寶坻政書》，卷十一，〈自治書·思補堂自儉款目〉，頁442下。

表 3：袁黃《當官功過格》內容分類列表（收於《寶坻政書・自治書》）

類　別	功　格
司法事務	免大辟一人當百功
	免永戍一人當五十功
	免終身軍一人當三十功
	免徒： 滿徒一人當二十功；三年徒當十五功；二年徒當十功；一年徒當五功。
	免滿杖一人當三功；九十以下當二功
	責人須明告其罪，使之知改；凡刑人而當使見者愜心、受者愧服，算十功。
	監中囚犯依期給糧，禁戢獄卒使得安寧，一人算一功。
	閒中進監為陳說善惡，使肯改過，一人算百功。
	能誨誘頑民，平其忿心，使之無訟算十功。
	應杖人而能忍不杖，算一功。
	凡聽訟能伸冤理枉，一事算一功。
賦役	凡有力役差遣均平，使闔縣受福算千功。
	催徵有法，不甚用刑而錢糧畢辦，算百功。
	能認罪緩徵算千功。
	申請蠲免，使地方得受實惠，算三千功。
社會救濟	行路人有病，設法療養，一人算二功；垂死而得生者算十功
	葬死人及枯骨各算三功。
	收養孤老，一人算十功；勸其親戚，責以大義，令各收養，一人算二十功。
	賑濟得實一人算一功。
	荒年煮粥，本縣來食者一人算一功；他方來食者一人算二功
	多寒窮民無衣，設法做襖給之。自給者一襖算三功；勸人給者一襖算五功，以不獨為君子也。凡施人錢物皆以百錢算一功。
勸善懲惡	教人為善，誘掖獎勸使有成立，其功各因人受益之大小而定之。
	凡責人而己不恕，眞有與人為善之心，算一功。
	凡事惜福，躬行節儉，使風俗還淳，算千功。
	闡明正教，維持正法，使聖賢遺音燦然復明千世，功德無量
	能禁戢豪強不使播惡，算十功
水利建設	開渠築堤，能興水利，視事之大小算功。
祈禱	禱雨祈晴能竭誠盡愼，有應每事算百功。
其他	凡解人之怒、釋人之疑、濟人之急、拯人之危，皆隨事之大小、人之善惡算功。

類　別	過　格
司法事務	怒中責人算二過；無罪悞（誤）責算十過。
	凡問罪成招不與開一線之路，只求上司不駁，算三過。
	泥成案不與開招，各隨事之大小算過。
	上司怒不敢辯救算一過。
	杖死一人算百過。
	受人囑託算一過；枉法者算十過。
賦役	遇災不申，遇賑而吝，皆算百過。
	輕用民力，隨眾寡算過。
	加派增糧算千過。
官員操守 個人品格	不畏大人，將上司行移或分付言語不行用心祗奉，自二過。
	逢迎勢要算一過，若累平民算十過。
	非禮餽人算一過。
	接人不拘貴賤，若有輕慢之心算一過
	心有宿怨而外作好詞，算二過
	飲酒多算一過；醉而失禮算二過。
	遇長不敬、遇幼不慈、遇朋友不信，皆算五過。
	演戲作樂、恣情酒食，算一過；或習成奢侈、陰傷風化算十過。
	遇知己而含疑不盡，算一過。
	待人不誠算一過，或挾詐自逞算三過。
	自占便宜，損人利己算十過。
勸善懲惡	妄言算一過。
	攘人之能、掩人之善、忘人之恩、談人之短，皆算十過。
社會救濟	力可以濟人而不肯盡，算三過。
祈禱祭祀	不禁宰牛，一牛算一過。
	祭祀不盡誠，算十過。
	水旱不早爲祈禱，算五過；祈禱而不盡誠，惟以虛文塞責，算十過

分析：

（1）功格〔註106〕

　　開始數條的內容是關於免刑與其功德分值，例如「免大辟一人當百功」、「免永戍一人當五十功」、「免終身軍一人當三十功」等。與《太微格》不同的是，《太微格》規範免刑的內容大多放在「救濟門」下的「救濟罪犯」條，

其救免刑依程度有所分別，如以死刑爲例，《太微格》就有救一人刑死性命百功，免刑死性命百功，減死刑性命一人五十功的區別（詳見本文第三章第二節），這種細微的分別在本篇《當官功過格》並沒有；更重要的差異是，《太微格》對於救免刑抱持絕對肯定的態度，因此有「依法定罪無功」的警語，在其過格「不仁門・論罪謀刑」中，更有「凡爲官吏入人罪者同此論」的說法，明顯的與王法有所衝突，而將其認定的道德規律凌駕在法律之上。這樣的觀念在後出的居官格中得到了一定程度的修正，如上所述，部分居官格後將「免刑」的概念轉化爲「免冤刑」，既不違反法律精神，亦不致脫離本意太過。

袁黃爲解決判刑與免刑之間的二難，先是在免刑條後以小字加註：「按紫微格，凡人犯罪應恐而吾免之始算有功，若不應死者，減算，軍徒以下皆然，蓋不教而殺謂之虐。今之民失散久矣，即使刑眞罪當皆虐政也。故得其情□當哀矜之。」〔註107〕袁黃引孔子語「不教而殺謂之虐」爲《太微格》中與王法矛盾的規定解釋，而現今世道衰微，民失散久矣，即使罪情眞切，亦爲時代共業，凡刑之皆虐也。

那麼該如何看待犯罪者的刑罰呢？袁黃在接下來的功條說：「責人須明告其罪，使之知改；凡刑人而當使見者愜心，受者愧服，算十功。」〔註108〕也就是說，當刑者刑，不可一味縱放；但當知刑罰的目的並不在於處罰罪犯，而是「使之知改」、「見者愜心、受者愧服」，轉而強調刑罰的教化功能。

接下來是關於賦稅的規範，由於事關全縣，因此功值亦大，如「凡有力役差遣均平使闔縣受福算千功」、「催徵有法不甚用刑而錢糧畢辦算百功」，但「能認罪緩徵」於百姓造福更大「算千功」，「申請蠲免使地方得受實惠算三千功」。

再來是一連串關於縣內大小善政的規定，包括「教人爲善」、「禱雨祈晴能竭誠盡愼有應」、「監中囚犯定期給糧」、「開中進監爲陳說善使肯改過」、「收養孤老」或「勸其親戚責以大義，令各收養」、「應杖人而能忍不杖」、「開渠築堤能興水利」、「能禁戢豪強不使播惡」、「凡聽訟能伸冤理枉」、「能誨誘頑民平其忿心使之無訟」、「賑濟得實」、「荒年煮粥」、「冬寒窮民無衣設法做襖給之」等等，各依事情大小規定其功值。

〔註107〕《寶坻政書》，卷十一，〈自治書・當官功過格〉，頁443上。
〔註108〕《寶坻政書》，卷十一，〈自治書・當官功過格〉，頁443上。

（2）過格〔註109〕

與《太微格》功門與過律內容大致相對的方式不同，本篇過格與功格內容並無明顯對應的情形，雖有少數相對的條例，但大多是新增功格未提及者。

過格前列數條同樣是關於刑名、訊問等事，如「怒中責人」、「凡問罪成招不與開一線之路只求上司不駁」、「泥成案不與開招」、「上司怒不敢辯救」等，規範為官者審案當為民設想，不可一味討好上司，有案當速結，不可拖拉。

接下來的惡行列表則包含了縣政與個人言行，較為雜瑣，如：「接人不拘貴賤，有輕慢之心」、「心有宿怨而外作好詞」、「見人不檢不與規正」、「共助成其惡」、「不畏大人將上司行移或分付言語不行用心祗奉」、「飲酒多」、「醉而失禮」、「力可以濟人而不肯盡」、「強不知而為知」、「攘人之能」、「掩人之善」、「忘人之恩」、「談人之短」、「遇長不敬」、「遇幼不慈」、「遇朋友不信」、「演戲作樂，恣情酒食」、「遇知己而舍疑」、「待人不誠」、「自占便宜，損人利己」等等，俱是關於官員的個人操守與個人品格方面的規範，這類規範在過格中所占比例最大，其中有許多條可適用於一般百姓，不唯當官者可守。此後，又有關於宗教祭祀的規範，如：「不禁宰牛」、「祭祀不盡誠」。其他與縣政相關的內容則散見於過格各條間，為數不甚多，如「杖死一人」、「輕用民力隨眾寡」、「遇災不申，遇賑而吝」、「受人囑咐」、「逢迎勢要」若「累及平民」則加重其過、「水旱不早為祈禱」、「虛文塞責」等。

比較本篇的功格與過格，「功格」與縣政相關者較多，且較具積極性，是在一般的縣政事務之外，做進一步要求，如能抽空至獄中為囚講解；不只聽訟，最好要能「使之無訟」；不僅要能「錢糧畢辦」，最好的是能做到「認罪緩徵」；此外像是興修水利、收養孤老、煮粥濟飢等，都是鼓勵為官者能積極主動為民設想，爭取福利的做法，多半收在功格。至於「過格」所規範關於縣政的部分不若功格多，有許多是關於官員自身的操守要求，真正說到縣政的並不太多。可以說「過格」關注的重點主要在提升官員的道德，一旦官員有了良好的操守，再根據功格條列的各項善政施行，孳孳為善，以利百姓。

值得注意的是，本篇功過格下條列的各種善政，尤其是「功格」的內容，

〔註109〕《寶坻政書》，卷十一，〈自治書·當官功過格〉，頁444～445上。

絕大多數袁黃都曾加以實現，並記錄於《寶坻政書》各卷，若詳細對照各項「寶坻善政」，便可發現二者間的相關性極高，雖然沒有進一步證據推斷本功過格的成書時間，但將此功過格所呈現的陰騭思想視爲袁黃在寶坻縣種種善政的思想指導，應當沒有太大問題。

3.〈晨昏功課錄〉

本篇分爲「清晨懺悔文」與「黃昏回向五戒」二部分。其前言云：「……釋氏初學之徒，類有功課，余以己意，酌爲數條，日循而行之，凡數年矣……謹以懺悔效（陶侃）運甓，爲不然晏安酖毒也……。」〔註110〕可知所謂晨昏功課錄，乃是袁黃每日於清晨禱念懺悔文，提醒自己改正昨日之非，積累今日之善；並於黃昏時向天地神祈祝念「黃昏回向五戒」文，祈求借助神力使能遵守五戒而不違，二者皆是袁黃告天的一種儀式。

（1）清晨懺悔文

行清晨懺悔前，袁黃先向上天跪誦一段引言，自責己過云：「竊惟凡夫，垢重欲界情濃，無始劫來，久斷還原之路……」，並向神明求助「仰慈悲而瀝血，動懺悔以祈哀，所願念念歸眞，塵塵離垢，早修六度，頓悟一乘……。」〔註111〕

跪誦完自責的告天文，接著是一長串的祈禱名單，從當朝皇帝、父母先祖、兄弟姑嫂等一切族屬到朋友、同門、授業老師、當朝宰相與文武百官，寶坻上司與士民乃至同室之奴僕等，皆在祈禱對象裡面；也有以上界諸神、修羅、一切神眾、魔王外道等，以及下界自閻羅、人間華夷一切人民、獄中囚犯，甚至地獄道一切眾生、十方微塵與餓鬼道眾生等等，皆是袁黃爲之祈禱的對象。〔註112〕

祈禱文有固定的格式，在「弟子袁黃奉爲……（某對象）」之後，皆有類似咒語的「一心歸命，頂禮三寶，祈奉慈悲本願，使……（某事）」，以「當朝皇帝」爲例，其祈禱文爲「弟子袁黃奉爲當朝皇帝，一心歸命，頂禮三寶，祈奉慈悲本願，使三德蓋圓，萬邦咸賴。」在祈禱文中反覆出現的「一心歸命，頂禮三寶，祈奉慈悲本願……」與袁黃所持佛教準提咒相似，都是向神佛借助神力以達願望之意。

〔註110〕《寶坻政書》，卷十一，〈自治書・晨昏功課錄〉，頁445上。
〔註111〕《寶坻政書》，卷十一，〈自治書・晨昏功課錄〉，頁445上。
〔註112〕《寶坻政書》，卷十一，〈自治書・晨昏功課錄〉，頁445～447。

－101－

（2）黃昏回向五戒〔註113〕

黃昏回向五戒同樣是袁黃向天稟告的內容，與清晨懺悔文一樣，也有一套固定的樣式，共有五戒文，分別是不殺生、不偷盜、不邪淫、不妄語、不飲酒食肉戒。每段戒文開頭是一長串神靈的稱號，乃是袁黃告求的對象，同時也是佛教「懺法」的展現方式，其內容為：

> 稽首十方三世一切諸佛（一拜），稽首三洲感應護法韋馱尊天（一拜），稽首天龍八部及上下幽顯一切護法神祇（一拜），稽首本府本縣城隍之神（一拜），稽首當境土地之神（一拜）。

在這張袁黃禱告對象的名單中，既有佛教的神佛，也有存在民間信仰的城隍、土地之神，呈現一種多元融合的信仰傾向。而儀式進行的方法，根據「一不殺生」戒下方小字，是「先唸咒，然後拜」。在對眾神祈的敬告語之後，袁黃自言當戒之事，如「不殺生戒」言「今日從朝至暮，不敢殺生，但蠢動含靈皆為物命，凡愚業重，動輒相殘，縱從今不殺一生，念已往難酬萬命……」，最後又是一段重複出現的文字：

> 特誦佛母準提咒若干遍（多則一千，少則一百八遍），仗茲咒力，使我弟子自今至於後……（向上天祈禱相助之事）……願佛慈悲，哀憐攝受（一扣頭），願韋憐憫為作證明（一扣頭），願天龍鬼神同心呵護（一扣頭），願城隍土地盡力提攜（一扣頭），令惡緣消散，善事圓成（一扣頭）。

這裡明確提到雲谷授袁黃的準提咒，原始的準提咒應為梵文，袁黃是否以此段在每戒文中反覆出現的文字為準提咒，不得而知；但可知者至少二點，即本段文字即使不是準提咒的內容，其作用也應當相似，作為類似一種咒語的存在，持誦者用以向上天借助神力，助其守戒趨善。第二點是，袁黃的回向、修行均是通過佛教的持咒方式進行的，而袁黃每行畢一定數量的善，都必須進行「回向」，儀式的進行可能也藉助了準提咒。總之，袁黃在進行其功德積累的過程中，佛教的儀式、經咒是袁黃所持用的方式。

（二）《感應篇》

《感應篇》中主要收錄袁黃在寶坻的種種作為，並將這些善政與天人感應連結起來，為各種奇異現象賦予天神降福的解釋，正如其序云：「格鬼神，明動民物，神感神應，有出尋常耳，目之外者，其事甚夥……」。簡而言之，

〔註113〕《寶坻政書》，卷十一，〈自治書・晨昏功課錄序〉，頁447～449。

《感應篇》即是一部袁黃善政與陰騭事蹟的記錄冊，其中大部分的事例均已見於《寶坻政書》其他卷次各書，在本篇中只不過再次強調其與上天報應的關係，詳細的事件內容可參照本章第二節，此不再贅述，以下舉數例以明大意：

（1）天生野稗

> 萬曆戊子公下車，寶坻大潦五年矣……當其初治水時，民苦乏食，地忽生異草，食之根莖，皆甘；乾而磨之，則成麵。水既退，野穀遍生，民始足食……客持以示予且請曰：『此非常之瑞也，宜以上聞』……吾（袁黃）聞王者脩德緩刑，則天應以嘉穀，今朝廷詔獄不行刑者數年矣，使此為瑞徵，是宜在聖君賢相，不在一令也……。
> 〔註114〕

這件事在〈救荒書・愛惜野稗告示〉中也有記錄，時當寶坻大潦饑荒，地忽生野草可食，遂解民飢。時人以為這是袁黃多行善政，感動天地所降之善報，雖然袁黃自謙這是報於聖君賢相，而非縣令；但無論如何，對袁黃或時人來說，此「天生野稗」的確都被視為一種「善有善報」的祥瑞現象。

（2）三祥異事

袁黃治縣有方，其禱雨祈晴有應，名聲傳到朝廷，御用監仰齋戴太監因而作「異政傳」以贈袁黃。其略曰：

> 歷年大潦，民多逃匿……了凡袁公來令寶坻，輕刑緩征，與民休憩，其時逃者漸歸，又恐乏食，勿生異草，甘美可飧……一異也；至秋成又差野稗，長不滿數寸，而結實特繁，由是四方之民輻輳來歸，而□地盡開，二異也；越明春苦旱，以大雨初晴，野多生蟲，徧嚙禾根，公作文禱于神，一雨蟲盡死；其禾黍被嚙處，一莖輒變數十莖，歲則大稔，三異也……。〔註115〕

（3）絕處逢春〔註116〕

在討論〈刑書〉時，已經提過袁黃改正刑具之事，本篇記此事云：「公初至校勘刑具，本縣之枷重者百斤以上……非法也；依律另造輕枷，棄舊枷疊置獄中墻下久之。公謂宜柝為薪，命啟之，則有二芝，一生于地在枷空處，

〔註114〕《寶坻政書》，卷十二，〈感應篇〉，頁450。
〔註115〕《寶坻政書》，卷十二，〈感應篇〉，頁450下～451上。
〔註116〕本事見於《寶坻政書》，卷十二，〈感應篇〉，頁454上。

一生于枷上，爛然五采……」。芝向來被視爲救命靈藥，古人以爲瑞草，服之可以成仙，而穢氣久生的監獄，竟生芝刑具之上，時人咸以爲奇，「邑人爭爲詩歌頌之」。試錄一首觀之：

> 渠陽日暖百花開，兩朵新芝出夜臺。
> 雨露滿天春樹曉，青蠅飛盡一聲雷。
> 野有垂棠口有碑，使君深愛洽茅茨。
> 青風不道囹圄陋，直送天恩列紫芝。
>
> 山人顧與奇

從這首詩中可以知道，這種奇異的現象，被視爲上天的恩賜，一種祥瑞的象徵，乃是袁黃整頓獄政，使絕處再逢春。

（4）為獄囚平反〔註117〕

這裡詳細記錄了〈送孫按院審錄冊稿〉中，十二件案子的平反經過（見本文第五章第四節）。「本縣死囚凡十四起，公初至，虛心鞫審……十二起皆在矜疑之列。初開送孫按院，時郭道尊在任六年，囚皆其所定者，以公翻其審語，甚慍且怒，孫公止開一人。及徐按院來，公復開送，則一無解釋者」。

但袁黃並不放棄，乃召諸囚告之曰：「作善降祥，作惡降殃。上天明命也，吾竭力貸汝命而上官不省，豈獨無慈念哉？由爾曹悔過未深，前愆未滌，不能動天耳。今與吾輩約，果悔悟圖新，自怨自創者當與求解，不然即開死刑，不概與求生也。」

後來諸死囚果然照著袁黃的教誨，「相約爲善，晨昏皆有功課。日持準提咒，囹圄之內，儼如福堂；罪戾之人，咸興喜念。」在袁黃的努力教化下，動之以情，威之以勢，獄囚果積極改過遷善，而於「五年間相繼脫罪」。

袁黃教化獄囚以因果報應之理，獄囚奮發向善，竟能扭轉死刑命運，對於陰騭的靈驗效果有很強的宣傳作用。

以上茲舉本篇四事與陰騭思想連結較顯著者，其他事例仍多，俱與袁黃任寶坻縣令期間的各項作爲有關，包含煮粥濟飢、感化朝中權貴使不侵漁百姓、坐堂而堂貌端正以有威信於人、蠲免賦稅使流民咸歸等事。

〔註117〕本事見於《寶坻政書》，卷十二，〈感應篇〉，頁455。

第三節　晚明功過格的發展與爭辯

上一章我們說明了中國功過積累體系的發展，最終出現了便於實踐的指導手冊「功過格」。在宋朝出現的《太微仙君功過格》，具有強烈的道教色彩，與明末時出現以民眾道德立場爲出發點的功過格並不相同，那麼道藏本功過格是如何再發展成爲明末的「民眾版」功過格呢？明末《勸戒全書‧功過格小引》：

> 太微仙君憫人之愚，大發慈悲心，夢授西山又玄子功過格一冊，范
> 文正、蘇文忠、張魏公皆敬信之。……我明受持者不勝枚舉……雲
> 谷禪師授了凡公，由是修成眞者數百人，富貴者數千家……。〔註118〕

在這段引言中列舉范文正、蘇文忠、張魏公諸聖賢使用功過格的事例，以《太微仙君功過格》濃厚的道家色彩判斷，所謂范文正等「皆敬信之」的說法，大概是後世功過格的提倡者利用這些前賢的名聲，加強功過格的正統與信服力，並非事實。但後段云「……雲谷禪師授了凡公，由是修成眞者數百人，富貴者數千家」，則大致可信。

由此可知，雲谷授袁黃的功過格乃是本於《太微仙君功過格》，而能使受持者「修成眞者數百人、富貴者數千家」，可見受持範圍已從特定的道教團體擴大到一般求富貴的百姓家。可以推知從「太微仙君功過格」到袁黃所持的「功過格」，二者之間雖有繼承的關係，但在內容上必然也發生相當的變化，這種由《太微仙君功過格》演變而來的功過格，我們可以視爲「道藏本功過格」與明末「民眾版」功過格之間的過渡版本，保留了部分的道教色彩，卻漸漸向全民眾的道德靠攏。

綜上所述，我們可以說袁黃在功過格對全民的普及化上，具有承先啓後的地位，這點可從袁黃之後開始大量出現的、各種以民眾爲勸化對象的功過格得到確認。本節將針對袁黃後功過格發展的情形做一綜述，以清晰袁黃於功過體系中的位置。

一、功利行善與純粹道德的衝突

袁黃因爲使用功過格而改變命運，登科、得子、進士甚至長壽的經歷在當時快速的流傳開來，產生深遠的影響，包括有志於舉業的士人、爲官者，以及求子、求財、求壽的百姓大眾，時人張履祥（1611—1674）抱怨道：「袁

〔註118〕轉引自酒井忠夫，《功過格研究》，頁513。

黃功過格竟爲近世士人之聖書」，〔註119〕表明了袁黃功過格的流行。

包筠雅指出，在袁黃去世後的一個世紀中，至少有十種新的功過格留存下來，功過格的思想指導《太上感應篇》也在這段期間出現許多新版本，附有新的注釋。〔註120〕這些明末清初出現的各種功過格，酒井忠夫在其《中國の善書》第七章〈功過格的研究〉中進行了書誌學的論述，本節頗參考之。

由於功過格的流行，使得明末清初某些堅守儒家道德的士人不得不起而攻之，這批學者一方面要抵制功利思想的袁黃功過格，一方面卻又無法否認功過格所起的改善社會作用，因而保留功過格的形式，採取純粹的儒家道德，去除袁黃功過格的神祕成分製成「儒門功過格」，以供有心「省身」、「改過」的士人使用，而不強調其功利目的，王汎森先生將這種儒士積極製作儒家道德的功過格，以對抗袁黃傳布的功德積累功過格的情形，稱爲「儒門功過格運動」，〔註121〕可見其蔚爲風氣，可以劉宗周《人譜》爲代表。

劉宗周（字起東，號念台，1578～1645）爲明末大儒，因講學於蕺山，故世稱蕺山先生。福王弘光元年（1645）杭州失守，絕食而亡，其氣節可知。

蕺山先生生當明末混亂不安之時，對於社會亂象的根源十分留意，他將矛頭之一指向了袁黃的功過格，並於《人譜・自序》中表現了對袁黃功過格流行的擔憂：

> 了凡學儒也，而篤信因果，輒以身示法，亦不必實有是事。傳染至
> 今，遂爲度世津梁，則所關於道術晦明之故，有非淺鮮者。予因之
> 有感，特本證人之意，著〈人極圖說〉以示學者。〔註122〕

在蕺山與弟子秦弘佑的對話中也曾表露對袁黃功過格的不滿：

> （前略）大抵立教不可不慎，若了凡功過之說，鮮不以功爲過，以
> 過爲功，率天下而歸於嗜利邀福之所，爲吾道之害不可言者〔註123〕。

由上引可知，蕺山認爲袁黃的功過格將使人淪於「嗜利邀福」，而使善行成爲「功利主義」的手段；更嚴重的後果是，將是非不分，而「以功爲過，以過爲功」，因此引發蕺山創作《人譜》的動機，換句話說，《人譜》在很大的程

〔註119〕張履祥，《楊園先生全集》卷5，頁10～11。

〔註120〕包筠雅，《功過格——明清社會的道德秩序》，頁115。包筠雅在本頁注釋列舉了晚明到19世紀新出版本的《太上感應篇》十數種，可參照之。

〔註121〕王汎森，〈日譜與明末清初思想家〉，收錄於《晚明清初思想十論》，頁122～123。（上海：復旦大學出版社，2004）

〔註122〕《劉宗周全集》，第2冊，頁1～2。

〔註123〕《劉宗周全集》，第3冊，〈與履思十・癸酉〉，頁318。

度上，是爲了反對袁黃的功過格而產生的作品；而劉宗周《人譜》與袁黃功過格最大的區別，也正是在這「嗜利邀福」上。

關於《人譜》的內容結構已有許多學者研究，此不做詳細敘述，僅隨論述提及部分，爲方便討論做簡略介紹：

《人譜》主要由兩大部分組成，即《人譜》（下稱《人譜》篇，以與全書的《人譜》做區隔）與〈人譜雜（類）記〉，〈人譜雜記〉由蕺山發端，而成於蕺山之子劉伯繩之手。但在清代的許多刻本中，單收《人譜》篇，而將〈人譜雜記〉排除在外，大約是由於〈人譜雜記〉被認爲雜有「福善禍淫之說」，〔註124〕因此不被與視爲儒家著述的《人譜》篇收在一起。

《人譜》篇分爲〈人譜正編〉、〈人譜續編一〉及〈人譜續編二〉。〈正編〉藉著「人極圖」與「人極圖說」，試圖建立一套「不落了凡窠套」〔註125〕的修養方式，即由改過而達成的「盡人之學」，可視爲《人譜》的理論篇。〈續編一〉對應〈正編〉的「人極圖」詳列六條解釋之，這六條解釋包含了六個「證人」的步驟與目標，其最終目的則是「遷善改過以作聖」。〈續編二〉由〈紀過格〉、〈訟過法〉、〈改過說一〉、〈改過說二〉、〈改過說三〉五篇組成，〈紀過格〉在於闡明「過」由微而巨的六種狀態（或說程度）；〈訟過法〉依筆者所解，可能源自孔子所謂「能見其過而內自訟者」之「訟」，亦即以自身「良知」監督自己眞切省過。蕺山在此記錄了一個類似於佛家靜坐的方法：「一炷香，一盂水，置之淨幾，布一蒲團座子於下。方會，平旦以後，一躬就坐，交趺齊手，屏息正容」，因此又自云此「訟過法」爲「靜坐法」。

〈人譜雜記〉共分六篇，篇名分別與〈人譜續編一〉中六條解釋相對應，但卻被認爲是不純粹的儒家著述，主要在於其採用了與當時流行的善書相似的書寫方式，即記載了歷史上善人行善的事蹟，且不獨記載儒門一派，例如其中所記續徐文靖公效古人行黃、黑二豆之法，即是引用來自佛教的「白黑二豆」之說；〔註126〕又記載了趙抃焚香告天之事（見上述），此正是許多功德積累體系的勸善書會收錄的一種「功過格持用法」，袁黃功過格亦不例外，因此有爲佛老宣教之嫌。

〔註124〕《四庫全書總目提要》語，轉引自《劉宗周全集》，第6冊附錄，頁709。

〔註125〕《劉子全書遺編》，卷4，〈答履思十〉，頁1000。（京都：中文出版社，1981年6月）

〔註126〕「白黑二豆」的方法在許多佛教經典皆有記錄，如《付法藏因緣傳》卷三：「……若起惡心，當下黑石，設生善念，下白石子。即便如教攝念不散，善惡之起，輒便投石。初黑偏多，白者尠少；漸漸修息，白黑正等……。」

更重要的是，在〈人譜雜記〉的〈考旋篇〉中列舉百過，吳震以爲「幾乎囊括了功過格有關『過律』或『過門』的所有條款」，〔註127〕卻未列善條，是與一般功過格最重要的區別。〔註128〕這種只言過不言功的主張，不但避免了持用者存有積功徼福的心態；此外，既然功過不並記，而且過無分值，也就表示在《人譜》勸善的體系中，功過相抵的概念並不被引用。

綜上所論，《人譜》是爲反對袁黃所主張的功德積累功過格而製作，與袁黃功過格（以下稱袁格）的主要差異有三：首先，《人譜》記過不記功，只言改過不計積善；袁格則功過並列，功可抵過。其二，《人譜》改過的目的在於「盡人」，進一步以求「作聖」，純是道德上的獲得；袁格則以世俗的子嗣、富貴、功名爲行善的報酬；最後，《人譜》在訟過時，並不強調一個操控的神職體系，而是由人的良知行監督職責；袁格則強調一個無處不在，報應不爽的鬼神力量，根據人的功過施行報應。

雖然《人譜》做爲反對袁黃功過格的代表作品，但劉宗周本人卻受袁黃影響，尤其是〈人譜雜記〉，可以看出蕺山受袁黃影響的痕跡。例如上述提到的「趙抃焚香告天」事，加上蕺山又以「反袁黃之說」爲志，不可能對袁黃思想沒有研究。但與袁格相較起來，《人譜》不但維護了孔子「不語怪力亂神」的信念，又能堅守儒家言義不言利的立場，在很大程度上摒除了佛老的思想，可視爲一部純粹的儒門功過格，同時也是反對袁黃功過格的代表。

總之，種種跡象均顯示功德積累思想以及功過格在此一時期十分盛行，且奉行階層貫穿了社會上下，進而影響儒、釋均積極製作功過格式的傳布思想工具，這些新出功過格的作者無論對袁黃的功德積累思想持贊揚或反對的態度，儘管不乏反對者，但都在一定程度上受到袁黃思想的影響。除上述劉宗周《人譜》中的「儒門功過格」外，以下再列舉明末清初四類具代表性的功過格進行討論，一方面指出功過格發展趨勢，一方面試著分析其與袁黃功過格思想間的相承關係，藉以突顯袁黃於晚明以後功過格流行所起的作用。

〔註127〕吳震，《明末清初勸善運動思想研究》，頁191。（2009，臺北：臺灣大學出版中心）

〔註128〕酒井忠夫《功過格的研究》另外指出《人譜》功過格與功德積累體系功過格的一個差別在於，前者不似後者將每條功過計值算分，而如本文所述，僅以「程度」衡量過的大小。

二、晚明至清的各種功過格

如上所述，在袁黃《立命篇》的宣傳之下，功過格在明末大爲流行，最好的證據即是在晚明至清所出現的各種形式、各種立場的功過格，以下筆者選擇其中較爲流行、較具代表性的功過格四種加以介紹，並試圖找出其受袁黃影響的痕跡，以說明袁黃在晚明這波功過格運動中，所占有的重要地位。

（一）功德積累功過格：以顏茂猷《迪吉錄》爲代表。

顏茂猷（字壯其，又字光衷，號完璧居士，?～1637）〔註129〕是崇禎七年進士，在明末天啓、崇禎年間以其勸善著作《迪吉錄》享有盛名，時人陳龍正譽爲「救世之寶書」；〔註130〕《人譜》作者名儒劉宗周曾云「其說漸近於學人，友人有歎賞之者」。〔註131〕可見顏茂猷《迪吉錄》於當時有一定之地位，得以流傳於士人之間。

《迪吉錄》就卷別言，以「一心普度兆世太平」八字爲各卷名，加上首卷共計九卷。若依內容言，則可分爲首卷的「七辨、六祝、三破」，可視爲本書理論基礎；官鑑四卷（一至度卷），勸善對象主要是公部門爲官爲吏者，範圍自卿相至侍從、兵事軍功至善政皆有涉及；公鑑四卷（兆至平卷），內容涉及家內倫理、道術（宗教方術）交遊與救濟、愛惜物命，勸善對象爲一般民眾，所呈現的道德內容也多爲民間普遍接受的規範，是三教合一思想的產物。

在形式上，除首卷「七辨、六祝、三破」爲理論式文章，其餘八卷皆大量雜錄歷朝各代善惡事例，並充塞著鬼神怪異故事，以驗其果報不爽；並有《度卷》末增錄〈當官功過格〉、《平卷》收錄〈功過格〉共二篇，以及《平卷》所收〈立命〉一篇，內容引自袁黃《立命之學》。以上是迪吉錄的內容梗概。

《迪吉錄·平卷》收錄〈功過格〉一篇，前有「附功過格引」，提示了一個持用功過格的方法，例如功、過分格登記，各有不同符號；功過可以相抵，因此須「算所餘者爲定」，計算出功過小結後，於朔望時「焚香告天」；於行

〔註129〕關於顏茂猷生年史書未載，可參吳震《明末清初勸善運動思想研究》，頁106，註1，於顏茂猷之生卒年有考。

〔註130〕陳龍正，《幾亭全書》，卷41，《示揆修兩兒·甲戌》，收入《四庫禁燬書叢刊》，集部12冊。

〔註131〕《劉宗周全集》，第四冊，《初本人小譜序》，頁23。（杭州：浙江古籍出版社，2007）

善滿時須「回向之」。〔註132〕這個持用功過格的方法與《功過格分類彙編・記功過法》十分相似，雖然《功過格分類彙編・記功過法》並非由袁黃本人所作，而是由刊行者集錄，但其中「功過分格記錄」、「焚香告天」、「回向」等，皆可在袁黃《立命之學》中找到相似方法，已於上述，此不再贅。

在這個功過格的持用法後，有一段話云：「袁了凡云，余遇雲谷禪師，言命□我造，自求多福。因授功過格一冊，使懺罪行善，忍辱治心。且云依此修者，成真幾百人，富貴幾千家矣；天堂地獄，照此秤量，毫釐不爽。余信受奉教……」〔註133〕表明了作者繼承自袁黃的關係，劉宗周〈初本證人小譜序〉直云：「近閩人顏壯其氏刻有《迪吉集（錄）》，大抵本之了凡……」〔註134〕，可為明證。

在《迪吉錄》所收的這個功過格，共有孝順、和睦、勸化、慈教、寬下、救濟、交財、奢儉、性行、敬聖、存心十一格目，其中與宗教有關的內容比起《功過格分類彙編》所佔篇幅更少，僅餘「敬聖」一格，其他十格俱為世俗化後的儒家道德或民間普遍是非價值，且「敬聖格」所記細行並非全數為宗教內容，如「敬事神明祖先」一項，事實上仍應視為傳統民間觀念，因此與袁黃的功過格相較，《迪吉錄》的功過格民眾化的程度更為徹底。

（二）佛門功過格：以雲棲袾宏《自知錄》為代表

據《立命篇》，袁黃於隆慶三年得雲谷授功過格，而《自知錄》則有萬曆三十二年的記年，〔註135〕依此則《自知錄》晚於袁黃功過格。當時在袁黃的推廣之下，功過格大行於世，因此被佛教徒改造，用以宣傳教義，是十分自然的事情；加上袁黃的功過格本得自佛門雲谷禪師，被其他佛教徒接受的可能性也大為增加。

《自知錄》分為〈序〉、〈凡例〉、〈善門〉、〈過門〉四大部分，〈自知錄序〉說明袾宏的創作動機與思想來源：「予少時，見《太微仙君功過格》而大悅……乃稍為刪定，更增其未備，而重梓焉。……因易其名曰《自知錄》」。顯然《自

〔註132〕以上「附功過格引」內容俱見於顏茂猷《迪吉錄・平卷》，《四庫全書存目叢書・子部》，一五〇冊，頁 679。

〔註133〕顏茂猷，《迪吉錄・平卷》，頁 679。

〔註134〕《劉宗周全集》，第 4 冊，〈初本證人小譜序〉，頁 23。

〔註135〕袾宏《自知錄》有和刻本、內閣本與收錄於《雲棲法彙》及《生生四諦》等版本，《雲棲法彙》本作「萬曆三十二歲次甲辰……」，和刻本則記「萬曆三十三年歲次甲辰……」，按甲辰應為萬曆三十二年，因此本文採用《雲棲法彙》本記年。以上可參見酒井忠夫《功過格研究》，頁 515。

知錄》的思想成份是汲取自道教的《太微仙君功過格》；序文也引用了幾乎當時功過格都會提及的焚香告天、白黑二豆法，其言：「晝勤三省，夜必告天，乃至黑豆白豆，賢智者所不廢也。」

凡例有五，主要陳述與《太微仙君功過格》之不同。其一，改「功過」爲「善過」，以善代功，有減輕功利色彩，強調「善」行的意味；其二，將道教的「舊有天尊、眞人、神君等，今攝入諸天。舊有章奏、符籙、齋醮等，今攝入佛事。各隨所宗，無相碍故」。可見袾宏並不在乎所引用的是道教經典或方法，他所重視的是各教派能「攝入佛事」，爲佛教宣教所用，顯現出一種與袁黃相似、教派融合的傾向；其三，表明本書所記善過分値與《太微格》大同而小異；其四，強調善心的重要，要求成功者，「不必禱神祠天。宰殺牲牢」，只要「發心積善」，就能「隨其所求，必滿願故」；最後，以報應可能發生於「現世」或「來生」，證明果報不爽之理。

在凡例之後接著是一長串的善過行爲細則，分善、惡二門，分列忠孝類與不忠孝類、仁慈類與不仁慈類、三寶功德類與三寶罪業類、雜善類與雜不善類，兩兩相對；善、惡門後又各有補遺一至二條。（不）忠孝類主講人倫，是由源自儒家的倫理規範演變而成的全民道德；（不）仁慈類、雜（不）善類則取自民間的共同道德規範，包含救濟、護生、慈善、修德等，因條目眾，不擬詳述；三寶功德（罪業）類則多是爲佛教徒設立的宗教性規範，例如建造佛像寺院、刊刻佛經、接濟僧人等。

儘管《自知錄》是袾宏改造道教團的《太微仙君功過格》而來，但其佛教立場則是鮮明的。分析《自知錄》的功過格，雖然民間世俗的道德仍佔多數，但與袁黃功過格相較，其「三寶功德（罪業）類」顯然有很濃厚的宗教色彩；與其所據的《太微仙君功過格》相比，則是將《太微格》針對道教徒的宗教規範轉爲佛教的，甚且是有意的貶抑道教。

例如《太微格》的〈焚修門〉教人「修聖像壇宇幢蓋幡花器且床坐及諸供養之物費百錢爲一功」，而《自知錄》則說「建立三寶寺院庵觀及床座供器等，所費百錢为一善；施地與三寶，所值百錢爲一善；護持常住不使廢壞者同論。建立諸天正神聖賢等廟宇，所費二百錢爲一善」。所謂「諸天正神聖賢」即梵王帝釋、道教天尊眞人神君、堯舜周孔、岳瀆城與諸忠臣孝子、義夫節婦等。由上引，贊助佛教的三寶寺院百錢即可一功，而贊助佛教外神聖賢者建廟，則要二百錢方得一功，顯然以佛教爲正爲大，他教爲副爲小。

由於袁黃功過格的流行，促使雲棲袾宏《自知錄》採用功過格的方法，融合民眾的世俗道德與佛教規範，「充當了明末以後佛教勸善化俗的主要角色，也成了中土佛教倫理教化民眾的主要體裁之一」。〔註136〕

（三）不費錢功德例

捐錢行善的思想在道藏本的《太微仙君功過格》已出現，但在功過格的讀者由特定宗教團體轉向全體民眾的過程中，功過格的道德條目也更注意如何更適應「全體」民眾的問題，所謂「全體」民眾即是一種不分貧富貴賤，人人可行的道德要求。在這種思考下，不費錢的功德思想被發揚光大，以熊弘備〔註137〕《不費錢功德例》為代表。

不費錢的功德思想並不是由熊弘備發創，在袁黃《了凡四訓》的〈積善之方〉，提到「善有半滿」的概念，強調為善之誠意，比之付出錢財的多寡更為重要；〈謙德之效〉一節，張畏巖以「我貧士，何能為」反駁道者要他行善積德，道者以「且如謙虛一節，並不費錢」加以教導，點出不費錢功德的思想；《迪吉錄》卷八〈功過格〉末收靈聖真君偈：「頌曰：不出門、救萬命；不費財、行萬功；不假法、度萬人。」也倡導不費錢的功德。到了熊弘備整理不費錢功德善行數百，集結為《不費錢功德例》一書，成為不費錢功德的行為指南。

《不費錢功德例》與之前所述各種功德積累體系的善書，包含功過格與其他，最大的差異在於，《不費錢功德例》將讀者依身份、職業進行畫分，依各種身份、職業條列所應為或不應為的行為，但並沒有這些善行、惡行的功過分值。全書將社會大眾分為十二大類，分別是鄉紳、士人、農家、百工、商賈、醫家、公門、婦女、士卒、僧道、僕婢工役與大眾，另據包筠雅統計其行為細則共451條，〔註138〕此處無法詳列，僅依其大方向論述之。

鄉紳與士人被視為地方菁英，尤其是鄉紳被視為地方秩序的維護者，因而對其行為要求主要是扮演好官民橋樑的角色（如有利地方事盡心告白官長、有害地方事極力挽回上官），教化百姓（如正己化俗），以及勿以己之權

〔註136〕王月清，〈中國佛教勸善書書初探〉，佛學研究，1999，頁213。

〔註137〕熊弘備，字勉菴，清淮安人，生平不詳。但酒井忠夫據《牧令書》卷一〈治原・熊弘備條〉夾記於李紱（康熙四十八年進士）及王士俊（康六十年進士），推測熊弘備約為康熙四十至六十年人，可供參考。

〔註138〕包筠雅，《功過格：明清社會的道德秩序》，頁215。在同書頁216～219包筠雅並仔細計算了各類人的行為細則數目及其分析，可參考之。

位欺壓他人（如不以喜怒作威福、不壓良爲賤）；士人則肩負思想指導的責任，因此除要求其以身作則外（如忠主孝親、敬兄信友、以名節立身），也應以教人子弟或著述編書傳播良善思想（如耐心教訓貧家子弟、編利濟爲善書），最後是不得恃才傲物的警告：「不自負才高，輕慢同學；不譏笑人文字，不廢散人書籍⋯⋯」。

接下來的「農家、百工、商賈、醫家、公門」則有如職業道德大全，詳細規範了各行各業的行爲，如農人應「耕作以時」，百工則「造物必求堅實」；又如商賈必須誠實，「討價不欺哄鄉愚」；醫家應以救人爲念，「不因貴藥，輒減分數」，或「不因錢少，遲滯其往」。其中值得注意的是，屬於「農家」的規範中，特別重視農人與地主、農人與農人間的關係，而有「不藉主人勢縱放六畜殘隣田禾苗」、「不諂奉主人」、「不私動主人種糧」等。

公門身份較特列，下有小註，專指書史衙差之類，大約等於今天的基層公務人員，因此也將之列入行業。其規範要旨大約是與民方便，以不擾民爲主。尤其針對衙門捕役從事拘捕、訟案相關程序有大量的規定，如「不受買囑，妄加鎖鋼」、「不洗補字眼入人罪」、「不輕送籤牌標判」、「不濫差人動眾」等，可知其中害民最甚者莫過於此。

下列「婦女、士卒、僧道、僕婢工役」（若將「公門」列於此亦可），是行業以外的社會角色，大多社會地位低下，可視爲對下層人的規範。「婦女」的行爲標準是以夫家爲立足點，規範女性在夫家的行爲，如「孝敬公姑」、「和睦妯娌」等；間有少數關於女性在娘家的行爲約束，如「不恃父母愛欺凌哥嫂」；也涉及女主人對待奴婢的方式，如「看照奴婢衣食」、「常令奴婢愛惜子女」、「常令奴婢夫妻和好」，表明女主人管束奴僕的職責，在於奴僕的家人起居。「士卒」要求其忠勇，出師不擾百姓；「僧道」要求其「謹守清規，嚴持戒律」；「僕婢工役」則要求其事主謹慎且忠，「不背主向客」、「不因衣食不敷萌二心」，也有對於強奴的約束：「不倚主勢強買短價」、「不欺哄幼主」。

最後「大眾」一類，下有小字「各種人俱在內」，是細則數目最多的一類，據包筠雅統計共有 126 條，大至家庭倫理、小至「雨中借人雨具」，包羅萬象，可視爲一般民眾不費錢道德的集成。最後並以「勿以善小而不爲，勿以惡而爲之」，有勉人雖不費錢之小事，仍應勉力而行之意。

綜觀上述，《不費錢功德例》中「不費錢功德」的思想，進一步擴大了勸善的層面，向下延伸至社會下層的貧農百姓；更重要的是，這種將行爲準則依社會身份分門別類的書寫方式，聚焦於社會各階層的權責，要求各階層人

的行為應合於其身份，等於間接規範了各階層的流動與「僭越」，正好與當時社會階層流動加速，奴僕抗爭不斷的情勢相呼應，反應出作者希望能藉此穩定社會秩序，使人各安其份，並緩和階級變動的願望。

（四）居官功過格

據說袁黃本人也有這種專門為當官者設計的功過格傳世，直接以袁黃為作者的除 1.《從政遺規》的《袁了凡當官功過格》，〔註139〕還有 2.《寶坻政書‧自治書》所錄的〈當官功過格〉。〔註140〕《從政遺規》本是否確為袁黃所作或持用，目前還找不到進一步的證據，《寶坻政書》本為其門生輯取，應當可信，已於上節論述；此外還有以袁黃的當官功過格為本，增損修訂的 3.《穀詒彙》卷十四和 4.《勸戒全書》所收〈當官功過格〉；〔註141〕以及上文提到的 5.《功過格分類彙編》所收〈增訂當官功過格〉、收於 6.《迪吉錄‧度卷》的增錄〈當官功過格〉。

上述這些「當官功過格」一般被認為袁黃所作，但細察其內容，不僅有詳略的差異，即同一行為的功過數值亦有所出入，在編排順序上也不盡相同。可見在明末以後，以袁黃為作者或以袁黃版本為根據的〈當官功過格〉很多，但內容並不相同，筆者推測，極可能是假託袁黃之名，而由作者采集當時流行的各種版本，加以編輯製作。

上面所提及的六種版本的「當官功過格」（即編號 1～6，下面論述時皆以編號代替版本名稱），筆者所見僅四，《穀詒彙》與《勸戒全書》二本無法獲得，因此不能列入比較討論，此筆者能力之限；但即使其餘四種「當官功過格」內容亦頗繁雜，圍於字數無法一一列述，這裡僅就各種「當官功過格」進行大方向的簡單分析，以明其大要。

首先，以書寫寫形式言，版本 1 與版本 2、5、6 有明顯不同，四種版本皆功、過對列，先列功，再列過；但版本 1 則於功、過之下各分為吏、戶、禮、兵、刑、工六部，為其他三本所無。

〔註139〕陳宏謀，《從政遺規》卷下，〈袁了凡當官功過格〉，收於《續四庫全書》，951 冊，子部儒家類，頁 277。

〔註140〕明萬曆三十三年建陽余氏刻本，《了凡雜著》九種十七卷，卷十七《自知書》。

〔註141〕關於《穀詒彙》和《勸戒全書》筆者學淺，未能見到刊本，以下所引關於二書的內容皆參自酒井忠夫《功過格的研究》一文。《勸戒全書》卷二《功過格小引》有：「《了凡先生當官功過格》」；《穀詒彙》則：「袁坤儀先生所著當官功過格，增損數條，而成此《當官功過格》」。

依內容言，所有地方治理的重要事項皆包含在內，察其大端則有吏治、用刑、催科、教化以及救濟等，四本皆然。而值得一提的是，在用刑的觀念上，與道藏本《太微仙君功過格》凡減刑則有功，若依法定罪無功的情形相較，版本 5、6 的用刑觀，則由道藏本的「減刑」進步為「免冤刑」，由「救一人刑死性命為百功」轉變為「免冤大辟一人百功」（版本 5）。可見到了明末以後，王法的觀念凌駕於功過格的道德之上，原來《太微格》中所列條目有與王法衝突者，將被改造成為王法的支持、補充者。

綜上，由於明末以來，社會混亂不安，中央朝廷腐敗不行，以致各地方秩序的責任，地方長官責任益加重大。因此一方面為了穩定地方秩序，一方面因為地方官影響百姓生活大，若能使地方官用心治縣，則不但百姓之福，於任官者本身亦可積大功，這類勸誡從官者的文章，諸如當官功過格、官箴等書一直十分盛行。《從政遺規》收有熊弘備《熊勉菴寶善堂居官格言》，其序言：「宏謀按勉菴著寶善堂格言，謂一人可以日行萬善者，莫捷於居官，故於居官格言獨詳……」，〔註142〕這段話也許很能代表明末以來各種居（當）官功過格作者的想法。

三、晚明至清勸善思想的實踐

晚明以後，由於袁黃的推廣，使得功過格大為流行；與此同時，以「勸善」為思想指導的慈善事業也大為盛行，主要形式如同善會、育嬰堂、濟養院等，〔註143〕其他像是善書出版、勸善劇的創作等，亦可視為勸善思想的具體實踐。固然這些勸善行動的背後動機不見得都是「陰騭」，〔註144〕但不可否認「陰騭」的確是促成部分「善舉」的原因；另外，在晚明以後也出現許多陳說果報觀念的文學作品，凡此皆是在「功過格」以外，陰騭思想盛行下的產物。

〔註142〕熊弘備，《熊勉菴寶善堂居官格言》，見於陳宏謀《從政遺規》，卷下，收錄在《續修四庫全書》951，子部儒家類，頁310。

〔註143〕關於明清時期慈善、勸善活動的社會組織的研究可參見夫馬進《中國善會善堂史研究》，（北京：商務印書館，2005），梁其姿《施善與教化：明清的慈善組織》（石家莊：河北教育出版社，2001）。夫馬進將這類社會組織稱為善會、善堂，梁其姿則多稱之為慈善組織，實質內容則大同小異。

〔註144〕例如夫馬進即認為，在清代設立善堂善會的這些人，其中一部分背後動機會報應思想，以余治、鄭觀應、經元善為代表；但也有一批人其善行乃是出於「萬物一體」的概念，以東林黨人為代表，如高攀龍、楊東元、陳龍正等。詳參夫馬進〈中國善會善堂史：從善舉到慈善事業的發展〉，收入張國剛主編，《中國社會歷史評論》，第七卷（天津：天津古籍出版，1999）

　　同善會爲明末民間著名的慈善組織，萬曆十八年由楊東明在河南虞城成立的同善會被認爲是最早的一個，此後直到明亡以前，在江南各地相續成立，甚至擴展至福建、河南、山東、江西等。〔註145〕

　　同善會的主要目的在於濟貧，但其救濟對象有其限制條件，如嘉善士人陳龍正（1585～1645，字惕龍，號幾亭）〔註146〕創嘉善同善會，訂立了一套施濟標準：有德之人（如孝子、節婦）優先受助；至於「不孝不悌、賭博健訟、酗酒無賴及年少強壯、游手游食以致赤貧者」則不許救濟；另外他也列舉四種「宜助而不助」的身份：衙門中人、僧道、屠戶與敗家子，分別以其不勞而獲、不耕而食、殺生仁心短、敗壞風俗不予施助。〔註147〕由上可見同善會在設立救濟標準時，同時也是在進行一種道德的選擇與判斷，從而間接宣揚了同善會所認同的「善」。

　　儘管慈善組織背後的動機不盡相同（見本節註27），但同善會在進行救濟時，爲了勸善也會藉助當時流行的陰騭觀念，則是存在的事實。如楊東明多日施粥時讓家僕對街誦云：「貧人聽知，都要學好，爲甚受貧，積福不早，上天眼明，看得分曉，肯做好人，衣食不少。」〔註148〕這裡宣傳一種「受貧」是因爲「積福不早」，而只要「肯做好人」，就能擺脫貧窮，「衣食不少」的陰騭觀念。

　　除各種慈善組織之外，晚明至清由於出版業興盛，刊印各種善書廣爲流傳，也被認爲是一種可以積功的善行，如《居士傳》的作者彭紹升，受袁黃影響頗深，他曾以「求知如了凡之真誠懇至，由淺即深，未數數也。或疑了凡喜以禍福因果導人，爲不知德本，予竊非之。」〔註149〕可見彭紹升不但信奉袁黃提倡的果報之說，更反駁晚明以來以功利行善爲「不知德本」的觀點。彭紹升也力行善舉，在乾隆三十七年創辦「近取堂」，提出「孤寡較鰥獨尤窮，士族之孤寡者較之小戶又甚焉，遂爲會以周之」的理念，成爲江南地區第一個救助寡婦的慈善團體；〔註150〕此外，彭紹升家族也大量刊行善書，時人說

〔註145〕梁其姿，《施善與教化：明清的慈善組織》，頁38（台北：聯經出版，1997）。

〔註146〕新校本《明史》，卷258，〈列傳第一百四十六‧陳龍正〉，頁6681。

〔註147〕陳龍正，《幾亭外書‧自序》，明崇禎四年刊本，收入《幾亭文錄》，國家圖書館藏微捲。

〔註148〕楊東明，《山居功課》，頁3～4（台北：漢學研究中心，1990）

〔註149〕彭紹升，《居士傳‧傳四十五》，江蘇廣陵古籍刻印社，頁619。

〔註150〕王衛平、馬麗，〈袁黃勸善思想與明清江南地區的慈善事業〉，〈安徽史學〉，2006，第5期。

其「世代積德累仁，刊刻一切三教善書，廣行布送，因此世代顯官。」〔註 151〕
顯然，刊行善書的行為背後，不只有彭家對陰騭的信仰，對時人來說同樣是
一種可以得到「世代顯官」好報的善行。

第四節　小　結

　　中國功過積累體系隨著時間發展，最終出現了便於實踐的指導手冊「功
過格」。在宋朝出現的《太微仙君功過格》，具有強烈的道教色彩，與明末時
出現以民眾道德立場為出發點的功過格並不相同；道藏本功過格經由袁黃的
推廣，才發展成為明末的「民眾版」功過格。上文曾引述的明末《勸戒全書‧
功過格小引》，引言列舉范文正、蘇文忠、張魏公諸聖賢使用功過格的事例，
以《太微仙君功過格》濃厚的道家色彩判斷，所謂范文正等對於功過格「皆
敬信之」的說法，大概是後世功過格的提倡者利用這些前賢的名聲，加強功
過格的正統與信服力，並非事實。但本引言所謂「……雲谷禪師授了凡公，
由是修成真者數百人，富貴者數千家」，則大致可信。

　　由此可知，雲谷授袁黃的功過格乃是本於《太微仙君功過格》，而能使受
持者「修成真者數百人、富貴者數千家」，可見受持範圍已從特定的道教團體
擴大到一般求富貴的百姓家。可以推知從「太微仙君功過格」到袁黃所持的
「功過格」，二者之間雖有繼承的關係，但在內容上必然也發生相當的變化，
這種由《太微仙君功過格》演變而來的功過格，我們可以視為「道藏本功過
格」與明末「民眾版」功過格之間的過渡版本，保留了部分的道教色彩，卻
漸漸向全民眾的道德靠攏。

　　透過袁黃《立命篇》的宣傳，功過格在晚明以後大為流行，因而引起反
對功利行善思想的儒士反動，進一步產生所謂的「儒門功過格運動」，採用功
過格的形式，卻強調純粹道德修養，重視改過甚於積善，以此去除袁黃功過
格中的功利傾向。除了劉宗周的《人譜》外，我們也討論了袁黃之後開始大
量出現的，各種以民眾為勸化對象的功過格，包含繼承功德積累體系的顏茂
猷《迪吉錄》；因功過格在民間社會的流行與深入，而改造道藏本功過格成為
佛門功過格的袾宏《日知錄》；為了使功過格更深入民間各階層，並穩定社會
階層流動的《不費錢功德例》；以及專門針對為官者，強化其治縣良心，促進

〔註 151〕轉引自游子安，《勸化金箴：清代善書研究》，頁 92。

地方安定的《當官功過格》。

　　凡此各種形式的功過格，或繼承、或反對、或延伸袁黃功過格的思想而來，無論直接或間接，皆可說是受袁黃功過思想大為流行影響的產物，可見袁黃在整個功德積累體系中，確實佔有承先啟後的關鍵地位。

　　陰騭思想的流行不僅表現在功過格的大量製作上，同時也表現在晚明以後各地成立的慈善組織、推動善書出版的士紳等「善舉」中，固然這些善舉不見得都是基於「陰騭」的思想，但不可否認的，這些善舉確實在不同程度上與「陰騭」產生連結。

第五章 《寶坻政書》中袁黃的治縣經驗

在上面的章節，我們通過袁黃的生平及著作討論了他的陰騭思想，但要確實了解袁黃陰騭思想的體現，則必須深入檢討其施政表現。正如上一章我們提到熊弘備《熊勉菴寶善堂居官格言》的序：「謂一人可以日行萬善者，莫捷於居官。」由於為官者的一個政策，往往影響全縣百姓，因此一個善政可積萬善，一個惡政也可能日造千過。對於功過格十分仰賴並身體力行的袁黃，不可能不清楚這個道理，袁黃的《立命篇》就記載了他以減糧而完成萬善的事蹟，足以證明袁黃的確有將其施政與積功結合的情形。要更加全面的了解袁黃的陰騭思想，自不能忽略其政治上的表現。

袁黃的仕途自進士後起算，歷任禮部觀政、寶坻縣令、兵部職方司等。禮部觀政是一虛職，算是見習身分；任兵部職方司時的主要事蹟是東援朝鮮抗倭，已於上一章介紹，加上袁黃本人苦於東征，雖表現傑出，卻非其所願，〔註1〕無法顯示其理想；而縣令則是第一線面對百姓的地方官，其良窳影響百姓甚鉅，對持陰騭思想的袁黃來說，正是他行善積功的絕佳機會。透過研究袁黃在寶坻縣的治績，不但可以了解他的施政表現，更有助吾人對其陰騭思想的實現有更全面的體會。

關於袁黃的施政表現，《江南通志》說他「省重役，裁苛派，築堤扦海水，闢曠土」；《嘉善縣志》進一步說他因為奏請將皇木改由會通河運輸，「因盡革重夫、重馬、探石及箭手諸役」，也記載了築堤、開曠土等與《江南通志》類

〔註1〕關於袁黃對於東征的想法，可參見蕭世勇，〈袁黃的經世理念及其實踐方式〉，頁58～60。蕭文認為袁黃基於年老、信仰（不殺生）及主和意識的影響，反對東征，卻力辭不准，只好勉強驅赴。

似的事蹟；《古今圖書集成·文學典》袁黃條同樣記載皇木改運以省重役的事情。可見各地方志所載大同小異，且過於簡略，無法完整建構袁黃令寶坻縣時的輪廓。在近人研究方面，有蕭世勇的碩士論文《袁黃的經世理念及其實踐方式》，集中在第四章第一節「袁黃其人」中討論，與本文內容有部分重複，但其使用材料主要為袁黃另一文集《兩行齋集》，以及上述地方志，並不見《寶坻政書》，因此仍有許多可發揮之處。《寶坻政書》是我們考察袁黃任職寶坻縣令的施政表現，最便捷豐富的材料，可惜學界使用甚少，實有待進一步分析。

第一節　寶坻縣政

　　根據《寶坻政書》所見，袁黃擔任縣令期間關注的焦點大致可分為縣政與邊防二節。縣政內容十分龐雜，但袁黃不辭煩苦，凡於民有利之事，皆親力親為，其德政頗有可述者，至其離任寶坻縣令時，寶坻縣民自發募款，為其蓋生祠，以表謝思，其得民心由此可見一般。

　　在傳統中國，大抵一縣之事不出祭祀、胥吏僚屬管理、刑名獄政、賦役、公共工程、賑濟、社會福利與教化，其中又以刑名、錢穀最為重要。清人李衛說：「州縣所司，不外刑名、錢穀」；〔註2〕清代良吏黃六鴻在其有名的官箴書《福惠全書》中說：「有司以刑名、錢穀為重，而刑名較錢穀尤重」。〔註3〕刑名意指司法審判、聽訟折獄一類；錢穀則是賦役催科的具體內容。此二者是影響百姓最重大的二件事，而對於相信陰騭思想的袁黃來說，也是最容易造福得禍的二件事，尤其刑名一節，更是「種德之道」，袁黃向來極為重視。因此本節將就《寶坻政書》所見袁黃所為種種善政，進行介紹分析；而特別獨立〈刑書〉為一節，以便聚焦於陰騭與詳刑的關係進行論述。

一、祀神：〈祀神書〉

　　〈祀神書〉序云：「先生（袁黃）初下車，即作文自誓於城隍之前，聞者皆竦然動心」，可見袁黃不但有鬼神信仰，並且是很重視的，以致初來乍到第一要事便是祭祀告神。那麼他以何事告神呢？據〈祀神書·到任祭城隍文〉，

〔註2〕田文鏡，《州縣事宜·聖諭條列州縣事宜》，收於《官箴書集成》，第3冊。（合肥：黃山書社，1997）
〔註3〕黃六鴻，《福惠全書》，卷一，《凡例》。

袁黃以十三事告於城隍，此十三事分別爲「1. 恭順以事上；2. 明潔以事神；3. 虛懷樂善以事邑之賢者；4. 崇儉以厚風俗；5. 寧失不經以活無知；6. 興民之利而闢其荒蕪；7. 防民之患而修其溝畛；8. 聽訟則不但剖其曲直，必思所以平其忿心而使之無訟；9. 用刑則不但鋤強遏惡，必思所以養其良心；10. 賦役則不但不敢額外加徵，必思所以曲爲區處，而使額內之數漸減；11. 徭役則不但一時恤民之力，必思所以立法調停，而使享永世之利；12. 治事則不但發己自盡，必思所以循物無違，而使眾志皆通；13. 愛人則不但使居者願耕於其野，亦使行者願出於其途而無忘賓旅。」〔註4〕

這十三事其實就是縣政諸事，可以看做是袁黃的施政藍圖，以此告諸城隍有自誓的意味，因此在每一事之後都有類似「不然者，神殛之」的話，一方面表示其抱負與決心，一方面也表現出袁黃相信鬼神可以施與「報應」的信仰。

但在袁黃這一串長長的自誓之後，也有對城隍的要求：「若夫雨暘時若，疫癘不侵，則神之事也。予治其明，弗及其幽；願默賜寵緩，以相予之不逮。」表明袁黃與城隍共治寶坻的想法，若縣令竭力治理人間之事，則城隍當保佑合縣風調雨順，闔境平安。

因此在本書另一篇〈禱雨自責文〉中，袁黃以「不雨三月」向天祈雨，祈雨文中自責已過十數條，如「吾嘗立威於刑罰之外，正衣冠、尊瞻視，祁寒盛暑不廢矣；然退食深居，褻慢時有也」；〔註5〕又「吾嘗念里甲之煩，苦夫馬雜役，悉蠲除矣；然法制未及調停，而那移僱募，後將難繼也」；〔註6〕又「吾嘗急鰥寡孤獨之養，而立法廣育矣；然窮民尚眾，力量難周，不免顧此而失彼也」；〔註7〕又「吾嘗恤閹割之傷和氣，而嚴爲禁約矣；然已宮者，未能悉教以禮義也，冥頑不靈，蹈明柰而觸幽幽者，不可勝數」。〔註8〕以上僅舉幾條，但也可看出袁黃這十數條的「自責」條文，實際上卻是他對上天的「施政報告書」；且觀其「吾嘗立威於刑罰之外，正衣冠、尊瞻視，祁寒盛暑不廢矣」、「吾嘗念里甲之煩，苦夫馬雜役，悉蠲除矣」、「吾嘗急鰥寡孤獨之養，而立法廣育矣」、「吾嘗恤閹割之傷和氣，而嚴爲禁約矣」等語句，不

〔註4〕 《寶坻政書》，卷一〈祀神書〉，頁310上到310下。
〔註5〕 《寶坻政書》，卷一〈祀神書〉，頁311下。
〔註6〕 《寶坻政書》，卷一〈祀神書〉，頁311下。
〔註7〕 《寶坻政書》，卷一〈祀神書〉，頁312上。
〔註8〕 《寶坻政書》，卷一〈祀神書〉，頁313上。

但不是「過錯」，反而皆是為百姓著想的「善政」；不但不需自責，反而應該受到讚揚。因此雖名為「自責文」，然其真正的意思卻是：雖然力有未逮，施政無法毫無缺失，但觀吾人作為，皆為百姓著想、勉力為善，上天當助一臂之力，降雨以解乾旱。當然袁黃不會這麼直接的對上天提出要求，因此委婉的以「自責」的方式，請求天神降雨。而為人所樂道的是，在祈禱完畢時，「白日方烈，陰雲忽生，公未旋車，大雨如注，明日又雨，四郊沾足，遂成豐年。」〔註9〕這樣的事蹟自然使人（包含袁黃本人）對於天神報應的說法更加深信不疑。

包括〈禱雨自責文〉的求雨事蹟在內，袁黃與上天之間天人感應的事蹟散見於《寶坻政書》部分篇章，而最後整理輯錄在《寶坻政書》卷十二〈感應篇〉中。可知袁黃對於天災或豐年，都是透過天降禍賜福加以解釋，不難想像祭祀求神保祐賜福對袁黃來說，是何等重要的事情了。因此〈祀神書・申府置祭器文〉即是袁黃為完備祭祀器物，專程向上司申購祭祀禮器的公文。

二、胥吏、僚屬管理：〈御吏書〉、〈睦僚書〉

新任縣令對當地風俗民情不甚了解，而胥吏僚屬為舊，對本縣狀況十分熟稔。在這種情況下，舊有僚屬胥吏常容易欺瞞縣令，藉行公務之權對百姓行敲詐勒索之事，甚苦民。袁黃為了革除這種弊病，提升管理效能，特別注意僚屬與胥吏的教化與管理，使握有公權力的人員都能以誠待民，使官民和樂。

初上任時，袁黃為確實掌握寶坻縣府的人事狀況，要求確實做到「……該縣各該吏書人等，照依冊（吏部所給須知冊）內事理，依款登答，攢造書，到任次日呈遞，以憑本職遵照施行，如有隱漏差錯，定行重治……。」〔註10〕而各房上呈內容除了各房人事職掌，也要報告本縣各房工作現況，如戶房上報「民地若干？萬曆年間量過若干？有何冊可據？即今見徵若干？新開荒若干？每畝徵銀若干？」〔註11〕或「該縣有無義倉？如有，創自何年？即今貯穀若干？或放與何人？係何人掌管？有無冒領虛開情弊？」〔註12〕等；而刑房須上報「在監囚犯幾名？死罪若干名？軍罪若干名？徒杖各若干名……監

〔註9〕《寶坻政書》，卷一〈祀神書〉，頁313上。
〔註10〕《寶坻政書》，卷一〈御吏書・取各房職掌牌〉，頁313上。
〔註11〕《寶坻政書》，卷一〈御吏書・取各房職掌牌〉，頁314下～315上。
〔註12〕《寶坻政書》，卷一〈御吏書・取各房職掌牌〉，頁315上。

外有無別所監候？有則照數開報。」〔註 13〕等。各房皆須各自呈報現況，並於到任次日即要上呈，以便袁黃迅速掌握本縣現況，可見其對行政效率的要求，不因循的態度。

在掌握本縣衙內人事及治理現況後，袁黃進一步要求僚屬辦公效率，公告了辦公的規範：「上司文移，大事限十日完，中事五日，小事三日……不奉呼喚上堂，責五板；呼換不到，責五板；說謊者，責十板。」〔註 14〕

不僅注重吏治，袁黃也注意到僚屬間的和睦與教化，以「宇宙亦大矣，人生其間，特瞬息耳，是故古人有惜陰之說，至於同官暫聚，出入相依，遠則四五年，近則一二年，又瞬息中之瞬息也」，〔註 15〕勉同僚珍惜相聚時光，尤應相互勸善改過，因為「同官相聚而不勗以道義，於是情意不洽，邈如路人矣」。〔註 16〕

至於同僚間相勸何事？袁黃首先提示為廉潔不貪與節儉。因為「官之受賄，猶女之失節也」，〔註 17〕而奢侈則不但「有損士風，兼當得奢侈不惜福之報」，奢侈常導致貪污，因此即使「舊時各衙小菜，皆係園頭供給，其來已久，受之似不為過」，但他亦要求下屬「一針一草皆不可費民之力」，日常所需菜蔬「但衙中隙地，皆令種蔬，儘足供給」；不僅不可無故受饋於民，甚至買辦與民眾進行買賣，袁黃亦要求其「各發銀現買，須稍優其值」，不但可「使小民樂與官為市」，更重要的是要免去「胥隸出入，緣肆侵欺，自以為平」的弊端。〔註 18〕

除不費民力，與民興利外，袁黃進一步以「官無崇卑，皆民望也，一念愛民便可布德，一毫不慎，或致播殃……若不布德而播殃焉，則先世所積之慶，自我斬之矣」，〔註 19〕勉勵僚屬心存善念，凡事但求為百姓著想，「折獄一節尤當加意」，務必要以「於死中求生，惡處求愛」的心情看待百姓犯案，這才是「邁種德之道」。〔註 20〕

〔註 13〕《寶坻政書》，卷一〈御吏書・取各房職掌牌〉，頁 315 下。

〔註 14〕《寶坻政書》，卷一〈御吏書・禁約吏書榜〉，頁 315 下。

〔註 15〕《寶坻政書》，卷二〈睦僚書〉，頁 317 上。

〔註 16〕《寶坻政書》，卷二〈睦僚書〉，頁 317 上。

〔註 17〕《寶坻政書》，卷二〈睦僚書〉，頁 317 下。

〔註 18〕以上不惜福之報、不費民力、與民買賣事皆出於《寶坻政書》，卷二〈睦僚書〉，頁 318 上。

〔註 19〕《寶坻政書》，卷二〈睦僚書〉，頁 318 上～318 下。

〔註 20〕以上折獄事皆出於《寶坻政書》，卷二〈睦僚書〉，頁 318 下。其中的「邁種德之道」典出《尚書・大禹謨》：「皋陶邁種德，德乃降」，袁黃在《寶坻政書・

　　為了減少百姓犯法，以息堂訟，袁黃以為「教化，是今日急務」，因此袁黃不但自己「朔望為諸生講書，逢九約諸生會課」，也告誡僚屬當相勸言行謹慎，因為「教人以言，不若示人以行」，而「凡我同官，孰非良士，孰非有教化之責者」，因此在最後袁黃提示僚屬當注意個人修養，包含敬神、「改過遷善」，最後以朋友相交之道乃在「交相通」，當相互規勸，相助相成勉勵其僚屬。〔註21〕

　　袁黃自上任之初，先以告誡隍的方式於百姓僚屬面前宣誓治縣的決心；再由掌握舊衙人事、施政情況；接著要求胥吏辦事的規定、效率；最後進一步以「布德播殃」、「邁種德」等「陰騭」觀念告誡胥吏、僚屬，凡事但以百姓為念，勿貪勿奢，以免得到「不惜福之報」；〔註22〕並要修養個人道德，以身作責，以教化百姓使不蹈法網，可種功德，有為百姓求生的積極意義。袁黃就這樣一步一步，由縣衙內部的人事、規定，到衙內人員的品性要求，企圖建立起一個忠於職守、以百姓為念而有效能的地方政府。在這個過程中，我們也看到袁黃試圖利用陰騭報應的觀念，強化其僚屬心存善念的動機。

三、社會救濟：〈積貯書〉、〈養老書〉、〈救荒書〉

（1）行社倉之法以豐積貯

　　寶坻縣地勢低平近海，每逢大雨常患水災，不但嚴重影響農業，也造成百姓流離失所。袁黃向來以農為本，任寶坻縣令期間曾著《勸農書》鼓勵百姓務農，其云「四民惟農為苦，然亦惟農為良，故以務農之人為良家子」，〔註23〕說明他的重農思想。〈積貯書〉的前二篇文章〈申請行朱子社倉公移〉、〈申請修倉公移〉是袁黃向上級申請設立社倉及修建舊有南倉存放積糧的公文，修建社倉的二個主要目的，一是「以濟耕農」，一是「凶荒賑濟」，〔註24〕尤以前者為要，如其施行細則第一條所說：「社倉之法，專為濟農，凡非力耕之人，皆不許借。其常年告借倉糧者，皆係近城棍徒，

　　　刑書》也曾引用。「邁」，勉力之意，皋陶相傳為舜掌刑獄事，可見袁黃以刑
　　　獄為種德之所。
〔註21〕以上關於袁黃教僚屬以教化、修德之事於《寶坻政書》，卷二〈睦僚書〉，頁
　　　318下～319下。
〔註22〕《寶坻政書》，卷二〈睦僚書〉，頁318上。
〔註23〕《寶坻政書》，卷三〈積貯書·申請行朱子社倉公移〉，頁321下。
〔註24〕《寶坻政書》，卷三〈積貯書·申請行朱子社倉公移〉，頁320上。

通與革除。」〔註 25〕由於「本縣小民借穀於有力之家，利過于本，有一石還至二石者」，〔註 26〕因此袁黃申立社倉，以薄利出借穀糧，「舊例每石加利三斗，今止加二斗」，〔註 27〕並以所收利息賑濟凶荒，「小荒則盡捐其息，大荒則量捐其本。」〔註 28〕

事實上袁黃到任初期，寶坻縣積穀狀況不佳，其〈止部民納穀示〉云：「贖銀積穀，國有常法。本縣慈懦，經年不問罪，爾民又漸知守本；初時放告，每期不下千紙，今寥寥無幾，公庭罕訟，積穀大虧」；〔註 29〕相同的記錄也見於《寶坻政書・刑書序》：「（袁黃）常終日不笞一人，經月不擬一罪」，這是造成「贖銀不足，積穀常虧」的主要原因，以致招來上司怪罪責問。所幸縣民感於袁黃之慈愛，知道袁黃因不問罪、不取贖銀，使得積穀不足額，將遭上司參治，「邑鄉士大夫，先捐穀數百石；小民相繼樂輸，遂獲免罪」，〔註 30〕甚至需以〈止部民納穀示〉公告，百姓之捐輸方止，可見袁黃之得人心。

此外，袁黃又「許窮民願入市者，告官給帖，過秋成納穀一石，即換新帖，以爲來年憑據」，〔註 31〕不但改革「強者把持貸利，弱者不謀升合」的舊況，也開發了寶坻縣穀糧的另一來源。

在袁黃苦心經營之下，除了原有每年稅收，現又加上社倉利息收入、入市帖銀以及百姓捐輸；袁黃又一改前弊，不許力耕以外之人借貸。開源節流的結果，雖然贖銀的收入減少了，但寶坻積穀卻逐漸豐盈。當袁黃「蒞任之初，倉有穀三百五十石；去之日，積穀七千有奇，蓋二十倍于初矣」，〔註 32〕以至舊有穀倉不敷使用，袁黃必須另外申修南倉舊廠二十餘間，存放剩餘積糧。〔註 33〕可見在社倉積貯這一塊，袁黃確實獲得了很大的成功，下面的賦役一節，我們將看到寶坻縣事實上深受大雨水潦災害所苦，對照此節，更使人感受到袁黃能夠積貯如此豐富穀糧，實屬難得。

〔註 25〕《寶坻政書》，卷三〈積貯書・申請行朱子社倉公移〉，頁 321 上。
〔註 26〕《寶坻政書》，卷三〈積貯書・申請行朱子社倉公移〉，頁 321 下。
〔註 27〕《寶坻政書》，卷三〈積貯書・申請行朱子社倉公移〉，頁 321 上。
〔註 28〕《寶坻政書》，卷三〈積貯書・申請行朱子社倉公移〉，頁 321 上。
〔註 29〕《寶坻政書》，卷三〈積貯書・止部民納穀示〉，頁 322 下。
〔註 30〕《寶坻政書》，卷三〈積貯書序〉，頁 320 上。
〔註 31〕《寶坻政書》，卷三〈積貯書・給帖入市示〉，頁 322 下。
〔註 32〕《寶坻政書》，卷三〈積貯書序〉，頁 320 上。
〔註 33〕《寶坻政書》，卷三〈積貯書・申請修倉公移〉，頁 321 下～322 下。

（2）親檢老弱，使各有所養

在照顧弱勢方面，〈養老書〉所錄事例可以看出袁黃的態度與方法：

> 卑職十六年到任，當累歲飢荒之後，丁壯流離，老弱滿路。挨門親
> 檢張臣等六百六十四名，有親戚可依者，責以大義，令其收養；李
> 羔等四百七十一名，手足尚強，責令鄰里收留，聽其役使；其駱敖
> 等一百二十五名口，既無親戚可依，又無膂力可用，理應收養，而
> 當時倉谷短少，孤老正額月糧，時常缺乏，若復多收，勢必不贍，
> 其時大水滔天，脩堤為急，堤岸既成，憂懼隣封盜決，各庄募看夫
> 守，卑職因選駱敖等三十五名口，照舊居院食糧，每月四斗五升，
> 郭恭等九十名口，看守堤岸，以鋪為家。即以眾人雇募之糧，充孤
> 老養濟之用，本縣每月量給糧一斗五升……。〔註34〕

從上面的事例，可以知道袁黃極注重社會弱勢的照顧，因此「挨門親檢」，深
恐有所遺漏；但袁黃亦深知老弱貧窮甚多，只憑公門之力無法周全，因此依
檢出需救濟人家的情形，施予不同的處置：「有親戚可依者，責以大義，令其
收養」；「手足尚強，責令鄰里收留，聽其役使」；而「既無親戚可依，又無膂
力可用」大多由縣衙給工食令其守堤。總計一千二百六十名的弱勢人丁各有
所養，最後由縣衙收留於養濟院者僅三十五名，不但在無形間促進了社會的
公平與互助，也節省了大筆救濟與僱募堤夫的支出。況且「孤老以堤鋪為家，
晝夜不離」，而「人雖頑狠，能毀無人之岸，不能掘有室之堤」，〔註35〕因此
以其守堤，最為有效，又可使有所歸，正是所費力小而所成事大也。
類似的事例亦見於〈救荒書〉：「連歲饑荒，民窮已極……本縣舊有虞學士古
堤一道……募窮民修築，隨著各有地土之家，量出糧食，既可以延窮民旦夕
之命，又可以垂地方永久之利……。」〔註36〕可見袁黃將社會救濟視為公眾
的共同責任，縣衙有餘力則由縣衙主其事。如袁黃曾以「民有菜色，有司之
罪」煮粥濟饑；〔註37〕而當縣衙力有未逮時，有力之家亦可稍助。又能設法
使窮民對社會有所貢獻，不令其不勞而獲，使出糧之家亦可獲益，因此民怨
不生，兼可得事半功倍之效。

〔註34〕《寶坻政書》，卷三〈養老書・申請收孤老公移〉，頁323。
〔註35〕《寶坻政書》，卷三〈養老書・申請加給看堤孤老月糧公移〉，頁324下。
〔註36〕《寶坻政書》，卷九〈救荒書・查議賑恤公移〉，頁396下。
〔註37〕《寶坻政書》，卷九〈救荒書・煮粥濟饑告示〉，頁398上。

救荒之餘，袁黃亦不忘對百姓施以機會教育：據說某歲袁黃任寶坻令時遇災荒，民饑饉無食，幸賴天生不知名之野稗，災民以此療饑以度過災荒。〔註38〕袁黃以爲這是上天相助，因而發布告示，教導百姓「宜各勉強爲善，以報天地神明之德。」〔註39〕

四、賦役調停：〈賦役書〉、〈工書〉、〈馬政書〉

袁黃向來重視賦役調停，他首先重新審造黃冊，要使「丁糧有準，賦役適均」。〔註40〕但袁黃也知道「救荒莫若緩征，議賑不如止斂」〔註41〕的道理，尤其寶坻地勢低平，每逢大雨輒有水患，不雨則旱，《寶坻縣志・藝文下》載苑時葵〈憫潦賦序〉云：

> 吾邑瀕海，厥田阜饒者午之二，斥鹵塗泥者十之八，每搖霖一集，
>
> 則城可行舟，自己酉至巳丑，陰沴凡四作，民用蕩析離居，催輸急
>
> 如星火，眼瘡未醫，心肉再剜。

因此除了重造黃冊，盡量使賦役徵收符合現況、合乎公平外，袁黃於賦役一節最用心的，還是在於減免調停各項稅糧雜役。他曾多次以水潦災荒上書申免各項雜役，這類調停賦役的公文是〈賦役書〉的主要內容，部分工役與供用器物的調停公文錄於〈工書〉，關於養馬夫役申請增田免銀事則見於〈馬政書〉。申免之賦役名目繁多，無法完述，以下茲就其類別分項介紹，但亦足以了解袁黃爲百姓申免賦役之盡心盡力。

（一）放免常年里長之費〔註42〕

諸多雜稅之中，袁黃以爲里長之費最爲民所苦，爲「科斂之根」，「訪得本縣，地漥而瘠，田之低者，其價畝不過三分，而常年里長之費反倍之，此窮民所以避役，而輕去鄉土也」。原來里長最重要的職責即在催徵錢糧，袁黃以「各里錢糧，公同十季均催」，取代里長催徵錢糧的工作，成功取消里長之費。

〔註38〕《寶坻政書》，卷九〈救荒書・天生野稗告示〉，頁398上，也見於卷十二〈感應篇〉，頁451。

〔註39〕《寶坻政書》，卷九〈救荒書・天生野稗告示〉，頁398上。

〔註40〕《寶坻政書》，卷四〈賦役書・大造黃冊議稿〉，頁348上～351上。

〔註41〕《寶坻政書》，卷九〈救荒書・查議賑恤公移〉，頁397下。

〔註42〕以上放免常年里長費之事見於《寶坻政書》，卷四〈賦役書・放免見年里長告示〉，頁326。

（二）革除寶坻三大害〔註43〕

袁黃上任時，寶坻縣有所謂的「三大害」，即銀魚貢、重夫重馬採石及箭手諸役與孳生馬。考察其內容，實際上就是勞役。勞役之苦除了身心的勞累，最擾民者在於不定時、不定額，赴役之期往往無法與農事配合，影響耕種；此外百姓在負擔勞役時，經常遇到朝中派赴的監督官員、太監藉機勒索之事，還有從其衍生出富戶避役、役均攤於貧戶等不公問題，弊病叢生。

1. 銀魚貢

寶坻沿海產銀魚，其味鮮美，因於寶坻設銀魚廠，袁黃〈申免銀魚公移〉甚言其害：

> 常年差內官二員，採打銀魚螃蟹等物，車輛往回一十六次，勞費巨萬……內府人員，時來倚索舊規。額派三十里，各出銀二、三十兩不等，徵收供給，民間私賠，不計其數……會士夫耆老，詢民疾苦，僉以此為第一騷累之事。〔註44〕

為此袁黃上書申免銀魚之貢：

> 查得各項魚鮮，原出海涯，離縣二百八十里，由縣抵京又一百八十里，輾轉濡滯，鮮物皆壞，況出魚之地，原係御用監所轄，因申本監，請從京師直抵天津海口，不過二百餘里……。〔註45〕

而後寶坻得免於銀魚貢之累，內臣亦鮮至寶坻，減少勒索、招待的困擾。

2. 重夫重馬採石及箭手諸役

袁黃初至寶坻，審查里甲條鞭，又審均徭，以寶坻縣承負徭役之繁重感到「不勝駭愕。」〔註46〕原來是因為「立法本善，而後官輕變，遂顛沛而難支；一則時變役增，而俗吏憚更，遂因循而過取，欲含糊遷就，隨眾習非。」〔註47〕因此開列寶坻不合時宜、私賠不貲均徭數項，各項並附上其變革之建議。

〔註43〕 以銀魚貢、重夫重馬採石及箭手諸役、孳生馬為寶坻三大害的說法見於洪肇楙《寶坻縣志》，蕭世勇〈袁黃的經世理念及其實踐方式〉也曾引用。此三事在《寶坻政書》分見於〈賦役書〉、〈馬政書〉，本文參考其三大害之說，而以《寶坻政書》所見內容補充論述。
〔註44〕 《寶坻政書》，卷四〈賦役書·申免銀魚公移〉，頁335下～336上。
〔註45〕 《寶坻政書》，卷四〈賦役書·申免銀魚公移〉，頁336上。
〔註46〕 《寶坻政書》，卷四〈賦役書·申請審編減派公移〉，頁329上。
〔註47〕 《寶坻政書》，卷四〈賦役書·申請審編減派公移〉，頁329上。

袁黃開列申請減派諸徭役，計有重夫重馬、清軍書手、醫獸、箭手、運糧河夫燈夫、通州派取學院搭廠蘆蓆、會試鄉試場派謄錄編號書手、保定府送決重囚、皇木車運以及諸項雜支等項，里甲賠銀私貼工食共計四千五百餘兩，而實用不大。如醫獸一項，「祖宗舊制，養馬地方，每州設醫獸貳名，馬病專令調治」，但現今應役者，「全不知醫，惟供差遣，既失當時建立之意，而又名數太多，供億繁費。」〔註48〕

又如皇木車運一項，原來弘治年間，工部奏令中官督管皇木，武清縣採打，於寶坻縣設廠。王振、劉瑾、魏忠賢的權宦的黨羽，仗勢為惡，需索無度，「館穀雞犬譁然」。〔註49〕袁黃因而上書「當移皇木廠於三賢祠之北，運入京城更易」，〔註50〕因為「……移皇木廠於三賢祠北，使濱水受木，且去京密邇，取給便當。」〔註51〕

袁黃舉出這類不合時宜、費多用少之舊役數項，上書建議或改派役為徵銀備用，或裁減數目，或悉數革除，「便臺使為奏報可，因盡革重夫、重馬、採石及箭手諸役」，〔註52〕大大減輕了寶坻縣百姓各種雜役的負擔。

3. 寄養馬：〔註53〕

永樂年間派孳生馬於寶坻，景泰年間改為寄養。養馬一匹原本「編地七頃二十畝」，後經灶民「于登利等告除灶地七百一十六頃」，再扣除荒地六十餘頃，而馬數未減，使「每馬一匹，編地六頃五十畝」，每匹短少七十畝地；加上「寶坻地卑濕，尤不宜馬，死者接踵」，「萬曆十五六年，倒死數百」，馬死賠費，馬價積至鉅萬，百姓賠累無已，有至「鬻男賣女，若不忍言」者。結果造成馬頭逃散，朝廷雖發馬至縣，而無人承領。

針對養馬衍生的種種問題，袁黃首先上書請准將現有之馬恢復「每馬一匹編地七頃二十畝」，並停發新馬，使「民免流離，馬免餓死」；〔註54〕關於馬戶失馬賠銀一事，則逐一查審各馬戶現況，「紀逢春六十一名，稍有產業可

〔註48〕《寶坻政書》，卷四〈賦役書·申請審編減派公移〉，頁330下。
〔註49〕乾隆《寶坻縣志》，卷16〈集說〉。
〔註50〕《寶坻政書》，卷四〈賦役書·申請審編減派公移〉，頁334下。
〔註51〕朱鶴齡《愚菴小集》，卷15，〈贈尚寶少卿袁公傳〉
〔註52〕《嘉善縣志·名臣·袁黃》。
〔註53〕據蕭世勇「寶坻三大害」的說法，第三害為「孳生馬」，本文以《寶坻政書·馬政書》內容改為「寄養馬」為適。
〔註54〕以上關於申復養馬舊地事見於《寶坻政書》，卷八，〈馬政書·增田養馬公移〉，頁382上～383。

變」者「嚴行比追完過」；其餘「史孟春……十一名陸續病故」、「張守德……九名貧極逃亡」、「楊東奇……九名家產罄盡」，共計二十九名，袁黃引大明律內一款「以贓入罪，犯人身死勿追。今（欠銀馬戶）史孟春等所犯非贓，則其罪更輕，乃身死而又拘囚其家屬，非罪人不孥之意也」，又以其「粉骨難償，即死矣，而終莫能賠，即殺之而竟亦何益？昔者既焚，而不問馬，惟恐以物類傷人道之生……」，請求免其賠補萬曆十三年以前拖欠之錢糧，而當補足之馬數袁黃亦允諾由縣設法召買，務足前額。〔註55〕

（三）其他賦役變革與申免

除上述常年里長之費與所謂寶坻三大害的革除，袁黃更細心審查計算全縣所支僱役工食銀兩，得應增一十九項，原須加銀九十一兩六錢；而袁黃「調停酌處，將減下木道快手銀抵補」，以有餘補不足，最後只須加銀六十四兩六錢。但又查得應減工食三項，共可省銀九十八兩四錢。將應得與應減合計之後，不但不必多徵，除抵免外，尚餘銀六兩八錢，以備馬房腳夫加添之用。〔註56〕一縣之事甚為繁瑣，而袁黃仍能不畏煩苦，細心逐一審查各項工食收支，避免不必要的支出，加徵銀錢徒增百姓負累。

另外，在《寶坻政書‧工書》中，也有袁黃為百姓上書申免勞役的公文記錄：袁黃以「連年荒潦，庫無積貯之銀，民無隔宿之糧，民窮財盡，困苦極甚」，申免潞王之國所派毡毯、食盒、圍屏鋪陳、漆器、絹布等項。〔註57〕

他又以「本縣連歲水淹，今歲尤甚……實災九分，所免存留不過百中之一，徒勞纖惠，無益疲民。惟有四輪車及採石夫匠一節，最為害民」，又引「遷安盧龍，既以荒而蒙免」之例，表達「本縣荒甚而不除，均為王民，豈宜異法……懇乞憐積災之地，擴一視之仁，將原派夫匠及四輪車，照例申豁」的訴求。另外，朝廷為濬新河，寶坻原坐派役夫一百九十九名，於挑挖之期，又加派千名，袁黃亦以「今連年水災，民多逋食在外，一時召募不全，必誤河工」為由，請求「將召募夫俯賜豁免，以解寶坻之重」。後得准量減三百名。〔註58〕

〔註55〕以上關於申免馬戶追補賠銀事見於〈馬政書‧申免馬戶贖銀公移〉，頁 383 下～385 上。

〔註56〕以上事見於《寶坻政書》，卷四〈賦役書‧申請減免浮稅公移〉，頁 326 下～328 上。

〔註57〕《寶坻政書》，卷七〈工書‧申免潞王供用器幣公移〉，頁 372。

〔註58〕《寶坻政書》，卷七〈工書‧濬新河申部減派役夫議〉，頁 375 下～378 下。

　　袁黃為了能減輕百姓沈重的賦役負擔，屢次上書請求朝廷准免，每次上書皆能說之以理，動之以情，有時並附上詳實的訪察記錄，無論是災民人數、名冊，或是僱役工食銀兩，又或者是馬房灶地之界，皆是袁黃為減免賦役所做的努力，令人不得不佩服其辛勤與用心。

五、堤防水利：〈工書〉

　　水災向來為寶坻大患，因此在〈工書〉所收文章中，幾乎都與修堤防、治水有關。水患方面，袁黃首治薊水。薊水經常橫入三岔口，寶坻近鄰薊州原築長堤二百餘里以防水患。但今薊人為圖方便欲開掘此堤，而「欲以寶坻為豁，以洩彼州之水」，不顧寶坻安危，袁黃因而上書請求不准；又請修各處口岸舊堤以杜水患。〔註59〕

　　然真正大患乃在濱海之地，由於寶坻近海，土地鹽分極高，不利耕作，且海水時有溢入之患，遂成荒地。袁黃先於「沿海通潮葅茹之地，先用楊柳長八九尺者，密釘之，留尺許在上，潮來泥積，月餘即平，又退進尺許，復照前法，種柳一層，待淤泥積平，又退植柳，如此七度，遂成高隄，阻鹹水不得入於內地。因沿隄掘淺溝，外同淡潮，內通澱港，往來衝掣，遂成大渠。」接著又「命取蘆子撒地，初年未成，次年復撒，蘆生稀小，縱火焚之，三年大茂。」經袁黃著力整治，由是「曠土大闢」，而「愚民見其可耕，遂爭與認佃」。〔註60〕

　　除了修隄治水，袁黃也頗用心興修水利。〈開河申文〉記載其為便利小泃庄居民取水，開河至張頭窩庄一事，又進一步擴大開河範圍，「即將四境之內宜開濬者，悉准開濬」，使得全縣水道通達，不但民用稱便，又改善寶坻因「水道不通，吐洩不及」，以致「一雨即潦」的缺失。〔註61〕

　　〈議置木閘文〉則是袁黃展現其工事長才，上書「請置木閘，以利漕運」。起因於寶坻坐派潞王之國供用器物，「十七年春送潞王之國，山水未至，河流半涸，舟悉停滯……」，袁黃因而請依地勢置木閘四、五座。又詳述置閘之法曰：「每座隨河身廣狹，先以經尺大木，釘椿如橋柱之狀；次以拱把揚木密排釘之；又以楊板釘其隙縫，而中間約留一丈八尺，設板啟閉」，連材料、方法、

〔註59〕《寶坻政書》，卷七，〈工書・修隄申文〉，頁372下～375上。

〔註60〕關於袁黃於寶坻縣築堤闢地事，《寶坻政書》未見，但見於洪肇楙《寶坻縣志》，卷18藝文下，明邑署令張兆之〈三岔河口隄記〉；又見於《嘉善縣志・名臣・袁黃條》。補充之。

〔註61〕《寶坻政書》，卷七，〈工書・開河申文〉，頁375。

尺度均細加說明，足見袁黃之精於水利工事。木閘既成，則不但可免原先舟滯難行之困，又可調節水位，使水平易行；節省河夫挑濬之費萬兩，於民有大利。〔註62〕

六、教育：〈訓士書〉

袁黃極重視教育，提攜縣學後進不遺餘力，〈訓士書〉是其教育理念的呈現，其序云：「……（袁黃）朔望至學親爲諸生講解……又約諸生爲課，躬爲點閱」，〔註63〕除教導學子讀書之道，又指導作文之法，主要目的在助寶坻學子科舉高中。

〈訓士書‧會約〉是袁黃教育士人門生讀書寫作法門與態度的文章，勉勵學子學文應先修人品心性，從一個人的文章內容即可知道此人心術如何，〈訓士書序〉說袁黃「就時文中縣斷其心術之邪正，若燭照」，因爲「經義最細，人品高下，一閱可知」，〔註64〕讀書要能「究極其本原，使聖賢旨意了了在心目間」，〔註65〕「一句一字求其下落，皆須體之于心，身之于日用，灼見其句句可行，字字不妄……，有所不合不妨再思，而果有所不通，則當尊經以略傳，不可信傳以疑經……」，〔註66〕心有所感，則所發之文自然眞摯動人，才不致淪爲袁黃所謂「處學校者，往往謂取經義論策耳，善爲是，雖士行掃地，何害于高考，他無以爲也」〔註67〕的人，如此方不負朝廷育材、設科取士之本意。

袁黃又教導學子，爲文當深入淺出，以《論語》、《孟子》爲例，說明「言近而指遠者，善言也」的道理，能使「觀者顯然，而味之無極」，文章的淑世價值才得以發揮；否則「不精研書意，但獵奇字，襲勝語以相矜嚴；讀之瞿然愕然，至不能句。而細求之，則全無理意，如嚼蠟耳」，這樣的文章於世道可說是毫無助益。

〈會約〉所講，不獨教人如何讀書寫作，以應科考；更是所有士人日常讀書應有的態度，因此以其爲「藝林之指南」。〔註68〕

〔註62〕《寶坻政書》，卷七，〈工書‧議置木閘文〉，頁379上～380上。
〔註63〕《寶坻政書》，卷五，〈訓士書序〉，頁354上。
〔註64〕《寶坻政書》，卷五，〈訓士書‧會約〉，頁354上。
〔註65〕《寶坻政書》，卷五，〈訓士書‧會約〉，頁355上。
〔註66〕《寶坻政書》，卷五，〈訓士書‧會約〉，頁354上。
〔註67〕《寶坻政書》，卷五，〈訓士書‧會約〉，頁354下。
〔註68〕《寶坻政書》，卷五，〈訓士書序〉，頁354上。

在會約啓示讀書之大端後，隨後三篇〈作論法〉、〈作表法〉、〈作策法〉，是袁黃給應舉學子的「寫作指南」。論、表、策是三種科考可見的文體，試舉其中的〈作論法〉爲例：

〈作論法〉云：

> 論者，議也……或翻案見奇，或設難起意，或於有中求無，或作空中獻象。窮于有數，近於無形。去礙求通，鈎深取極，乃百慮之筌蹄，萬事之權衡也。〔註69〕

因此作論首重說理，以理駁人，但不可盛氣太過，正如其云：

> 依於忠厚，止於理義。可標駁群彥，不可戲薄聖賢；可據理陳詞，不可以強詞奪理，眾毀而吾獨譽之。發吉人之心事，抒千古之幽光，若眾譽則不可輕毀也。有過處可求無過；無過而求有過則刻矣。文章之微，關係心術，學者愼之。〔註70〕

袁黃首先說明「論」此一文體重在說理，後又示人作論的基本態度當本於忠厚，並再次強調了觀文而知心術，提示學子爲文當謹愼，不可刻薄求譽。接著袁黃詳細敘述了「論」的類別與作法：他將論分爲三類，分別是性理、政事與人物，其中又以性理之論要以「左國之詞華，發程朱之心事，使確然不易，燦然有條」，最爲難得；政事之論要「獨稽政源，參酌流弊，彌綸群務，折衷是非，陳法則句句可行，警世則言言可懼」，其目的在於「陳法」、「警世」，以改流弊；至於人物之論則是「貫串古今，詮次賢哲。貶一人而有益于天下，則毀之不爲薄」，不可徒從流俗，要依事理、是否有益於天下的角度思考，「此作論者，所以貴有識也」。〔註71〕

接下來袁黃提示學作論當參考賈誼〈過秦論〉，蘇軾、蘇轍之文爲範本，取材學習之。最後則是論的結構：「論有破有承；入題之後有原題；原題之後，始入大講；大講之後，有腰有尾。宋人《繩尺論》，其法最備，□其太拘，然初學作論，不閱之則無規矩，而不阨焉，斯善矣。」〔註72〕

袁黃〈作論法〉首先介紹「論」的文體，再說明作法與重點提示，最後介紹參考範例與文體結構，簡明扼要，具體而微。其餘二種文體的介紹大致相同：〈作表法〉首先介紹「表」的體例沿革與特色；接著說明「表」的聲律、

〔註69〕　《寶坻政書》，卷五，〈訓士書·作論法〉，頁358上。
〔註70〕　《寶坻政書》，卷五，〈訓士書·作論法〉，頁358上。
〔註71〕　以上見《寶坻政書》，卷五，〈訓士書·作論法〉，頁358。
〔註72〕　以上見《寶坻政書》，卷五，〈訓士書·作論法〉，頁358下～359上。

對偶；最後提示學子，「學作表，須將唐宋好表，各讀數目作骨；次將鄉會好程表分類閱之」，並要依各類表「每類作一首」，練習仿作。〔註73〕

〈作策法〉同樣先敘「以策取士」的沿革，次敘國家試策重實不重文，因此「只許直陳所見，不許修飾文詞」，最後同樣提出《文獻通考》與《大明會典》以供學子參考閱讀，培養博古通今的內涵，就二書策目每題擬作一篇練習。〔註74〕

袁黃初至寶坻時，「邑五科弗第」，國家科舉五科全數落第；於是袁黃立志助寶坻學子應試中舉，經過他在教育上的一番努力，「嘉惠給膏廩，講授經藝。旨于舉子業外，揚礭性靈」，終於在「辛卯以明經舉兩人，邑屬三輔地」，〔註75〕而此事亦被錄入〈邑侯袁公生祠碑記〉袁黃德政中。

第二節　陰騭與邊防思想的衝突

袁黃以寶坻縣「南瀕海，北近邊」，〔註76〕向來留心於邊防，視其邊防書，則不得不驚訝於其對邊防事務之瞭解，已達鉅細靡的地步：無論是邊防形勢、兵法、邊防工事等，無一不談；陸戰、海防無一不精；對倭寇邊虜之風俗習慣、作戰方法亦知之甚詳。觀其邊防思想，內容既廣博、言論又精深，非苦心鑽研無法有如此表現，若以袁黃為明代之軍事大家，亦不為過矣。

但值得玩味的是，袁黃做為一個佛教徒，邊防作戰的內容顯然與其不殺生、護生概念有所牴觸；而在《功過格分類彙編》所收錄的袁黃功過格中，更有「戒殺」一條，〔註77〕同樣宣揚「護生」的觀念。以此觀之，袁黃對於打仗殺人一事理應避之唯恐不及；但從《寶坻政書‧邊防書》的內容看來，他實際上卻是花費了極大的心力在研究邊防軍事，並且有十分深入的了解。究竟袁黃在〈邊防書〉中提出了什麼樣的內容？這些內容和其做為一個佛教徒或陰騭思想信徒的身份，是否有所矛盾？袁黃又是如何處理這些矛盾？以上若干問題，促使筆者透過〈邊防書〉的內容，對袁黃的陰騭思想進行另一種角度的理解。

〔註73〕《寶坻政書》，卷五，〈訓士書‧作表法〉，頁359。
〔註74〕《寶坻政書》，卷五，〈訓士書‧作策法〉，頁359下～356。
〔註75〕《寶坻政書》，卷十二，〈邑侯袁公生祠碑記〉，頁457上。
〔註76〕《寶坻政書》，卷十，〈邊防書序〉，頁399上。
〔註77〕《功過格分類彙編》，收入《叢書集成續編》，62，頁252。

一、〈邊防書〉內容梗概

〈邊防書〉共有五篇，分別是〈防倭初議〉、〈防倭二議〉、〈復撫按邊關十議〉、〈閱視八議〉與〈答王道尊軍民利病議〉。

（一）〈防倭初議〉、〈防倭二議〉

〈防倭初議〉是袁黃受命考察寶坻沿海邊防、對各項軍事設置進行檢錄後所提出的防倭建議。袁黃從倭人入寇歷史，提出北方邊防並不急迫，以梁城之守為要的看法，並認為將梁城之兵盡調於邊防實為不智之舉，應當恢復梁城守軍，並在新河塘兒、沽塘兒上三處令土著居民備戰時器物，於司家坨一帶由寶坻縣民編立保甲相應。〔註78〕

袁黃在〈防倭二議〉中，進一步針對明軍防倭的措施與缺失，提出具體建議九款（九款建議名目可參見附錄列表）。袁黃首先依據倭人入侵的路線，於沿途要衝（如草頭沽）布署墩臺，擔負瞭望砲擊之責；又建議於水道沽海口徧釘木樁，使泥積成灘，倭船難舶。〔註79〕

接著分析了邊防各地形勢，認為築墩臺須依各地地勢、土質而定：如黑崖子至蔡家舖一帶，「道里平直，一望無邊，即十里一墩不為少」；而避風嘴至大直沽沿線，則「迂迴轉換，瞭望難周，即二三里一墩不為多。」此外還要考慮海濱土質不實、墩臺難固等問題，實在難以遵守一定里數設置墩臺之令。〔註80〕

在軍隊召募與發配上，袁黃極力主張「以當地人守當地」的概念，可以避免水土不服、不諳地利之弊；且當地人由於家室在此，不虞遠逃，若遇敵襲，必為力守家業而不輕言棄守，其利將倍於新募他處人丁充軍。〔註81〕

在海上對戰方面，袁黃認為禦倭當於海路，故先分析敵我雙方船隻長短，在中國各種船艦中，以兼具大船之力與小舟靈活的福船最適與倭戰。又舉明初防海之制，力主恢復舊制，以船運往來登萊、遼東，以通有無，併行海巡之事。接著細講航船之法，例如畫望山、夜望星以定向，若畫霧夜星則藉助火掌、長年、香公三者之力，分別負責盤針、運舵與計時，如此可保航向正確；又說明調戲之法，針對不同風向、針向逐一分辨，因而有「南風猛而針向寅卯方行者」的說法。更提出一套簡易的海上計時計速之法，以「一

〔註78〕《寶坻政書》，卷十，〈邊防書・防倭初議〉，頁399～400。
〔註79〕《寶坻政書》，卷十，〈邊防書・防倭二議〉，頁401上。
〔註80〕《寶坻政書》，卷十，〈邊防書・防倭二議〉，頁401。
〔註81〕《寶坻政書》，卷十，〈邊防書・防倭二議〉，頁402。

日一夜定為十更,以焚香幾枝為度」,於航行時將木片於船首投海,再令人速至船尾視木片位置,以定風速大小,以估路程。〔註82〕更以海中親身經歷,談論兵器之用,認為火箭、槍鈀等均無實用,可用者惟三:鏢鎗、鈎鎗、鐃鈎。〔註83〕由於大海渺茫,風、潮瞬息萬變,戰況變幻無常,使得海戰與陸戰相較,賞罰功過難明,而防倭之將難得,非有不計賞罰,一心為國者難以任之。〔註84〕

其他如救援當依地理位置遠近調配救援單位,不可一味死守固有編制,徒落路遠費時之害;〔註85〕養軍錢糧應盡量使軍隊能盡地利以自足,避免增加百姓稅賦負擔;〔註86〕最後袁黃說明韃虜與倭夷的不同,從雙方陣式、行伍、出戰與掠奪習慣至風土民情,均有論述,知之甚詳。〔註87〕

(二)〈復撫按邊關十議〉、〈閱視八議〉、〈答王道尊軍民利病議〉

除防倭的幾項建議外,袁黃又多次上書,將實際觀察所見邊防軍事缺失逐一報告,並提出改革方針,其重要內容包含軍費浮濫、冗員、撫賞失宜、市馬、屯田、依山川水利以設天險、兵車器械、練兵馬之法、理鹽、招降、用間、修邊等十數項,內容繁多無法盡述,僅擇其大端略做敘述。

在軍費上,袁黃點校撫臺麾下之兵,發現冒名替役的情形十分浮濫,凡有兵逃虧損將士往往不呈報,遇點校則隨募游手好閒之輩充數,則兵數實缺,而糧餉無減,全為將領私飽中囊;此外,軍中冗員極多,除去老弱外,尚有鳥銃手三千名、書記、家丁雜流、三參將等,均無實用,而所費不貲。要解決這些問題,袁黃主張首先要確實點校、淘汰冗員,並恢復屯田舊制,使邊軍「二分在營,八分在田」,明令禁止私補,凡有缺少由附近州縣長官召募,願應役者登記其籍貫,父兄子弟擇一擔保具結,然後解發營伍。若依照袁黃建議,經計算原先薊鎮軍費一百五十萬兩,竟可減省半數以上。〔註88〕

袁黃也舉賈誼「三表五餌」〔註89〕為例,提出邊防「惟撫賞一事為駁夷

〔註82〕《寶坻政書》,卷十,〈邊防書·防倭二議〉,頁402下～404上。
〔註83〕《寶坻政書》,卷十,〈邊防書·防倭二議〉,頁405。
〔註84〕《寶坻政書》,卷十,〈邊防書·防倭二議〉,頁405下～406上。
〔註85〕《寶坻政書》,卷十,〈邊防書·防倭二議〉,頁404。
〔註86〕《寶坻政書》,卷十,〈邊防書·防倭二議〉,頁404下～405上。
〔註87〕《寶坻政書》,卷十,〈邊防書·防倭二議〉,頁406～407下。
〔註88〕《寶坻政書》,卷十,〈邊防書·復撫按邊關十議〉,頁408～412。
〔註89〕賈誼曾向漢文帝上「三表五餌」之計,以為不戰而屈匈奴之法。《漢書·賈誼傳》記師古曰:「賈誼書愛人之狀,好人之技,仁道也;信為大操,常義也;

之長策」的看法，只要撫賞之法運用得宜，可不戰而馴之。但在撫賞的運用上，首先要愼選外交人才，不可全憑「夜不收」〔註90〕之流，依復舊制由四夷館遴選通事，至於撫賞之責則由路堤改歸參將，提高負責層級，以揚國體；將同一夷族撫賞事宜併於同一關口辦理，總其額數，以免擾民；最後，統轄夷人之權細分太過，各處權力太弱而又互不統攝，當從「督府環洲吳公之故議」，將這些弱小夷族由薊鎮遷往宣府，以市馬、厚賞之利誘其允諾，如此可分散諸夷人勢力，不至爲國家之大患。另外，撫賞費用凡有不足按習慣「取之採辦」或以「缺軍口糧」支付，大大打擊士氣，當由朝廷補發爲宜。〔註91〕

　　在馬政方面，邊地馬戶向受養馬所苦，賠累無已，此點在上節〈馬政書〉中已有提及，加上本地馬匹不及胡馬精壯，可說費多用少。因此袁黃建議將遠方種馬與近畿寄養馬盡賣之，又革除寄養馬之役，改以折銀解之邊境，所得之銀悉入公家，收買精壯胡馬，僅留少數次等馬匹做爲驛遞之用。要注意的是，另有三衛進貢胡馬，但武官往往先擇良馬自用，而將駑馬送京，使夷人輕視中國朝廷；因此袁黃建議，今後海西建州貢馬便留遼東，三衛之馬則留薊鎮，原馬房之地改爲徵糧備邊，則有利於邊防，又可減輕民累。〔註92〕

　　上文提到袁黃力主恢復屯田，他也進一步提出屯田之法。在實施上，「募近邊壯丁爲軍，八家爲井，開溝引水」，視地之大小衡量設井數目，依井遠近分立堡寨，田中堡中皆有舍，平時耕植，遇敵則入堡，而堡中有平時儲備之糧，不怕久住；且只收公田之租，私田皆爲軍民恆產，使軍民樂耕。〔註93〕此外，爲確保出塞耕作成果，袁黃據嘉靖年間密雲兵備僉事張守中之議，認爲驅軍至塞外從事耕作，須分派哨探把守，凡出邊屯田之軍均荷戈而往，以策安全；派軍出耕要先挖渠築營，引水四環，可有水利之便，亦等於城中設險而有防守之利；此外，開荒前必將「諸險漸次修築，可臺者臺，可**墻**者**墻**，

愛好有實，已諾可期，十死一生，彼將必至，此三表也。賜之盛服車乘以壞其目；賜之盛食珍味以壞其口；賜之音樂婦人以壞其耳；賜之高堂邃宇、府庫奴婢以壞其腹；於來降者，以上召幸之，相娛樂，親酌而手食之，以壞其心，此五餌也。」

〔註90〕關於「夜不收」的性質學界仍存在一些紛歧，不過較爲普遍的說法爲古代軍隊中的哨探。較爲詳細的考據可參見邢玲玲，〈夜不收釋疑〉，〈安康學院學報〉，20卷，2期，2008年4月。

〔註91〕《寶坻政書》，卷十，〈邊防書・復撫按邊關十議〉，頁412下～415上。

〔註92〕《寶坻政書》，卷十，〈邊防書・復撫按邊關十議〉，頁415上～416上；〈邊防書・閱視八議〉，頁434。

〔註93〕《寶坻政書》，卷十，〈邊防書・閱視八議〉，頁431下～432下。

可渠者渠，可劃者劃」，則可耕之地越多，可守之地則越密集。〔註94〕

此外，袁黃以薊鎮境內山高水急，山水一發「澎湃震盪，百里爲沈」，若善用水勢必可強固防守。進一步分析薊鎮形勢，邊界曲長而東西徑直，宜於內地遍開河渠，導引山泉流入，可供灌溉；亦可仿效南方土人之設灘或蘇軾治西湖之法，擇其「有平衢可通大舉者」挖掘池塘蓄水，水滿使流，水在池中養過可去北方寒氣而有利於耕植，且又有減緩水勢、阻止胡馬奔馳之效。〔註95〕除依水道設險，袁黃又考察薊鎮山勢，大多「兩頭狹而中間濶，如孔明之葫蘆谷者」，可於山上堆放滾木、礧石，或於沿線水草下毒，皆可有效嚇阻敵人。〔註96〕

在作戰車械上，袁黃認爲薊鎮境內，層山曲嶺，非常不利於大型戰車（元戎車、偏箱車）行駛，而以永平道葉副使所製輕車，輕便可舉之而行，在坡地最爲實用。〔註97〕至於兵器的使用，袁黃詳細分析了各種炮械的長短與使用時機，「大將軍砲」、「鳥銃」、「毒箭」、「虎蹲砲」、「佛郎機砲」、「快鎗火箭」甚至「鈀棍大棒」等各有用處，不同距離所用武器亦隨之調整，才能達到最佳效果。〔註98〕但袁黃卻查得許多器械製造、汰換過程中，物料冒濫的弊病，建議應於製成之器械刻上製發日期與製作者姓名，以防私自更換；凡是毀損淘汰之器械應即銷毀變賣，避免以舊充新的問題；無論是製造、更換、發給等，皆明定期限，以解決零星雜亂的情形，以上均需列冊以報，逐年驗閱；凡有不勘使用者即刻銷毀變賣，再由督撫衙門委任嚴明的科甲官負責器械的督造、補與，完全不經軍中將領之手，可以避免器械領用濫冒的問題。〔註99〕

至於鍛練兵馬，袁黃提出內練、外練共十二項，內練六項爲練心、練氣、練手、練足、練目、練耳；外練六項爲練陣、練營、練藝、練地、練時、練勢。〔註100〕練心最爲重要，主將帶軍須帶心，以仁慈待之，使其心悅誠服不敢有負；〔註101〕軍中同時講求軍禮、軍法，必要使上下相敬，而軍令如山，

〔註94〕《寶坻政書》，卷十，〈邊防書・復撫按邊關十議〉，頁416上～417上。
〔註95〕《寶坻政書》，卷十，〈邊防書・復撫按邊關十議〉，頁418上～419上；〈邊防書・閱視八議〉，頁436。
〔註96〕《寶坻政書》，卷十，〈邊防書・閱視八議〉，頁422下～424上。
〔註97〕《寶坻政書》，卷十，〈邊防書・復撫按邊關十議〉，頁420上。
〔註98〕《寶坻政書》，卷十，〈邊防書・閱視八議〉，頁430下～431下。
〔註99〕《寶坻政書》，卷十，〈邊防書・復撫按邊關十議〉，頁420。
〔註100〕《寶坻政書》，卷十，〈邊防書・閱視八議〉，頁424上～430上。
〔註101〕《寶坻政書》，卷十，〈邊防書・閱視八議〉，頁424上。

凡申明之令，皆要公正嚴明的執行，「賞則雖仇不遺，罰則雖親不避」。〔註102〕
「練氣」指「鍛練氣勢」，氣勢雄壯乃是臨陣第一要義，袁黃引李靖之言，提
出「轉暮爲朝」之說；又引兵法「一鼓作氣、再而衰、三而竭」的說法，說
明「鼓不可太頻，頻則氣易衰；衰不可太遠，遠則力易竭」；應待敵軍距離六、
七十步時方鳴鼓令戰，「彼衰我盛，勝之必矣。」〔註103〕其他於練手、練足、
練目、練耳俱提出清楚具體之鍛練法，依此訓練，可使兵士達到孔武有力、
腳步輕盈、耳聰目明之境界。〔註104〕

　　在外練六法中，袁黃詳細說明岳飛「三法」與靖遠伯王驥的「五法」，又
舉戚繼光所設薊鎮陣法互相比較，指出現行鎮法存在未呈犄角狀、未設正副輪
替之制的缺失，應依一隊、一旗、一總……層層鍛練，「八陣六花」〔註105〕
依次演習，就能使陣式嚴明，臨敵不亂。〔註106〕在營法上，作戰時必先安營
而後進退有據，古之營法有九種：立槍營、攏槍營、柴營、城營、車營、木
柵、繩營、拒馬營等，〔註107〕皆須堅固如城郭，否則欲學王霸不戰而挫敵鋒
亦不可得。〔註108〕爲加強兵士武藝，袁黃又一一細數槍、刀、弓弩、棍、拳
等近百武術名家，可依各軍需求延師以教。〔註109〕另外，作戰情勢不定，要
能因時、因地制宜，不可只於固定場定操練，應變換訓練場所使軍隊熟習各
種地形、天侯。〔註110〕最後袁黃補充，宜因勢取勝，除上述之「氣勢」外，

〔註102〕《寶坻政書》，卷十，〈邊防書・閱視八議〉，頁424下。
〔註103〕以上事見於《寶坻政書》，卷十，〈邊防書・閱視八議〉，頁425下～426上。
〔註104〕《寶坻政書》，卷十，〈邊防書・閱視八議〉，頁426。
〔註105〕八陣六花都是陣法的名稱，蕭統《文選》引《雜兵書》說八陣爲「方陣、圓
　　　　陣、牝陣、牡陣、衝陣、輪陣、浮沮陣、鴈行陣」八種陣法；也有指爲唐朝
　　　　李靖由其舅父所傳的「九軍八陣法」。六花指六花陣，由「九軍八陣法」改變
　　　　而來。
〔註106〕《寶坻政書》，卷十，〈邊防書・閱視八議〉，頁426下～428上。
〔註107〕袁黃雖云舊營法有九，但於《寶坻政書》所見僅八種，劉基《兵法心要・諸
　　　　家軍營九說》亦有類似記載，其云「舊法有九種，大約軍不久駐，則爲立槍
　　　　營、攏槍、車營、拒馬之類。若兵久駐，則用柴營、掘壕城營、木柵之類。」
　　　　與袁黃所記少了「繩營」，多出「壕營」，則《寶坻政書》所少之營或爲「壕
　　　　營」。
〔註108〕後漢王霸與周建、蘇茂營戰罷歸營，與軍士營中飲酒，蘇茂以客兵利於速戰，
　　　　乃於營外放箭挑釁，王霸以築營堅固不懼，乃靜留營中拒不應戰，蘇茂只好
　　　　返回，王霸坐收不戰屈人之利。「練營」內容見於《寶坻政書》，卷十，〈邊防
　　　　書・閱視八議〉，頁428上。
〔註109〕《寶坻政書》，卷十，〈邊防書・閱視八議〉，頁428上～429上。
〔註110〕《寶坻政書》，卷十，〈邊防書・閱視八議〉，頁429。

還有「地勢」與「因勢」：凡「關山狹路、大阜深澗、龍蛇盤磴、羊腸狗門」等皆為「地勢」；而利用敵軍不利情勢如「怠惰、疲勞、飢渴，前營未會、後營未涉」等，趁勢攻打，則為「因勢」。〔註111〕

至於練馬與練兵不同，要分別依馬匹特質而用之，「善走駐坡驀澗者」用以「衝突敵陣」；「精神惺惺又善馳驟者」使「充奇（騎）兵隊」以供急用；若有「馬動而不嘶鳴馴良者」，可用以「偷營截寨」；至於「壯健而生性遲鈍不能快走」之馬，則以之「作駐隊，遮掩步兵」；其他不在此列等各色馬匹則備臨時聽用，練習時必使馬匹熟識鼓聲旗令，以不誤戰。〔註112〕

其他如招降，袁黃以為應遵循往例，設置受降司，積極招降，不可因懼事煩而徒失受降良機。〔註113〕在用間上，薊門用以探測敵情的措施有明、暗二哨〔註114〕，「明哨」以其易被破解，反被敵用，宜速革去；而為使暗哨無後顧之憂為朝廷賣命，袁黃也建議凡暗哨被擒皆不坐罪，並優恤其家；又各地哨探皆有所屬，遠地哨探難以及時遞報軍情，而失時機，因此薊鎮十二路應相為協助，以最快時間將所得情報呈報有關路道。〔註115〕

二、〈邊防書〉與陰騭思想的衝突

在繁浩廣博的〈邊防書〉中，除消極的防衛邊疆，阻止敵人入侵外，也有不少積極進攻的方法，在這些積極進攻的方法中，不乏有致敵人於死地的各種內容，因而出現了不少明顯與袁黃的陰騭思想（尤其是不許殺生一條）相衝突的部分，筆者特別將其逐一檢出，並依其內容試圖提出可能的解釋。

（一）衝突部分

1. 沈敵船〔註116〕

袁黃論與倭人海戰，「吾舟大而賊舟小，則以吾大舟犁而沈之；吾舟小而賊舟大，則使調艙奪上風，用火器以攻之。」雖然是論述對戰之法，但以「大舟犁而沈之」則敵方落海必然死傷無數，有害生靈。

〔註111〕《寶坻政書》，卷十，〈邊防書‧閱視八議〉，頁 429 下～430 上。
〔註112〕《寶坻政書》，卷十，〈邊防書‧閱視八議〉，頁 430 上。
〔註113〕《寶坻政書》，卷十，〈邊防書‧閱視八議〉，頁 434 下～435 下。
〔註114〕久住虜營熟知虜情者為明哨；埋伏偏僻小徑以探敵情為暗哨。
〔註115〕《寶坻政書》，卷十，〈邊防書‧閱視八議〉，頁 438 下～440 上。
〔註116〕《寶坻政書‧防倭二議》，頁 402。

2. 以兵器殺敵〔註117〕

袁黃談論海上兵器之用，認為以鏢鎗、鈎鎗、鐃鈎最為實用，並仔細提出三種兵器的使用時機與方法：當舟處上風之處，則「以鐃鈎鈎住下風之舟」攻擊之；若舟處下風，則以鈎鎗「鈎人之足」，鏢鎗「鏢人之身」，直攻敵人，皆以攻擊敵身為主，尤以最後一項鏢鎗「鏢人之身」最為兇狠，乃致命的殺手。

3. 對「以敵首論功」的態度〔註118〕

袁黃在論海戰與陸戰之不同時，認為海戰之難於陸戰，在於水戰受浪、潮、風勢影響甚大，而這些因素都是瞬息萬變，無法長久，因此常被將士拿來做為怯戰的藉口，卻苦無明證；此外，袁黃又認為水戰即使打勝仗，也可能因為受制於敵我浪頭高低不同，無法登船取敵首級做為獲勝明證，使賞罰難明。

在這裡，袁黃不但批評水戰軍士不肯積極進攻，連戰勝後無法割取敵首也成為水戰的問題之一，雖然袁黃並未直接談論對「首功制」的態度，但從他認為無法得到敵人首級會造成「賞罰難明」，甚至將之當作一個問題來看，袁黃似乎對這種取敵人首級以論功的制度有所支持，或至少並不反對。

4. 攻韃虜婦女以散其軍心〔註119〕

袁黃在談論倭人與韃虜之不同時，提到韃虜多懼內，因此每次來犯，若婦女欲來，多半順其意帶之同行，而其同行婦女「多為男裝，以厚騎護之」，因此「識虜情者，專以大砲攻其厚隊，則彼無心戀戰矣。」這是以重砲攻擊對方婦女的手法，令人有勝之不武，而手段殘忍之感。

5. 下毒〔註120〕

袁黃在〈邊防書〉中不只一次提到用毒之法，例如他在〈防倭二議〉討論倭、夷不同時提到韃虜掠得之酒肉有共同分食的習慣，無分男女老幼俱食之，因此可以在酒肉中下毒，則食之者皆死，但如此一來，即使是老、幼亦無法倖免；又如〈閱視八議・修險隘〉一項，袁黃主張「今誠於境外擇其要路，潛置毒藥，人飲水即死，馬食草即斃。」

〔註117〕《寶坻政書・防倭二議》，頁405。

〔註118〕《寶坻政書・防倭二議》，頁406。

〔註119〕《寶坻政書・防倭二議》，頁407。

〔註120〕此二用毒事例分別見於《寶坻政書・防倭二議》，頁407；《寶坻政書・閱視八議》，423。

（二）分析

上述幾點袁黃〈邊防書〉中的內容，具有明顯積極作戰的思想，提示如何使用兵器殺害敵人的方法，甚至出現刻意以大砲攻擊夷人婦女，或是不分男女老幼的全體毒殺這種殘忍的手段。

在《寶坻政書・自治書》中出現的〈當官功過格〉由於是針對當官者的勸誡，因此對於「殺生」並沒有太多的著墨；但若與《功過格分類彙編》中出現以袁黃為作者的功過格（見第四章第二節）相較，則有大量的衝突，試看其中的一些條例：「以功折過，亦有不可折者，如致一人死，豈作萬錢功德便可贖乎？當以理衡之」；〔註121〕「致人一死、致人絕嗣，俱無量過」；〔註122〕此外在此功過格中的「利物格」中則有「戒殺」的規範，〔註123〕雖然這裡的「戒殺」多半是為勸人勿以飽足口腹之欲而殺生，而應多行放生等善舉，但其中所含的「護生」概念，則顯然與袁黃在〈邊防書〉中提到的多項殺敵之法牴觸；不僅與其陰騭思想違背，同時也違反了他自己在《寶坻政書・自治書》所提「佛教五戒」中的「不殺生」。

實際上在袁黃的〈邊防書〉中，雖然出現許多積極殺敵的內容，但以篇幅比例而言，防衛的內容仍是多於進攻；在〈邊防書〉的五個篇章、總計三十二項內容中，提到進攻殺敵內容者僅五項，即〈防倭二議・議舟師〉、〈防倭二議・置器械〉、〈防倭二議・論水戰與陸戰不同〉、〈防倭二議・論倭術與韃術不同〉以及〈閱視八議・修險隘〉，其中四項集中在〈防倭二議〉。

由分析看來，〈邊防書〉的內容實際上分為二大部分，一是防範倭夷、一是整治軍隊，而防範倭夷的內容主要集中在〈防倭初議〉與〈防倭二議〉，也有部分間雜在其他各篇；至於其餘三個篇章則多半談論軍隊制度，如屯田、市馬、鹽法、募兵與軍中弊病的革除等。更明白的說，袁黃〈邊防書〉中所有與「戒殺」、「護生」概念相衝突的內容，幾乎都集中在以「防範倭夷」為主軸的〈防倭二議〉中。

根據上述的內容與分析，筆者有如下推論：

1. 袁黃的華夷思想

首先，袁黃對於陰騭思想中的護生觀念，並非是對所有民族一體適用，

〔註121〕《功過格分類彙編・功過格例》，收入《叢書集成續編》，頁241。（以下同一版本）
〔註122〕《功過格分類彙編・救濟格》，頁251。
〔註123〕《功過格分類彙編・救濟格》，頁252。

對於倭、夷等民族存在著「非我族類」的「華夷思想」。而當這些非漢族人可能危害漢族時，即可以違反「護生」的觀念殺害之；或說袁黃的「護生」觀念具有等差的意義，亦即「護生」的第一順位是漢族，為了保護漢族則殺害次等順位的「非我族類」是可以的。由於「華夷思想」向來是儒家的重要概念，這樣的思想對於具有儒學背景的袁黃來說，是相當有可能的。

2. 愛有等差

另外，筆者提出的另一個討論點，即孟子主張「愛有等差」的概念，以此觀點對照袁黃〈邊防書〉的內容，也是說得通的，亦即愛有親疏遠近的區別，在儒家的思想中具有更重要的地位，直指名份禮教的核心；若以此解釋袁黃的〈邊防思想〉，那麼顯然漢族最為親近，如果為了保護最親近的漢族人，殺害關係較為疏遠的「異族」似乎也就可以被允許了。

例如在講述「用毒」一節，袁黃便提出毒有輕重程度之分，有「經七日流三四百里而解者」，有「經半月流千里而解者」，也有「經月餘流數千里而解者」，由於許多河流均由塞外流入中國境內，因此究竟使用何種毒藥，要依下毒之河水流程與流向而定，計算精確，使流入中國境內時毒性消解，切不可誤毒中國百姓，很明顯將漢族生命看得較外族更為珍貴。〔註124〕

事實上這種維護名教的思想，〈邊防書〉並非是《寶坻政書》中唯一的例子，在其《寶坻政書‧刑書》中也透露出「以維護禮教為用刑原則」的觀念（見本章第四節）。

3. 由功過格本身進行調和

要化解袁黃的〈邊防書〉與「護生」觀念的衝突，或許也可以由其功過格的內容本身進行調和。在《功過格分類彙編》所收以袁黃為作者的「功過格」中，在「致人一死、致人絕嗣，俱無量過」這條規範之後，又說「造一事利及無窮，千功；反此者，千過」，〔註125〕這種籠統的規定，恰好給功過格使用者一個自行解釋的彈性空間。只是如果要用這點來解釋袁黃在〈邊防書〉中所記的種種殺敵內容，仍無法脫離「華夷之辨」與「親疏遠近」的名教思想，也就是說，這個「利及無窮」的對象仍是以「漢族」為立場，若以倭、夷的角度來看，則不但不是「利及無窮」，反而是「禍害無窮」了；不但不能得到「千功」，反而是「千過」了。

〔註124〕〈邊防書‧閱視八議〉，頁423。
〔註125〕《功過格分類彙編‧救濟格》，頁251。

綜上所述，可以發覺在袁黃的陰騭思想中實際上存在著一個問題，亦即所謂的「利」與「害」是以誰的立場為立場，以誰的角度為角度？筆者或許無法逐一檢視整部《寶坻政書》的所有細節加以分析，但僅就〈邊防書〉中出現的衝突而言，至少可做出一個可信同可能的推論：即袁黃的陰騭思想所要保護、照顧的對象，是以漢族人為主體、為優先，而在關係上則含有親疏遠近與華夷的區別。

第三節　袁黃的祥刑與法律思想

「祥刑」語出《尚書・呂刑》：「有邦有土，告爾祥刑」、「受王嘉師，監于茲祥刑。」〔註126〕前句可解釋為「（有邦）諸侯、（有土）大臣勸告王善用刑的道理」；後句則是「諸侯大臣受理統治王下百姓，要明察善用刑之意。」可見原文的「祥刑」意為「善用刑」。明代丘濬進一步分疏「祥刑」的三層含意，即「詳細審訊」、「慈祥用刑」與「以中道除不祥」〔註127〕，由於含有「詳細」審訊之意，因此祥刑也常被寫作「詳刑」，而無論是其中的任何一種意義，皆為「善用刑」的具體指示。

在晚明功過格盛行的影響之下，陰騭一方面成為執法者在堅守祥刑原則的背後動機，另一方面執法者因為祥刑而獲得好報則被視為陰騭機制運作的證據，這種現象在袁黃《寶坻政書・刑書》中有清楚的呈現。上一節中，我們根據《寶坻政書》的內容，對袁黃擔任寶坻縣令期間的種種作為與抱負有較多的了解；本節特別將《寶坻政書・刑書》獨立一節，以探討袁黃的法律思想受陰騭觀念影響的情形，並將之與呂坤〈刑戒〉、王肯堂〈慎刑說〉與佘治強〈詳刑要覽〉做一比較。

一、《寶坻政書・刑書》

〈刑書〉卷前有序，序云：

> 先生慎用刑，常終日不笞一人，經月不擬一罪，縣中刑具皆依律改正，民有犯罪者，必反覆曉諭，令其悔悟，暇則親至獄中，告諸囚以為善得福，為惡得禍之理，時有聞而涕泣者，故十七年秋，大雨，**墻圮**，而重囚相戒守法，無一人敢逸，斯亦奇矣。輯刑書。〔註128〕

〔註126〕《尚書正義・呂刑》，卷十九，頁652。
〔註127〕（明）丘濬，《大學衍義補》，收入《文淵閣四庫全書》，713冊，頁179～181。
〔註128〕《寶坻政書》，卷六，〈刑書序〉，頁361上。

序文所說袁黃於刑名工作的內容主要的有幾件事：慎刑、改正刑具與教化囚犯，使知悔過向善。在〈刑書〉各篇文章有具體的行為記錄。卷下分為〈諭寮屬用刑文〉、〈示諭提牢監倉吏卒〉、〈送孫按院審錄冊稿〉、〈肉刑辨附錄〉四篇，依次敘之。

（一）〈諭寮屬用刑文〉：慎刑思想的展現

本篇為袁黃告諭僚屬慎用刑罰的文章，他闡述必須慎刑之理由，在於「他事錯誤，皆可改正；而刑加于民，雖悔無益」；〔註129〕又舉諺語「一代官，七代貧」，說明居官倚法作威之惡報，因此刑罰切不可不慎。

接著條列關於用刑規範原則八條，處處可見袁黃慎刑思想的展現，依其內容分類述說如下：

1. 改定刑具

「國家刑具，各有定制」，袁黃審查寶坻刑具，發現枷的重量皆不合規定，「枷以乾木為之，許重三十斤」，而寶坻縣的枷有「重七、八十斤者」。這些過重之枷「皆棄去不用」，並「依律造二十斤之枷」，下令各衙改正。〔註130〕

2. 刑為德鞭

袁黃首先說明刑罰的立意，他說：「民吾同胞，豈忍加刑？所以忍心而責之者，蓋小懲而大戒。吾今日用刑，使知警惕；他日反可省刑耳……刑一人而使千萬人懼，殺一人而痛寧謐，吾如何不殺？如此用刑，則刑即是德鞭，朴即是教化，所謂刑罰之精華也……。」〔註131〕由此可知，國家設立刑罰，是為了處罰已犯者而使未犯者懼，進而產生預犯防罪的效果；因此每遇用刑，袁黃必當度思此刑是否有助於嚇阻或教化，「此刑有益于人方可用之，不然寧失不經耳。」〔註132〕

袁黃從刑罰立意的角度，總括說明刑罰的使用時機與目的，為官者當以此為規準，避免濫刑；為了減少濫刑的情形，袁黃又提示關於用刑與聽訟的幾項方法原則如下。

〔註129〕《寶坻政書》，卷六，〈刑書·諭寮屬用刑文〉，頁361上。
〔註130〕以上改定刑具內容見《寶坻政書》，卷六，〈刑書·諭寮屬用刑文〉，頁361下。
〔註131〕《寶坻政書》，卷六，〈刑書·諭寮屬用刑文〉，頁361下。
〔註132〕《寶坻政書》，卷六，〈刑書·諭寮屬用刑文〉，頁361下。

3. 用刑

袁黃先舉「夾棍係訊刑，非強盜不可妄用」〔註133〕的例子，說明用刑當視情節輕重，不可濫用。接著又教人以用刑的方法：由於家族數代以醫為業，袁黃承襲家學，亦頗精於人體脈理，知道「一人之十二經脉，皆在手足指上，夾足者猶在踝，而桚手則全在指，痛聯五臟，最為難忍」，〔註134〕以其仁慈不忍人之心勸誡同僚「不可輕用」。

袁黃也注意到，用刑的順序關係囚犯死生極大，刑訊致死的情形時有所聞，他因此教導同僚：「人之上下一體，受刑先後，稍殊生死立判。如先桚而後打，則氣血奔注于下，易愈（癒）；先打而後桚，則氣血逆衝于上，往往致死，切宜慎之。」〔註135〕

此外，用刑要知變通，不可以一待之。所謂「用刑如用《易》，隨時變易，難為典要」，必須隨著所刑對象、犯情或時序有所不同。例如「有同犯一事而其情不同者，則當原情以斷，不可一例刑之也」；即使犯案情由相同，還須斟酌人犯身體的強、弱、壯、瘠，以及是否曾經受刑，「皆當因其人而輕重」；另外，寒暑早晚皆是用刑依據，「大寒大暑之時與溫和之時」用刑不同，早晚人的身體狀況也有差異，「清晨虛腹」而「晚間百脉俱定」，「行刑者皆當有辨。」〔註136〕

但是儘管縣令知道用刑的原則，但實際執刑者卻是下面的皂隸，以致用刑時有「受賄則輕、情熟則輕、畏其人則輕，故在官奸頑之徒受刑常輕，而疏遠愚民受杖常重」等不公平的情形，對於執刑的皂隸袁黃也有一套辦法：「凡欲行杖，皆不欲定數目，但視其輕重以為多寡，使奸狡計無所施，而輕重之權，皆自我出。」〔註137〕審案者若見皂隸下手故輕則行杖數目便多，反之則少，使皂隸無從上下其手，權貴賄賂不行。又規定「隸役用刑雖多，不許換人」，原來「用刑五板一換人，此是近時通弊」，但杖刑五板，受刑者往往已禁受不住，萬曆年間來華的傳教士利瑪竇於其《中國札記》中記述：

〔註133〕《寶坻政書》，卷六，〈刑書・諭寮屬用刑文〉，頁361下。
〔註134〕《寶坻政書》，卷六，〈刑書・諭寮屬用刑文〉，頁361下。
〔註135〕以上關於用刑先後的內容見《寶坻政書》，卷六，〈刑書・諭寮屬用刑文〉，頁361上。
〔註136〕以上關於變通用刑的內容見《寶坻政書》，卷六，〈刑書・諭寮屬用刑文〉，頁362下。
〔註137〕《寶坻政書》，卷六，〈刑書・諭寮屬用刑文〉，頁362下。

受刑的人臉朝下趴在地上，用一根大約厚一英寸、寬四英寸、長一碼，中間劈開來的堅韌竹板打裸著的大腿和屁股……一般第一板下去就皮開肉綻，再打下去血肉飛，結果是常常把犯人打死。〔註138〕用刑五板而換人，則新執板皂隸力足下手重，對受刑人來說無疑是更痛苦的折磨。因此袁黃規定「隸役用刑雖多，不許換人」，深具憫人之意；並且「大抵責人，正欲恥之，非欲戕之，宜少不宜多」，所以袁黃問案「堂上刑不常用，即用三板五板，足以示懲矣。」〔註139〕

4. 聽訟

袁黃勸誡同僚聽訟時，切不可為洩一時之憤而用刑，因為現世離春秋聖王之教已遠，百姓不知何為禮樂仁義；所以雖然「百姓所犯之罪，有甚不仁而可惡者」，但卻是時局敗壞的結果，「皆末世所宜有」，不可完全怪罪百姓，更不可帶著怒氣訊問案情，一旦「怒則失其平矣」，「我輩聽訟，凡覺有一毫怒意，切不可用刑；即稍停半日，待心和氣平，從頭再問」。否則「因怒其人遂嚴刑以求，洩己之忿；嗟嗟傷彼父母之遺體而洩吾一時之忿恨，欲子孫之昌盛得乎？」袁黃以不慎刑將受「子孫不昌盛」之惡報，告誡為官者當謹慎用刑，不可以刑罰的權柄做為洩恨工具。〔註140〕

聽訟的目的在於「扶持教化」，因此雖確有犯事，但亦要依原告、被告之間的關係，做出合乎五倫的倫理規範的判斷，例如：「主僕相訟，便有君臣之義。僕雖理直，猶必論以主之不可犯，而稍懲戒之；兄弟相訟，弟雖理直，猶必論以兄之不可犯……既重治其卑者，又須輕責其尊者，使分義明而兩仇易解」。在刑加於民之前，必先「論之以理，責之以義，後從而刑之」，才能使人民知錯能改；否則「民情未達而官法已加」，將造成「受責已畢，而不知其罪者」的後果，無法實現以刑罰教化百姓的目的。〔註141〕

由上可見，袁黃十分謹慎於用刑，無論在刑具造式、用刑方法、聽訟時用刑時機等皆有仔細的分辨，正是「祥（詳）刑」概念中「詳細審訊」與「慈

〔註138〕利瑪竇（Ricci Matteo）著，何高濟等譯，《利瑪竇中國札記》。（北京：中華書局，1983）

〔註139〕以上「用刑五板一換人」事見《寶坻政書》，卷六，〈刑書・諭察屬用刑文〉，頁362下。

〔註140〕以上「平心聽訟事」見《寶坻政書》，卷六，〈刑書・諭察屬用刑用〉，頁362上。

〔註141〕以上「聽訟須扶持教化為主」事見於《寶坻政書》，卷六，〈刑書・諭察屬用刑文〉，頁362上～362下。

祥用刑」這二層意義的體現；而袁黃極注重用刑的教化功能，以刑爲德鞭，用刑務要能「有益于人」，這又是「以刑去除不祥」之意。不管是祥（詳）刑的哪一種意義，袁黃均確實的在他的司法事務中身體力行，可謂是「善用刑」的典範。

（二）示諭提牢監倉吏卒：袁黃的獄政思想

本篇是袁黃對看守監獄的吏卒所發布的告示，其序雖說是因「即今瘟疫時行」而爲此告示，要求吏卒等注意維持獄中清潔，但實際上此篇告示計開八條，均爲袁黃獄政管理的重要內容，主要包含獄囚的教化與生活照顧二大項。

1. 教化

袁黃認爲「朝廷設獄繫頑民，豈徒困苦之哉？蓋有聚教之意焉」，而「凡人困苦則善心生」，身陷囹圄正是教化這些「頑民」的最佳機會。因此每當「知縣（袁黃）有暇，不拘早暮，親至獄中，爲陳說處困履艱之理」，盼望能以因果之說勸其改過。又命獄吏獄卒確實視察，凡「有回心改過，實意向善者，指名舉報知縣」，均「厚給口粮」做爲鼓勵。〔註142〕

凡獄囚袁黃均施以職事，使其有業可修，袁黃認爲「凡人有業可修，則心收而德進」，只要能夠「專心于藝業」，就能使人「閑其邪」。至於諸囚所習之業爲何呢？大多依各人舊有技藝，「如織網編蒲之類」，任諸囚「隨意爲之，以資衣食」；即使是原來一無習之惰民，袁黃「亦令習學一藝，勿虛光陰，勿長惰慢」，由獄吏在監薄上將眾人所習之業加以登記，並加以考核。〔註143〕

可見在袁黃的觀念中，繫囚於獄中不只是爲了處罰，最重要的目的在於施以教化，卻其邪心。因此對於感化勸善之事，袁黃即使公務繁忙，仍堅持親力親爲，確實有心悔改者，更加給口糧，可見其對教化囚犯的用心。又令諸囚須於獄中習一藝業，不但能使其心有所專而無暇心生歹念，兼有不虛擲光陰之教；進一步來說，獄囚們在獄中以其手藝，貢獻己力換取衣食，不使養成不勞而獲的習慣，在出獄後，獄囚們便可利用此一技之長謀生，不致因生活困頓再起歹念。

袁黃在教化諸囚時，不只重視因果報應的道德勸說，也注意到獄囚出獄後的生活問題，在預防犯罪方面更爲周全。

〔註142〕《寶坻政書》，卷六，〈刑書・示諭提牢監倉吏卒〉，頁363上。
〔註143〕以上令諸囚習藝業事見《寶坻政書》，卷六，〈刑書・示諭提牢監倉吏卒〉，頁363。

2. 獄囚生活照顧

一般來說，犯人只要進了監牢，身家性命便不掌握在自己手裡，全由管事者作主，因此即使在獄期間枉送性命，多半不會引人注意，加上入獄者又被認爲作奸犯科之徒，毫不受尊重，更遑論飲食、清潔等生活起居事項，會受到縣令的關注了。但是袁黃以其慈愛之心，認爲即使身陷圄圉之人，也應受到合理的對待，不應視其命如草芥，而加意留心獄囚的日常生活，使獄囚即使在獄中，也能感受到關心與溫暖。

按舊例，因強盜入獄縣衙皆不給糧，由其家人供給。但這些連年犯盜者，四處逃竄，流離失所，「皆遠方無家之人」，無人供糧，因此往往「入監輒死」。袁黃因此申明上司，「重囚給全糧，強盜給半糧，每月初二關領」；又下令「獄卒不許尅落，查出定行重治」。自此凡查明確無家人可資之囚，便可由縣衙供其口糧，免其冤死獄中。〔註144〕

寶坻「城中之水，遠汲于外」，囚禁犯人的監倉得水更難。但袁黃不因汲水路遠縮減獄中用水，「今各置一缸，每日雇人挑水貯滿，月給銀二錢四分，甚勿廢之……」；不只是供應獄中用水使不缺乏，「冬月囚無衣者，量給」，使囚不致凍餒。〔註145〕

袁黃認爲「獄中瘟疫皆由穢氣」，因此特別注意獄中清潔，「募二十壯丁，夜則直更看守每日更輪二人。打掃須令潔淨，冬月五日一通糞道，夏月日日除之。其枷杻卧具，亦令時常拂飾」。〔註146〕不僅居住環境要求清潔，獄囚的刑具亦要保持潔淨，以防穢氣致病。至於已染病的囚犯，袁黃則令巡視的獄卒日日留心，一旦發現「罪囚有徵病」要立即稟官，「撥醫調治」；若是因循以前的惡習，「至病重方報」，以致延誤救治，「重責十板」。〔註147〕

此外，袁黃更將仁心推而廣之，及於犯人一家。其謂「一人在獄，舉家不寧，故犯人不可輕繫，即急爲問結。倘三日不問，許獄吏、倉老人稟官弔審，不稟者查出責五杖。」〔註148〕

〔註144〕以上強盜給糧事見《寶坻政書》，卷六，〈刑書・示諭提牢監倉吏卒〉，頁363下。

〔註145〕以上給水給衣事見《寶坻政書》，卷六，〈刑書・示諭提牢監倉吏卒〉，頁363下。

〔註146〕《寶坻政書》，卷六，〈刑書・示諭提牢監倉吏卒〉，頁363下。

〔註147〕以上罪囚有徵病事見《寶坻政書》，卷六，〈刑書・示諭提牢監倉吏卒〉，頁364上。

〔註148〕《寶坻政書》，卷六，〈刑書・示諭提牢監倉吏卒〉，頁364上。

　　由上述袁黃告誡獄卒的種種規定中，處處可見袁黃對待獄囚的仁慈，不但重視監獄的教化功能，親爲獄囚講課，使獄囚有改過遷善的機會；還加意留心獄囚在獄中的生活，即使是對犯下強盜重罪的囚犯亦處處爲其設想，憂心獄囚無食、無水、無衣，憂心監獄不潔使囚犯病；又要求迅速結案，不可將人犯羈押不審，使其家屬憂心受累。

　　在這些規定中我們也看到，若獄吏有所惰怠因循，致有害獄囚，或將受袁黃重責五板、十板。在前面袁黃對用刑的態度中，我們看到袁黃在審問人犯時，常不用刑，即使用刑，「三板五板，足以示懲矣」；〔註149〕然若僚屬於獄政有失，則可能受到「五板」甚至「十板」的處罰，其對獄政的重視由此可見。

　　袁黃如此慈善對待獄囚，獄囚則以「不相負」回報袁黃。一個有名的例子是「十七年秋大雨，**牆**坦俱圮，而囚無逸者」；〔註150〕究其原因，袁黃「聞爾囚常言，有官如此，斷不相負」。能使獄囚放棄逃跑的機會，以不害袁黃受責，則袁黃對獄囚們用心之深，獄囚們對袁黃的感恩之切，由此可見一般。

（三）〈送孫按院審錄冊稿〉

　　袁黃初到任時，察看寶坻縣審錄文冊，清理獄囚，逐一研問，發現情罪參差，深文捏轅，羅織盛行。獄中在囚共十四人，經袁黃反覆詰問、查證，發現其中可矜可議者即有十二起；是時正好有以皇上爲名所頒布的「十六條例」，要求官員申明律例、平反冤抑，袁黃由此「十六條例」中推廣出四條法律判決原則，加上可議案件十二起的審錄冊稿上呈孫按院，希望能爲不應受刑之囚犯平反。〔註151〕

1. 四條原則〔註152〕

（1）以求生爲主

　　袁黃引《尙書・康誥》：「要囚服念五六日至于旬時」，《蔡傳》解釋所謂「服念」：「爲囚求生道也」。意思是說，在判決前，要先思考五、六日至十日的時間，反覆思索任何能爲囚犯求生的機會。袁黃又指出「今人倚刑以作威，古人藉刑以種德」的情形，古人之所以能夠「藉刑以種德」，即是在於「爲囚

〔註149〕《寶坻政書》，卷六，〈刑書・論僚屬用刑文〉，頁362下。
〔註150〕《寶坻政書》，卷六，〈刑書・示諭提牢監倉吏卒〉，頁363上。
〔註151〕《寶坻政書》，卷六，〈刑書・送孫按院審錄冊稿〉，頁364。
〔註152〕以下四條內容出於《寶坻政書》，卷六，〈刑書・送孫按院審錄冊稿〉，頁364下～366上。

求生道也」，因爲「人在死地而吾求其生，所可種德者，莫大乎是」，萬一「求
其生而不得，則吾與死者皆無憾」；但更勉力種德的表現，則是「求其生而不
得，方戚然悲矣，安能無憾哉？」

袁黃以「各州縣所錄之囚，皆在十六條未頒之先」，希望能夠依循十六條
之令，對獄囚重加研審，也就是古人所謂「服念數日」之意，以使良法「美
意不虛」，而「民冤得雪」。

（2）以原情爲據

袁黃引述《爲政規模》云：「律設大法，禮順人情。是執法而議者，齊之
以刑也；原情而斷者，齊之以禮也。」說明法律之外，尚有人情，禮法並重，
方是治民之道。而「今讞獄者，不惟其情，惟其法」，不只「民受枉屈抑」，
也扭曲了法律設立的本意。

袁黃又引《唐律》釋文序云：「禮者，民之防；刑者，禮之表。二物相須，
如口與舌然。」〔註153〕表示法律之本質爲「禮」，預防百姓犯罪當用禮教，而
其重要尤過於事後的刑罰。

《太祖御製律序》亦云：「明禮以導民，定律以防奸」，其所表現的「禮
治」思想與《爲政規模》或《唐律》相似，也是袁黃法律思想的展現。

因此，袁黃主張聽訟論斷，不可只據法條，而要參酌人情禮俗的情況，
做出足以「順人情」、「扶禮俗」的判決，然後「可以正刑」。可見，對袁黃來
說，刑罰只有在以禮教化失敗後，不得已才使用的方法，且用刑的目的並不
是爲了處罰犯罪者，更重要是能要到教化或威嚇作用，使其他百姓能由此知
道「守禮」，若用刑不能達到教化的作用絕不輕易用刑，這點在前文〈諭寮屬
用刑文〉的內容中看得很清楚。總之，斷獄者務必要能以「原情爲據」，禮先
於刑，才能做出最符合法律本意的判斷，達到教化與預防犯罪的最重要目的。

（3）以名義爲教

袁黃認爲「天下之事，備于六曹。今以名例律冠于六曹之首」，這是因爲
「人生大倫，名義爲重；世道相維，名教爲先」的緣故，而這層道理，俗吏
往往不能知曉，所以前輩有「俗吏尚實，至人貴名」之言。

「至于刑之一節，則尤貴名，不貴實，故謂之刑名」，袁黃進一步發揮「以
原情爲據」的精神，認爲刑不能凌駕於禮教之上，刑當以禮爲本；而禮教又

〔註153〕（唐）長孫無忌等，《唐律疏議‧唐律釋文序》。（收入新編《叢書集成》，27
　　　　冊，臺北：新文豐 1985。）

以正名爲先，所爲「名」即「名份」，亦即儒家強調的「倫常」。總體而言，即是斷獄用刑當依據禮教倫理，不可以法背禮，捨本而逐末。

袁黃舉「名例律」中的「八議」爲例，「應議者有犯職官、犯老弱廢疾收贖親屬得相容隱、犯罪存留養親之類」，都是以名義倫理爲指導，以順應人情爲原則，所立下的規定；而《春秋》之所以可以使亂臣賊子懼，也只是因爲其以名爲例罷了，用刑者當明此意。所以袁黃提出「今後審錄，宜遵律，以名律爲主。如子爲父、弟爲兄而得罪者，稍宜矜恤，務使綱常與刑法並行，斯爲上策」。

從「以原情爲據」到「以名義爲教」，袁黃表現出重禮義倫常的儒家傾向，而反對以刑罰治民，刑罰只是一種手段，其最終目的在於使民知禮。此外，他所舉的八議「容隱」、「存留養親」等內容，是中國法律中一種順應人情倫常的特殊現像，例如父親犯罪，兒子不忍舉發，則其情可憫，不可與隱匿罪犯同一論罪。可以感受到袁黃的法律思想，正如其人，充滿了溫和的人道色彩。

（4）以案牘爲**迹**

案牘之中有關訊問的供詞記錄，袁黃認爲這是非常不可信的，常常無法反映真實的案情。他以北宋岳飛在獄中的招供之詞爲例，其詞「煅煉甚工，羅織備至」

「即以堯舜之明，讀之未有不憤然」，就連堯舜這樣賢明的聖人都會被虛假的供詞所矇騙，那麼其他平凡的人又如何呢？袁黃說自己將「本縣獄詞，反覆詳閱，自以爲極可據矣」，豈知「及拘集證見，虛心研問」，發現「前後參差，有如黑白之相反者」。可見若只據案牘爲斷案依據，極易造成冤獄，不可不慎。

爲了避免刻吏羅織罪名，構陷百姓，袁黃認爲在進行盤查時，要愼擇良吏，以免刻吏藉此勒索敲詐；而斷獄者「必不拘成案深文之迹」，而要蒐求證據，反覆研問確實，才不致被案牘文字所惑，做出錯誤的判決。

2. 可議案件十二起〔註154〕

在闡述了對於法律判決的觀點後，袁黃將案情有可議可矜者獄囚十二人

〔註154〕以下所錄十二起案件案情及袁黃提出的意見均見於《寶坻政書》，卷六，〈刑書‧送孫按院審錄冊稿〉，頁366上～371下。其中奉有決單八起，轉詳未示五起，但轉詳未示書中所見僅四起，不明其故。

一一羅列，除陳述案情外，袁黃也將個人的判決建議附在案情之後，呈送供主審者參考。下面分別節錄各案案情以及袁黃加註之判決意見，從中探析袁黃的若干法律見解。

（1）一起為打死人命事，斬罪犯人楊應奎（以下1～7案奉有決單）

・案情：前件審得楊拱臣毆死楊黑毛，（拱臣）與楊應奎有隙，應奎常陰持其罪而積釁日深。拱臣乘醉持刀至門，應奎見伊勢兇，將門頂閉，拱臣打門不開，毀窗跳入，應奎事急持鎗一戳，傷臂身死。

・加註意見：致死究根因，鬥毆當分首從。彼持刀而逞兇，此閉門而堅拒；彼破窗而先入，此持鎗而後應。彼先殺黑毛而兇性不悛，此持黑毛之隙而遂傷人命，其情罪輕重較然矣……凡鬥毆殺人者，不問手足他物金刃，亦絞法如是足矣，今乃進而擬斬，不亦過乎？夫應奎殺拱臣而即坐極刑，假令拱臣殺應奎又何以加之？此法之所以不得其平也。

（2）一起為因姦逼命事，斬罪犯人一名蕭大銀。

・案情：前件審得齊天福妻王氏，素與鄰人通姦。蕭大銀將錢三十文，央吳京兒轉送求姦，因姑在前不允，反罵；大銀不忿，亦罵其與人通姦。天福聞而逼責，王氏羞憤自縊，坐「因姦威逼致死律斬」。

・加註意見：……罪至于斬，已是極刑。雖姦盜之情可惡，亦須有逼迫之威，方坐此律；若和姦竊盜，本無威勢，原不逼迫，不可輕坐。今蕭大既非勢家，又無兇器，何自而擬其為威？既不近身，又不用手，何據而論其為逼？始而不允其姦，殆由京兒送錢之不密，既而自經于瀆，亦由本夫逼責之過嚴。況細審大銀，原係聊民，而招稱土番，蓋欲牽合威逼而文之也。

（3）一起為棍惡恃毆打傷事，絞罪犯人壹名張拱（？）星。

・註語：前件審得張拱（？）星原係惡人，坐絞不枉。伏侯審裁。

（4）一起為群兇毆死人命事，絞罪犯人壹名李銀。

・案情：前件審得韓仲銀與高氏通姦，情熟飲酒，因范西言語不遜，發忿先打高氏，因與高氏互相搻打，伊（高氏）母蔡氏亦幫助亂打。李銀偶與鄰住，從旁勸解不合，亦將銀（韓仲銀）搻打身故。

・加註意見：韓仲銀先與高氏互相搻打，伊母又繼而亂打，則負傷固有自矣。李銀從傍勸解，原無負命深仇，又不與高氏通姦，安得為姦婦報怨？況當時起禍，原由高氏，而高氏當解道之時，已經累死；蔡氏

亦受責身故，故其命已有所抵矣。今乃捨起釁之人，而移刑于幫助，則首從未分；以一人之命而累及于三人，則幽明有負。伏侯審奪。

（5）一起為打死人命事，絞罪犯人壹名趙廷之。

- 案情：前件審得任良輔與趙廷之、張好儒等賭博忿爭，廷之等將良輔採打剝去衣服，良輔即跟隨至門，索衣不得，招稱將鐵索鎖拴三義廟，半夜身死。廷之取原繫裹腳一條，將在張飛鞭上，裝作自縊，問成絞罪。

- 加註意見：良輔之死，始以群毆，終由自縊。牛陰陽初檢之詞，雖難憑信；馮知縣四檢之狀，則甚著明。何乃添入口詞，遂使初情盡失。夫初檢舌出三分，再檢舌出二分，則縊死有明徵矣。後招乃以舌出，歸之鎖勒；鐵鎖能折人之骨，豈能閉人之氣？又謂張飛鞭上，高不及肩，非縊死之地。及查萬曆六年，又曾于鞭上繫死一人，乃知刻吏舞文，全不足信。況使傷果碎骨，豈能徒步隨走，而負痛至門？如謂繫死非真，則何黃昏猶行，而半夜輒斃？罪由羅織，情可矜疑。伏候審奪。

（6）一起為撞死人命事，絞罪犯人壹名高友智。

- 案情：前件審得高友智借高永昌雨傘，失落未還，永昌逼討，出言毒罵。友智恃叔名分，將頭撞倒在地，負傷身死。

- 加註意見：高友智撞姪，原非手足金刃所傷；而一撞即斃，尤非耳目思所及，應坐過失殺人律止。因怒觸問官，遂擬大辟。夫獄重初情，而原告稱撞死人命，則謂其受人把持；毆憑眾證，而李臣閏朝寧稱頭撞身，死則謂其得財入已。是獄也，不憑原告，不憑眾證，而問官自入者也，虛心服念，良用憮然。伏候審奪。

（7）一起為人命事，絞罪犯人壹名連春。

- 案情：前件審得連春在孟仲斌家傭工，與同輩馬得馬朝等飲酒，醉後相毆，誤打韓住壹棍，傷額身死。

- 加註意見：律稱因鬥毆而誤殺個人者，以鬥殺。謂于人雖非故殺，而于我則有殺人心也。連春忿以罵生，怒由酒使，即對手相毆之馬得，原非有心讎殺，況從傍勸解之韓住，有何深怒，可移無殺人之心而坐殺人之罪，恐與律意未符，且後招增入粧鮓之言，與告妻之語，皆與原詞不合，似應以過失殺人，依律收贖為當。伏候審奪。

（8）一起為奸軍拒捕致命誣告懇乞霆究事，絞罪犯人壹名周大用。

- 案情：前件審得已死馮廷玉同男馮宗義拒捕打傷官軍，及復添差魯宗仕、周大用等四人，同地方羅保已執馮宗義，而廷玉率眾楊仲才等十餘人拒奪，因被叢毆身死。宗仕脫逃，大用到官，初坐同謀共毆律，不當；再坐已就拘執律。

- 加註意見：稱罪人持杖拒捕，其捕者格殺之勿論。廷玉先次拒捕，已為罪人；及後率眾毆奪捕者，殺之於律不應有罪。今自罪人而論，拘執者馮宗義，而毆死者馮廷玉；自捕人而論，為首者魯宗仕，而償命者周大用。撥之情法種種未安，且未毆之先，原不被執，方毆之際，又不為首，如何而坐絞耶？伏候審奪。

（9）一起為群兇打死人命事，絞罪犯人壹名吳仲錢。（以下 9～12 案轉詳未示）

- 案情；前件審得吳萬良與高成同院居住，高成販糶雜糧，萬良借口秫壹斗不允，酒醉爭嚷，萬良與子仲金執棍將高成亂打成傷。次子仲錢在密雲振武營當軍，給假回家，高成復將萬良提名辱罵，仲錢聽聞不忍，拾磚打高成一下，三日身死。

- 加註意見：禮經聽獄也，必原父子之親；而律法之折獄也，尤重根因之究。今原其父子，則憤生于罵父，非是逞兇；究其根因，則義激于愛親，豈遑遠慮？況仲錢打惟一下，而問官檢有多傷，則其致死之因，或不盡由于此；且其父吳萬良已經累死于獄，則質之條例，顯合免刑。伏候審奪。

（10）一起為路途打傷事，絞罪犯人壹名趙玠。

- 案情：前件審得趙玠被毆在四月二十三日，至五月初四患病請醫，李氏炙火，張氏打寒身死，坐絞。

- 加註意見：謀字之義，十六條論之詳矣。今忿偶激于見呈，情非出于夙構（？），安得謂之同謀乎？既云昏暈在地，又云騠驢到縣；假令昏暈是真，則垂死之人，豈能速起？設使騠驢是的，則負傷之重，又屬虛莊。且毆時不聞調治，十日始聞請醫，炙火打寒，豈無別症？明係病故，理合開豁。伏候審奪。

（11）一起為出巡事，絞罪犯人壹名楊海。

- 案情：前件審得劉倫魯與楊海相嚷，後因病死。死親高氏告官，斷給

葬埋矣。鄧維賣麻，與海相嚷，並不交手，其弟鄧雍，亦不告官，後因訪察坐罪。

· 加註意見：楊海之殺二命也，皆在革前；而縣官之檢二屍，皆由訪發。如執其革前之罪，以實其訪後之詞，則朝廷之恩詔爲虛，而洲縣之訪單爲實矣。況四季檢屍，各有日數，人則傷痕難辨。今乃起十餘年，久埋之骨，而劉倫（當爲劉魯倫）一屍，又起隣塚別人之屍，何其孟浪也？查得邵自西索楊海銀十兩不得，遂中以訪察；今自西既服窩訪之罪，則楊海不應受誣罔之刑，此事之彰明較也。伏侯審奪。

（12）一起爲拿獲歇案強賊事，斬罪賊犯一名魏朝。

· 案情：前件審得王連子招稱與脫逃王佐等刼豐臺不知名趙家，又刼武清蔡村不知姓名人家財物均分等情。

· 加註意見：凡讞盜獄，全憑贓。既稱失主不知姓名，是無證也；贓口無一物見存，是無贓也。今拿獲魏朝，謂歇案強賊，而原招並無魏朝之名；又稱朝同王連子曾刼大口屯劉仲舉、劉章二家財物，止起茶壺壹把，而劉仲舉失單所告，則酒壺非茶壺也。招稱改造，又非原賊，況大口屯通衢大集，不啻千家，而朝 等二人，焉能行刼？且改造錫物，大者可以改小，小者安可改大？今失主稱酒 壺重壹斤，而官獲茶壺重貳斤拾兩，豈有改小作大之理。況劉仲舉、劉章咸稱 被竊，而必欲入以強罪，恐非罪疑惟輕之旨。伏侯審奪。

3. 分析：從案例看袁黃的法律思想

（1）刑與名相符

從上面十二起案件中，袁黃加註的判決意見來看，袁黃對於法律內容相當熟稔，例如每遇判決必定要審慎思考，必得刑名相符，以求符合法律原則、發揚法律精神。例如（1）楊應奎案，袁黃所爭取者並非減免犯人死刑，而是反對以極刑斬首處之。這是因爲極刑若非重案不可輕用，袁黃認爲在本案中，死者楊拱臣事實上所犯之罪較楊應奎爲重，若楊應奎用極刑，那麼像楊拱臣一類的犯行又該用什麼樣的刑罰呢？這樣的判決顯然並不妥當，如此將使法律的判決失去準則，因此即使應奎當處死刑，以絞刑處之也就夠了，才不會使法律判決的輕重失去標準。

案例（2）蕭大銀案中，蕭某本坐「因姦威逼致死律斬」，然袁黃認爲大銀「既非勢家，又無兇器」，並且其對王氏「既不近身，又不用手」，根本談不上

「威逼」，但先前判決卻依「因姦威逼致死律」處斬，顯然刑與名並不相符。

　　案例（4）李銀案，韓仲銀與高氏通姦，二者飲酒致生齟齬，高氏與韓仲銀因而互相採打，高母蔡氏亦打仲銀。李銀偶然來到，從旁勸解，卻不慎將韓仲銀採打身故，因坐絞罪。袁黃認為韓仲銀在李銀之前已有高、蔡採打之傷，且李銀與高氏並無姦情，沒有理由為高氏故殺仲銀，以李銀抵命並不公平；此外，高氏與蔡氏皆在告官過程中相繼累死，此事乃起於高氏，蔡氏為助，皆已抵命，李銀既無犯意，亦非主犯，以李銀坐絞，則首從不分也，失法之公。況且再殺李銀，則三人之命皆賠，實有負上天好生之道，不應為也。

　　再看案例（7）連春案，因醉後飲酒誤打韓住壹棍身死，坐「鬥毆誤殺人」之罪。而根據法律的內容，「因鬥毆而誤殺個人者，以鬥殺論」，袁黃解釋本法條的成立條件「于人雖非故殺，于我則有殺人之心也」，而連春則由於酒醉誤打韓住，並無殺韓住之心，與律意不符，應改以「過失殺人」論處為妥。

　　又如案例（8）周大用案，魯宗仕率同周大用等四人搜捕逃犯馮廷玉、馮宗義父子，圍捕過程中眾人毆打馮廷玉致死，周大用到官坐「已就拘執律」。《大明律・罪人拒捕條》規定：「已就拘執及不拒捕而殺或折傷者各以鬥殺傷論」，〔註155〕因此要構成觸犯「已就拘執律」的前提是，犯人「已就拘執」或「不拒捕」；袁黃認為被拘執者為馮宗義，非被毆死之馮廷玉，並且廷玉曾「率楊仲才等十餘人拒奪」，顯有拒捕之事實，並不符合「已就拘執律」的條件；再者此次圍捕行動以魯宗仕為首，魯宗仕逃亡則以到官的周大用償命，這是首從不分了。況且「稱罪人持杖拒捕，其捕者格殺之勿論」，周大用等在圍捕過程中依律殺之，不應獲罪。

　　從以上幾個案例中，袁黃加註的意見來看，袁黃判決時十分注重犯罪者的行動過程，每一個細節都要與法律精神相契合，不可依裁判者任意解釋，如此法律才能成為一個放諸四海皆準、具有公信力的治理工具，百姓的行為才能有所依循。

　　（2）細心觀察，以防羅織誣告

　　袁黃同時展現了敏銳的觀察力及審慎斷案的態度，正如其四條原則之一「以案牘為迹」，斷案者不可只依據問案的文書記錄來做判決，雖然已有案情記錄，袁黃仍要一一細加訪察，以防書吏舞墨，羅織成罪，造成冤獄。

〔註155〕（明）應檟，《大明律釋義》，〈捕亡卷・罪人拒捕修〉，頁206上。收入《續修四庫全書・史部・政書類》，863。（上海：上海古籍出版社）

在案例（5）趙廷之案中，任良輔與廷之等因賭博有所爭執，廷之等將良輔毆打剝去衣服，良輔跟隨至門索衣，又被鐵索栓於三義廟，至半夜死亡。如根據這份口供，那麼良輔是被趙廷之等毆打致死，故趙廷之坐絞罪。但袁黃以牛陰陽初檢、馮知縣四檢之詞，皆說良輔舌出，分明為自縊而死；又發現供詞中破綻極多，據招稱以鎖勒為舌出之因，但鐵鎖並無法閉人之氣，更不會造成死者舌出的現象；又說良輔所繫之張飛鞭上，高不及肩，不能縊人，袁黃卻查出萬曆六年此處確實有人縊亡。可見本案疑點重重，多由刻吏羅織構罪，良輔極可能是自縊身亡，而非如供詞所稱，是被趙廷之等毆死。

案例（6）高友智案，高友智向姪高永昌借傘失落未還，遭永昌毒罵，友智於是以頭將姪子撞倒在地，傷重而死，友智因此坐絞罪。袁黃認為此案當以過失殺人論處，只是因為友智於問供時怒觸問官，問官因此以絞罪報復之，並非平心所為之判決，有失公允。雖原告自稱撞死人命，眾人亦證之，然問官為求洩一己之忿，乃不顧原告眾證，供詞但憑己意為之，其不公不平甚明。

案例（10）趙玠案，案情記錄不甚詳細，約可得其大意為趙玠與張氏於四月二十三日發生爭打，原因不詳。張氏於五月初四請醫炙火，卻打寒身死，而告官為趙玠毆死，趙玠乃坐絞罪。從袁黃加註的意見看來，原始供詞中可能還有趙玠與某人（李氏？）同謀以害張氏，以及張氏被毆重傷昏暈在地，後又騎乘驢馬到縣云云，但在案情陳述中則未見其文。總之，袁黃以為張氏被趙玠毆打後如果確實傷重昏暈在地，則如何能速起而乘騾驢到縣？若果乘騾驢到縣是真的，那麼重傷則是誇張虛構之詞了。並且初被毆時並未請醫，延至十日始請醫，於理不合。再究其死前症狀「炙火打寒」，袁黃以其醫學專業知識，判斷此為病故，並非趙玠毆死，顯為構陷成罪。

案例（11）楊海案，原審以楊海與劉倫魯、鄧維相嚷，二人皆死，而判楊海因殺二命坐絞。但經袁黃細心的探察，發現楊海與劉魯倫相嚷一事，死親高氏告官後，已斷給葬埋；而與鄧維相嚷，後鄧維身死，其弟並不告官，可能無法證明鄧維之死與楊海有關之故吧！但後來卻因邱自西訪察告發此二事，楊海因而獲罪。袁黃又進一步追查，邱自西曾向楊海索銀十兩不得，因此懷恨陷害之，並已服窩訪之罪，那麼楊海更無理由再坐此無中生有之罪，當予免罪。

在案例（12）魏朝案中，魏朝以強盜被判斬罪，袁黃再次發揮其推理能力，以贓物不符推翻原供。據供召魏朝與王連子等共劫大口屯劉仲舉、劉章

二家，但在先前王連子供詞中本無魏朝之名，今則以朝爲同犯，此疑點一也；而謂朝劫大口屯二劉家，大口屯爲「通衢大集」，人潮聚集，光憑王連子、魏朝二人之力如何能在此鬧區行搶？此疑點二也；最重要的是，劉仲舉、劉章二家失單所告被劫財物與魏朝之物並不相符，失單所錄爲酒壺，魏朝所持則爲茶壺，且茶壺重於酒壺，若說魏朝改造贓物，則以小改大並不合理，此疑點三也。袁黃據此三疑點，推斷魏朝乃被強入以強盜之罪，且「凡讞盜獄，全憑贓」，既查無贓物，當予開釋。

　　在這些案例中，袁黃不避麻煩，凡有可疑處皆一一訪察求證，不爲案牘所惑，不受刻吏文墨矇蔽，一心只求平反冤獄，爲獄囚求生，其對刑案判決的謹慎態度，由此可見一般。

　　（3）法律之外，尚有人情

　　這也是袁黃在卷前四條原則的重點之一，案例（9）吳仲錢案，吳萬良向高成借糧被拒，憤而偕子吳仲金執棍打傷高成，適萬良次子吳仲錢返家，聽見高成辱罵父親吳萬良，一時氣憤拾磚打高成一下，不料高成三日而亡，仲錢因坐絞罪。此案中若以法律觀點判斷，則吳萬良、吳仲金執棍，吳仲銀拾磚打高成，俱有罪行，仲銀打高成而後高成身死，以仲銀抵命似亦不違。但袁黃則以人情爲據，認爲仲銀之所以拾磚打高成，乃出於愛親心切，無法深思，並非逞兇，情有可原；並且其父吳萬良已累死獄中，依例應予免刑，以勵孝思，以扶世道。

　　關於袁黃重視法律教化的功能，我們還可以從案例（3）加以理解。由法律條文的角度來觀察這個案件，首先要了解《大明律·刑律·鬥毆》對於毆人成傷的規定：（夾注、小字未錄）

　　　凡鬥毆，毆以手足，毆人不成傷者，笞二十；成傷及以他物毆人不成傷者，笞三十；成傷者，笞四十；……拔髮方寸以上，苔五十；若血從耳目中出，及內損吐血者，杖八十，以穢物污人頭面者，罪亦如之：折人一齒及手足一指、眇人一目、抉毀人耳鼻若破人骨，及用湯火鐵銅汁傷人者，杖一百，以穢物灌入人口鼻內者，罪以如之；折二齒二指以上，及髡髮者，杖六十、徒一年；折人肋、眇人兩目、墮人胎及刃傷人者，杖八十、徒二年；折跌人肢體及瞎人一目者，杖一百、徒三年；瞎人兩目、折人二肢、損人二事以上，及因舊患令致篤疾，若斷人舌及毀敗人陰陽者，並杖一百、流三千

里……。〔註156〕

依據袁黃上呈的文字看來，案例（3） 犯罪人張拱星所犯情節是「爲棍惡恃毆打傷」。對照法律條文，應當適用「鬥毆律」中「他物毆人成傷，笞四十」的規定；即使被毆傷者傷勢嚴重，只要不是被毆死亡，最重也不過判處「杖一百、流三千里」。而袁黃在這起案件中所上呈的意見，卻是「坐絞不枉」，原因是張拱星「原係惡人」。

由以上（3）、（9）二個案例袁黃的判決意見中，可以看見袁黃雖然閑熟於法律條文，判決時也十分謹慎，務求於法有據；但他更重視法律的教化功能，也就是法律不應凌駕在人倫義理之上，若爲至親犯罪，情有可憫可恕者，當量減其刑，以合世情人道。

而袁黃也非一味的爲獄囚求生，情節可惡者，該罰則罰，不可輕縱。因此十二個案子中，袁黃雖然爲十一人平反，但仍有案例（3）張拱（?）星一人，以其可惡，袁黃說其坐絞不枉，請予決行。可知袁黃於判決時極重視犯人之「犯意」，上述袁黃爲之平反的案件中，有許多原是善良百姓，非奸惡成性，只是一性衝動而爲之，如吳仲錢、高友智即是；而張拱（?）星「原係惡人」，可見早有惡名，其惡行惡狀想必久聞於鄉里，所犯之過皆故意爲之，無可原諒，故袁黃請以決行。經過袁黃清理獄囚的一番努力之後，「應解者解、應釋者釋，在繫者獨此重囚耳，五年間開釋殆盡，囹圄爲空」。

（四）〈肉刑辨附錄〉〔註157〕

袁黃在這篇附錄中，表達了他反對肉刑的立場。袁黃首先引用漢文帝詔令說：「有虞氏之世，畫衣冠異章服以爲戮，而民不犯」；漢武帝詔云：「唐虞畫象而民不犯，象以典刑，此明訓也」。意思是說，犯了各種刑罰的人，聖人並不眞的刑其肉體，而是在其服飾上加以標記，使人見而知之，使犯人羞愧難當，以此爲戮。《白虎通》進一步闡明說：「犯墨者蒙巾，犯劓者赭其衣，犯髕者以畫其髕，犯宮者扉扉草履也，大辟者布衣無領……」。墨、劓、髕、宮、大辟爲秦以前中國傳統的五種肉刑，〔註158〕聖人以不同的服色象徵犯人

〔註156〕（明）應槚，《大明律釋義》，二十卷，〈鬥毆卷〉，頁155～156。

〔註157〕《寶坻政書》，卷六，〈刑書‧肉刑辨附錄〉，頁371。

〔註158〕原始五刑是五種肉刑，以殘害人體不同部位爲處罰，歷代內容不盡相同，秦以前爲墨、劓、刖、宮、大辟，其中刖刑也有說是荆刑或髕刑的，其受刑部位以四肢爲主。漢文帝時以笞刑、徒刑和死刑取代肉刑，經過歷朝的演變，在隋朝時確立笞、杖、徒、流、死的新五刑。

所服之刑，取代眞實的肉刑。

「舜之命陶曰五服三就」，袁黃認爲後世儒者曲解「五服三就」之意，將「服」認爲是「服其罪也」；袁黃重新解釋說：「五刑之服，對五流之宅；宅爲民之舍，則服爲民之衣無疑矣」。在這裡袁黃將「服」解釋爲「衣服」，亦即對照五刑加在犯人身上的五種服色，正是所謂「畫衣冠異章服以爲戮」之意。

透過對聖人經典的重新詮釋，袁黃說明其對刑罰的看法：

> 大抵治民之道，賞罰其身者淺；而賞罰其心者深。堯舜彰德以服，懲惡以服，所謂賞罰其心者也；後之治民者，類以身而不以心，刑愈繁，亂愈滋矣。今固不行刑也，然聖人賞罰其心之道，不明于天下，則肉刑之言誤之也，予固不可不辨。〔註159〕

姑不論袁黃對於經典的解釋是否正確，但最後一段話則清楚看見袁黃對刑治的想法：最重要的問題不在於是否實施肉刑，而是今人對於刑罰的眞意並不了解。古之聖人所賞所罰者，其心耳；但今人刑罰的規定繁雜多端，卻圍繞著對犯人身家財產的處罰，而不重視犯人誠心誠意的悔悟。因此不管是舊的五種肉刑或是現行的笞、杖、徒、流、死，皆未能眞正掌握聖人立刑的精神。也許受到這種想法的指導，袁黃在不與國法衝突的範圍下，一方面實施國家規定的各種法律刑罰，一方面又格外重視犯人在獄中的教化，「爲陳說處困履艱之理」，〔註160〕以化其心。在他的努力之下，當離任之日，竟能達到「獄無現囚，庭無強訟，庶幾刑措之風矣」〔註161〕的地步，實令人感佩。

第四節　晚明士大夫的治縣思想

《寶坻政書》的內容顯示，袁黃在治縣上受到陰騭思想很大的影響，包含其關於祥刑的概念也受到陰騭的啓發，但這在晚明是一種普遍現象嗎？或是有其他治縣的思考呢？本節擬透過晚明其他士大夫關於治縣的著作，考察其中展現的治縣思想。以下筆者利用呂坤《實政錄》、佘自強《治譜》與《寶坻政書》進行比較，〔註162〕觀察在與袁黃相近的晚明時期，如《寶坻政書》

〔註159〕《寶坻政書》，卷六，〈刑書・肉刑辨附錄〉，頁371。
〔註160〕《寶坻政書》，卷六，〈刑書・諭寮屬用刑文〉，頁363上。
〔註161〕《寶坻政書》，卷十二，〈感應篇〉，頁455下。
〔註162〕呂坤《實政錄》、佘自強《治譜》均收入《續修四庫全書・史部・職官類》，753（上海：上海古籍，1995）

一樣將陰騭觀念融入治縣思想的例子，是否普遍存在其他治縣著作當中。

一、呂坤《實政錄》

呂坤（1536～1618），《明史》傳其「萬曆二年進士，為襄垣知縣，有異政，調大同。」其與袁黃的生存年代大半重疊，不過任知縣的時間較袁黃早了十幾年。〔註163〕《實政錄》中記錄了許多縣政的相關工作，〔註164〕在書前有趙文炳作於明萬曆二十六年（萬曆戊戌）的序，其內容除「縣政」外，亦有按察、督撫等職司，均為呂坤曾歷任之職務，因此本書可以說是呂坤從政經驗的總結，唯書中許多內容仍與「縣政」相關，於本文頗有參考價值。

《實政錄》共分九卷，其門生趙文炳作序說呂坤的《實政錄》乃基於「以天下為己任，一念民胞物與」的理念，完全是儒家情懷，幾乎不見陰騭思想的痕跡。再視《實政錄》內容，卷一〈明職〉，依次說明公署人員職掌，由官至吏皆有所敘；以層級言則府、州、縣之官職皆在說明之列，甚至包含按察、布政、武職、督撫等，並非專言縣政。〔註165〕

卷二～四為〈民務卷〉，分論養民（積穀、賑濟、養恤等），教民（鄉甲、興復社學、學政、風俗等）、治民（編審田土均徭、稅糧邊餉、查歸流民、修理橋道、解送軍囚、禁諭樂戶等）。〔註166〕

卷五〈鄉甲約〉，論鄉甲與鄉約，其中並有一類似功過格的格圖，名為「聖諭格葉」，其條目以朝廷所頒天子聖諭為準，供百姓自記言行之用，定期送縣官查覈，依記錄批以「大善」、「大惡」等，在本卷末則有「善簿」、「惡簿」之說，分別記錄治下百姓善行與惡行，並將姓名、事蹟公告於申明亭上，含有獎懲之意，不過這裡的善、惡簿是否與聖諭格葉同一系統不是很明確。〔註167〕

卷六《風憲約》原是呂坤在提刑按察使任內所作，重刻收入《實政錄》。收有提刑事宜五十二款、按察事宜二十款。「提刑事宜」於序表明謹慎刑名乃

〔註163〕新校本《明史·列傳第一百十四·呂坤》，卷226，頁5937。

〔註164〕本文用《實政錄》為萬曆二十六年趙文炳刻本，收入《續修四庫全書·史部·職官類》753。

〔註165〕呂坤，《實政錄》，卷一，〈明職卷〉，收入《續修四庫全書·史部·職官類》753，頁206～238。

〔註166〕《實政錄》，卷二~四，〈民務卷〉，收入《續修四庫全書·史部·職官類》753，頁240～358。

〔註167〕《實政錄》，卷五，〈鄉甲約卷〉，收入《續修四庫全書·史部·職官類》753，頁359～383。「聖諭格葉」及「填格葉法」收於頁368～370；關於「善、惡簿」的記錄在頁382～383。

是為了避免「濫刑冤獄」，絲毫未見陰騭的觀念，其內容包含人命、盜情、姦情、監禁、聽訟與用刑，依次說明上述司法事務的處理程序與注意事項，最末並附有各類告官狀式，十分詳盡。至於「按察事宜」主司「按察不法，檢舉失職」，則非縣官所掌，此處不論。〔註168〕

卷七《獄政卷》將犯人分為「監犯」、「倉犯」、「驛犯」三種，本卷主要說明管理此三種犯人的方法。關於這三種犯人呂坤共沒有明確的解釋，而以其內容來看，「監犯」屬一般關在監獄中的犯人，下有「優恤八條」，內容與《寶坻政書》的「獄政」工作相近，但未見「喻囚」；另有「關防八條」專講牢獄管禁犯人的措施，如束縛重犯的匣床、巡夜制度等。「倉犯」所指為何，筆者查無相關研究，按內容推論似乎是指罪輕或候審而無人保領的人犯，也有將在逃罪犯妻子父母關倉之情形，則被呂坤批為「糊塗甚者」、「孟浪之甚乎」。「驛犯」的身份更為模糊，似乎是不在本地服刑的罪犯，在發配途中暫囚於驛站者。最後附有〈辨盜附〉，教有司如何分辨盜案犯情真偽。〔註169〕

卷八、卷九為〈督撫約卷〉，內容以軍事為主，而與《寶坻政書》相較，〈督撫約卷〉主要談督撫與武官職責，也論及作戰方法、兵器、築城等實務技術；而《寶坻政書·邊防書》則主要針對邊患的防衛進行討論，對於邊境的形勢多有著墨，是二者最大的區別。〔註170〕

整部《實政錄》幾乎完全針對各官職工作內容進行說明，但文中關於陰騭的觀念甚少，筆者遍閱其內容，僅僅查得二處如下：

（一）《實政錄·明職卷》

> 司獄官之職：（前略）牢頭獄霸行暴毆人，當衣奪食，放錢賣飯；或囚犯入門，而本囚未得入口；或囚糧到獄，而本囚不得霑恩；穢污不肯掃除，病疾不報調理，忍寒受熱，叫號不徹；于公堂抱屈含冤，心事難白於官府。女監縱獄卒姦淫輕犯，將重□凌虐。如此作官，必有天禍。明理者知監倉乃陰德之地，獄官乃方便之人，輕犯存哀

〔註168〕《實政錄》，卷六，〈風憲卷〉，收入《續修四庫全書·史部·職官類》753，頁383～432。其中「提刑事宜」為383～402；狀式列於402～406；餘為「按察事宜」。

〔註169〕《實政錄》，卷六，〈風憲卷〉，收入《續修四庫全書·史部·職官類》753，頁432～450。甚中「優恤八條」在頁433～437；「關防八條」在頁437～440；「倉犯」在頁440～442；「驛犯」在頁442～446；〈辨盜附〉收在頁446～450。

〔註170〕《實政錄》，卷六，〈風憲卷〉，收入《續修四庫全書·史部·職官類》753，頁451～508。

矜之心，時加體悉；重犯嚴關犯之，不肯凌虐，斯爲稱職。〔註171〕

（二）《實政錄・民務卷》

清均地土：（前略）乃將概縣所報地帖抄謄一冊，掌印官赴城隍廟焚之，如行欺詭，自有鑑察。〔註172〕

在第一則「司獄官之職」，呂坤明白指出若凌虐囚犯、不以理待之，則「如此作官，必有天禍」，老天爺將降下處罰，是典型的報應思想；在這裡呂坤也表明「監倉乃陰德之地，獄官乃方便之人」的觀念，意思是囚禁犯人的監倉乃是最易積陰德的地方，而管理獄政的獄官則是便於施善與積德之人，同樣含有陰騭的思想。第二則講「清均地土」，爲免奸滑之徒虛報地土使徭役不公，於是要掌印官將所造之登記冊「赴城隍廟焚之」，利用人們畏懼城隍報應的心理，使人不敢虛報。

《實政錄》雖然與《寶坻政書》同樣具有政書的含意，與《寶坻政書》內容重疊者固然有之，但一來《實政錄》內容包含較廣，不獨聚焦於「縣政」一處；二來《實政錄》中陰騭的色彩淡薄，大半著眼於法規與儒家淑世的觀點，是與《寶坻政書》的治縣思想最大的區別。

二、佘自強《治譜》〔註173〕

佘自強生平不詳，《明史》無傳，研究資料亦甚少，但其《治譜》敘卻說「治譜一書，中丞佘健吾先生所著」，可見他可能擔任過官職。《治譜》敘又說「蔡公虞、陳幾亭諸君子輳成訂評參校之」，蔡公虞與陳幾亭皆晚明名士，可見佘自強與其《治譜》在當時具有一定的地位。〔註174〕

《治譜》正文十卷，後有〈卷十補遺〉及〈治譜續集〉，分別收錄〈初仕錄〉及〈祥刑要覽〉等數篇文章，將於下文繼續討論。《治譜》十卷分別爲〈初選門〉、〈到任門〉、〈堂事門〉、〈詞訟門〉、〈錢糧門〉、〈人命門〉、〈賊盜門〉、

〔註171〕《實政錄》，卷一，〈明職卷〉，收入《續修四庫全書・史部・職官類》753，頁209～210。

〔註172〕《實政錄》，卷一，〈明職卷〉，收入《續修四庫全書・史部・職官類》753，頁316。

〔註173〕本文所用《治譜》爲崇禎十二年胡璇刻本。

〔註174〕蔡公虞即蔡懋德，據《明史・蔡懋德傳》載，懋德爲萬曆四十七年進士，官至右僉都御史，巡撫山西。陳幾亭即陳龍正，據《明史・陳龍正傳》載「龍正遊高攀龍門，崇禎七年成進士，授中書舍人。」陳龍正並且也是嘉善同善會的創辦人之一。

〈獄囚門〉、〈待人門〉、〈雜事門〉。

　　〈初選門〉講從選縣到初任縣令的注意事項，是上任前的準備工作；[註175]〈到任門〉說明上任後甫到縣如何快速掌握縣況，包含設宴拜會鄉士大夫、檢查各房弊病、瀏覽各項造冊等；[註176]〈堂事門〉為確定各種行政程序與格式，如各種牌、票規格與使用方式等；[註177]〈詞訟門〉內容非常龐雜，有受理詞狀、聽訟、取供、問罪、量刑等實務上的說明，同時也有慎刑、用刑、哀死等司法思想的指導；[註178]〈錢糧門〉說明各式稅役造冊方法、一條鞭法、催糧完稅、起解稅糧等內容；[註179]〈人命門〉與〈賊盜門〉講述處理命案、賊盜案的方法與辦案技巧；[註180]〈獄囚門〉為其獄政思想，兼講治囚與恤囚；[註181]〈待人門〉講縣令與上司、同僚、下屬、賓客等應對進退之法；[註182]最末〈雜事門〉列舉上述諸卷未盡之縣內大小事說明之。[註183]

　　以上是《治譜》十卷正文的簡要內容，由上可知《治譜》與《實政錄》相較，完全是以「縣政」為其書寫範圍，而較之《寶坻政書》則更為鉅細靡遺，是一部十分詳盡的「縣官指導手冊」，正如其序所說，讓「初仕君子，人挾一冊，隨舟車而（習見）繹之。」[註184]

　　但是在如此龐雜的縣政指導內容當中，其陰騭色彩較之《實政錄》又更為淡薄，即使在〈獄囚門〉與〈詞訟門〉亦完全不見陰騭思想影響的痕跡，

〔註175〕《治譜》，卷一，〈初選門〉，收入《續修四庫全書・史部・職官類》753，頁511～514。

〔註176〕《治譜》，卷二，〈到任門〉，收入《續修四庫全書・史部・職官類》753，頁515～529。

〔註177〕《治譜》，卷三，〈堂事門〉，收入《續修四庫全書・史部・職官類》753，頁530～532。

〔註178〕《治譜》，卷四，〈詞訟門〉，收入《續修四庫全書・史部・職官類》753，頁533～555。

〔註179〕《治譜》，卷五，〈錢糧門〉，收入《續修四庫全書・史部・職官類》753，頁556～572。

〔註180〕《治譜》，卷六，〈人命門〉，收入《續修四庫全書・史部・職官類》753，頁572～579；卷七〈賊盜門〉收在頁579～593。

〔註181〕《治譜》，卷八，〈獄囚門〉，收入《續修四庫全書・史部・職官類》753，頁594～596。

〔註182〕《治譜》，卷九，〈待人門〉，收入《續修四庫全書・史部・職官類》753，頁597～610。

〔註183〕《治譜》，卷十，〈雜事門〉，收入《續修四庫全書・史部・職官類》753，頁610～630。

〔註184〕《治譜》敘，收入《續修四庫全書・史部・職官類》753，頁510。

純粹是縣政工作的交待。還有一點值得注意的是，明清時期的縣令到任時常有拜城隍的舉動，以求城隍保佑，共同治理縣政，這樣的行為經常就含有陰騭的觀念在裡面，如《寶坻政書・祀神書》中袁黃的〈到任祭城隍文〉即是明顯的例子，《實政錄》中雖然沒有「到任祭城隍」一類的記錄，但當呂坤為防止田土造冊不實，也有將所造之冊上告城隍之事（見上文），但這種情形在《治譜》中從未看見，可見《治譜》將陰騭思想去除得更為徹底。那麼《治譜》主要根據什麼思想做為其治縣精神的指導呢？可能正是其序文所說「抱利物澤世之意」吧！

　　如上所述，透過袁黃的推廣，陰騭思想固然在晚明掀起一陣風潮，並對士大夫的治縣經驗產生影響，如清人黃六鴻《福惠全書》即是著名的例子（見本文緒論）；但也不應過度誇大陰騭思想在治縣中的流行，以為這是一種絕對現象，至少在呂坤《實政錄》與佘自強《治譜》中看來，「陰騭」在其治縣思想中，並不被特別強調，也不占有重要地位，這或許是晚明士人在功利道德與純粹道德的爭辯中，所做的一種抉擇與表態吧！

第六章　結　論

　　本文寫作的意旨在於透過袁黃其人其事，探討陰騭思想的發展及其對祥刑的影響，並藉此定位袁黃於陰騭發展長流之中，實具有承先啓後的位置。

　　爲使時空背景清楚，本文首先討論明代中後期整個政治、經濟與社會的情勢。在政治上，中央朝廷的權力來源——皇帝長期怠朝，宦官權臣趁機把持朝政，人心渙散。

　　在經濟、社會方面，卻呈現出蓬勃旺盛的活力：源於一條鞭法的稅改政策，銀子成爲主要的通貨媒介，加上人力得以從土地上解放，促成了繁榮的商業經濟。影響所及，整個社會瀰漫著唯利是圖的奢靡風氣，許多經商致富的人家過著與其身份不相襯的奢華生活；商人地位上升，甚至小部份奴僕也乘著主人之力掌握權勢，禮教的規定多成虛文。

　　失去約束的社會，因而出現一種流動中的不安定感，知識分子憂心社會的動亂，極欲尋求安定的力量；平民百姓受到商人或豪奴的激勵，亦產生向上提升的動力。適時正逢王陽明心學流行的年代，其學說大大肯定了個人的價值與心的作用，王學支系泰州學派更提出「百姓日用即道」的觀點，使人相信自己成聖的可能。因此作爲個人向上提升的一種簡便指南「功過格」又重新流行了起來。

　　功過格背後的陰騭思想，在中國具有長遠的歷史，自商周以來就有表現陰騭觀念的經典流傳，如《尙書》、《左傳》、《易》等都是極具代表性的作品，其中最爲人所熟知的訓示如《尙書》：「作善，降之百祥；作不善，降之百殃」；《易》：「積善之家，必有餘慶、積不善之家，必有餘殃」等，皆表現出清楚的善惡報應觀。陰騭思想系統到了漢朝，漢儒發展出一套「天人感應」的法

則，並進一步與宗教結合，佛、道皆在此時融入原始的中國報應觀念。魏晉時期最重大的進展在於葛洪《抱朴子》提供一套善惡報應的機制，行善者透過這套規則，有助於成仙。中國的陰騭系統由漢到宋以前持續擴充，至宋以前其具體特色如一套監管、執行報應系統的神職，報應的「承負」觀念使禍可以延及子孫與家族，善惡的量化等等。宋朝最重要的發展是出現了二本陰騭體系的經典，一本是思想指導的《太上感應篇》，一本則是提供施行細則的《太微仙君功過格》，後出的許多功過格作品皆受其影響，淡化道藏本的宗教傾向，發展出全然以民眾道德為立場的功過格。

陰騭思想體系至宋以前的發展大致如上，入明以後，主要通過袁黃的宣傳而大為流行。袁黃本人為一三教合一論者，受佛教影響尤大。年輕時曾遭人算定一生命運，其中最令其在意的即是無子與舉業無望。袁黃後來遇雲谷禪師授其立命之法，教其實行功過格，力行善事以改變命運。後果然超越本命，得子後復中進士，因此以親身經歷力倡功過格，獲得廣大迴響。

受袁黃影響，明代後期出現許多不同功過格，在儒門、佛教界均有功過格的作品傳世，也出現許多居官功過格，勸勉為官者當以百姓為念，可種大德；另外如顏茂猷《迪吉錄》與不費錢功德例都是著名的例子。以上各種功過格或繼承袁黃思想，或作為袁黃思想的反動者。總之，以功過格為代表的陰騭思想到了袁黃之後，大量的出現，廣泛的流傳。

袁黃也將其陰騭思想運用在治縣上，本文主要透過《寶坻政書》發掘其治縣的面貌。一縣之事向以刑名、錢穀為重。在賦役方面，袁黃屢次上書申免加派雜役，又積極設立社倉以實現社會救濟，收養孤老使老弱貧疾有所恃，使逃民漸歸，而百姓安居。此外袁黃也注意到縣內教育不盛，親為廩生講學，助其舉業有成。在工程水利方面，袁黃亦不遺餘力，築堤防水、開渠引水以供民用，皆親為督辦。可以說凡於民有利之事，袁黃必不辭勞苦，不避上忌，盡力為百姓謀利。

在刑名方面，慎刑是袁黃最重要的執法概念，他甫上任即改定刑具，將不合規定的重枷皆盡革除，又研究用刑方法，如何可以不傷犯人性命，並不許吏卒濫刑，不准五板換人再打，以示憐憫犯人之意；此外，他積極為死囚求生，審錄獄囚極其慎重，恐有冤枉，陸續為其平反，原因十四人中，有十二人獲得開釋。袁黃亦極重視獄政，不但親至獄中為囚諭說果報之理，使其改過遷善，舉凡獄中飲食、用水、清潔、衛生皆有所留意，不因獄囚而慢忽

之。以致某次獄墻倒塌，而獄囚以「有縣令如此，當不相負」，竟無人逃跑。

在《寶坻政書》最後二篇〈自治書〉與〈感應篇〉中，將袁黃所有的善政與愼刑表現與其陰騭思想做了明確的連結，無論是天災過後天生野稗以療民飢，或是獄中舊枷所生靈芝，皆歸因於上天給袁黃的福報，再次說明了袁黃一向服膺的法則：善有善報，惡有惡報。另外，在〈自治書〉中也記錄了袁黃祈禱、懺悔與回向的經文，頗似雲谷所授「準提咒」。按袁黃的陰騭思想本於道藏本功過格體系，而其實施則有借助佛教的地方，若觀其功過格與其他著作，則又有儒家對倫理的關懷，顯示袁黃的陰騭思想實爲三教合一的產物。

另外值得注意的是，《寶坻政書‧邊防書》中出現不少與「戒殺」、「護生」觀念相牴觸的內容，由此可推論出袁黃思想中具有「華夷之辨」與關係上「親疏遠近」這種「差等」的觀念，進一步延伸出袁黃的陰騭思想實際上是有立場的，而「漢族本位」即是其立場之一。

透過本文，期待一方面能夠有助於陰騭思想系統的梳理，尤其闡明袁黃在當中所起到作用與影響；一方面希望能夠藉由《寶坻政書》這本長期被忽略的施政記錄，完整並豐富袁黃治縣的內容，使吾人對袁黃這位至今仍影響不絕的人物，有更全面的認識，對其思想有更深刻的體會。

參考書目

一、史料與文獻

1. 《尚書正義》，（收入李學勤主編，《十三經注疏》），北京：北京大學出版社。

2. 《周易正義》，（收入李學勤主編，《十三經注疏》），北京：北京大學出版社。

3. （秦）商鞅著、張覺譯注，《商君書》，台北：台灣古籍出版，1997。

4. 韓非，《韓非子》，收入《四部備要・子部》，台北：臺灣中華，1987。

5. 王明編，《太平經合校》，北京：中華書局，1960。

6. （漢）司馬遷，新校本《史記》，臺北：中華，1980。

7. （漢）王充，《論衡》（收入《文津閣四庫全書・子部・雜家類》，864），北京：商務印書館，2006。

8. （漢）董仲舒，《春秋繁露》，（收於《續修四庫全書・經部春秋類》，150），上海：上海古籍。

9. （漢）班固撰、（唐）顏師古注，新校本《漢書》，臺北：中華，1997。

10. （魏）曹丕等撰、鄭學弢校注，《列異傳等五种》，收入《歷代筆記小說叢書》，北京：文化藝術，1988。

11. 楊照明，《抱朴子外篇校箋》，北京：中華書局，1996。

12. 王明，《抱朴子内篇校釋》，北京：中華書局，1988。

13. （晉）王琰，《冥祥記》（收於《說郭・子部》，〈小說家類・筆記・志怪〉），上海：上海商務印書館，1927。

14. （晉）陳壽撰、（宋）斐松之注，新校本《三國志》，臺北：中華，1990。

15. 范曄，新校本《後漢書》，臺北：中華，1999。

16. 李延壽，新校本《北史》，臺北：中華，1999。

17.（唐）長孫無忌等，《唐律疏議》，收入新編《叢書集成》，27 冊，臺北：新文豐，1985。

18.（宋）劉昫等撰，新校本《舊唐書》，臺北：中華，2000。

19.（宋）歐陽修、宋祁撰，新校本《新唐書》，臺北：中華，1998。

20.《太微仙君功過格》，收於《正統道藏》，臺北：藝文，民 51 。

21.（元）脫脫，新校本《宋史》，臺北：中華，1978。

22.（宋）施宿，浙江省嘉泰《會稽志》，臺北：成文，1983。

23.（宋）朱熹撰，黎靖德編，《朱子語類》，北京：商務印書館，2006。

24.（宋）真德秀，《西山先生真文忠公文集》，臺北：臺灣商務，1979。

25.（元）葉留撰、陳相注，《為政善報事類》，臺北：藝文，1972。

26.（元）脫脫等撰，新校本《金史》，臺北：中華，1998。

27.《明實錄》，台北市：中央研究院歷史語言研究所，民 53～55。

28.（明）許仁修、蔣孔煬纂，嘉靖《德化縣志》，收入《福建師範大學圖書館藏稀見方志叢刊》32～33，北京：北京圖書館出版社，2008。

29.（明）韓浚等修，《江蘇省嘉定縣志》，臺北：成文，1983。

30.（明）紀大綱等修，《文安縣志》，明崇禎間（1628～1644）刊本，1628。

31.（明）樊維城、胡震亨等纂修，《海鹽縣圖經》，臺北：成文，1983。

32.（明）陳子龍等選輯，《明經世文編》，北京：中華出版，1962。

33.《皇明詔令》，明嘉靖十八年傅鳳翔刻本，收入《四庫全書存目叢書》。

34.（明）徐光啟，《農政全書》，臺北：臺灣商務，1983。

35.（明）張燮，《東西洋考》，臺北：臺灣商務，1979。

36.（明）朱國禎，《湧幢小品》，臺北：新興，1978。

37.（明）王士性，《廣志繹》，臺北：新文豐，1989。

38.（明）馮夢龍編著，《醒世恆言》臺北：台灣古籍，2002。

39.（明）沈德符，《萬曆野獲編》，臺北：新興，民 65。

40.（明）張羽，《靜居集》，上海：上海商務，1936。

41.（明）何良俊，《四友齋叢說》，北京：中國書店，2000。

42.（明）萬廷謙等纂修，《龍游縣志》，臺北：成文，民 72。

43.（明）聶心湯撰，《萬曆錢塘縣志》，揚州：廣陵書社，2008。

44.（明）張萱，《西園聞見錄》，上海：上海古籍，1995。

45.（明）于慎行，《穀山筆麈》，臺北：學海，1969。

46.（明）袁中道著，錢伯城點校，《珂雪齋集》，上海：上海古籍出版，1989。

47. （明）鍾惺著，李先耕、崔重慶標校，《隱秀軒集》，上海：上海古籍，1992。

48. 顧憲成，《小心齋劄記》，臺北：廣文，1975。

49. （明）汪道昆，《太函集》，合肥：黃山書社，2004。

50. （明）王艮撰，佐野公治解題，《王心齋全集》，臺北： 廣文書局，1975。

51. （明）楊起元，《證學編》，據明萬曆四十五年序刊本，影印自日本內閣文庫，臺北：漢學研究中心，1990。

52. （明）袁黃編，《袁氏叢書》，明萬曆間嘉興袁氏刊本，國立中央圖書館藏。

53. （明）袁黃輯，《功過格分類彙編》，（收入《叢書集成續編》62 冊），臺北：新文豐書局。

54. （明）袁衷等記，錢曉訂，《庭幃雜錄》，收入《四庫全書存目叢書》，臺南：莊嚴文化，1995。

55. （明）宋應星，《天工開物》，收入《叢書集成續編》88 冊，臺北：新文豐，1989。

56. （明）王錫爵等編，《明代登科錄彙編》，臺北：臺灣學生，1969。

57. （明）許重熙撰，《嘉靖以來注略》，收入《四庫禁燬書叢刊・史部》，第5 冊，北京：北京出版社，2000。

58. （明）宋應昌，《經略復國要編》，北京：北京出版社，2000。

59. （明）袁了凡原著，了凡弘法學會整理，《了凡四訓》，彰化：了凡弘法學會，2007。

60. （明）袁黃，《袁了凡先生兩行齋集》，明天啟甲子（四年，1624）嘉興袁氏家刊本，中央圖書館考藏。

61. （明）袁黃，《了凡雜著》九種十七卷，收於《北京圖書館古籍珍本叢刊》80，《子部・叢書類》，北京：書目文獻，1988。

62. （明）袁黃，《寶坻政書》，收於《北京圖書館古籍珍本叢刊》48，《史部・政書類》，北京：書目文獻，1988。

63. （明）劉宗周《劉子全書》，收於《中華文史叢書》，57 冊。臺北：京華，1975。

64. （明）袁黃輯，《功過格分類彙編》，收於《叢書集成續編》62 冊，臺北：新文豐書局。

65. （明）葉紹袁，《葉天寥自撰年譜》，北京：北京圖書館出版社，1999。

66. （明）陳龍正，《幾亭全書》，收入《四庫禁燬書叢刊・集部》12 冊，北京：北京出版社，2000。

67. （明）劉宗周著，吳光主編，《劉宗周全集》，杭州：浙江古籍，2007。

68. （明）顏茂猷，《迪吉錄》，收入《四庫全書存目叢書・子部》150 冊，齊

魯書社，1995。

69. （明）劉宗周撰、岡田武彥解説，《劉子全書及遺編》，東京：中文，昭和，
1981。

70. （明）龐尚鵬，《百可亭摘稿》，收入《四庫全書存目叢書·集部·別集類》，
129 冊。

71. （明）戴金奉敕編，《皇明條法事類纂》，（收入《中國珍稀法律典籍集成》，
乙編 4～6 冊），北京：科學出版社，1994。

72. （明）范守己，《曲洧新聞》，（收入（明）陳耀文，《天中記》），北京：商
務印書館，2006。

73. （明）林兆恩，《林子三教正宗統論》，收入《四庫禁燬書叢刊·子部》，
十八卷，北京：北京出版社，2000。

74. （清）永瑢、紀昀等撰，《四庫全書總目提要》，臺北：臺灣商務，1983。

75. （清）江峯青等修、顧福仁等纂，《嘉善縣志》（據清光緒十八年刊本），
臺北：成文，1960。

76. （清）張廷玉等撰，《明史》，據海涵芬樓據清乾隆年武英殿原刊本影印，
臺北：臺灣商務，2008.06。

77. （清）趙翼撰，董文武譯注，《廿二史箚記》，北京：中華書局，2008.09。

78. （清）吳金瀾等修、汪堃等纂，《崑新兩縣續修合志》，清光緒六年重刊本。

79. （清）萬斯同等，《明史》，合肥：黃山書社，2008。

80. （清）顧炎武，《天下郡國利病書》，臺南：莊嚴文化，1996。

81. （清）蔣廷錫等編，《欽定古今圖書集成》，上海：中華書局影印本，1934。

82. （清）張履祥，《楊園先生全集》，臺南：莊嚴文化，1995。

83. （清）董含，《三岡識略》，收入《四庫未收書輯刊》，第四輯。

84. （清）鄭廉《豫變紀略》，杭州：浙江古籍，1984。

85. （清）計六奇，《明季北略》，上海：上海古籍，1995。

86. （清）洪肇楙等纂修，《寶坻縣志》，臺北：成文，1969。

87. （清）昭槤，《嘯亭雜錄》，北京：中華，1980。

88. （清）汪箴，《徵信錄》，收於《中國野史集成》第 40 冊，成都：巴蜀書
社，1993。

89. （清）歸莊，《歸莊集》，上海：上海古籍，1982。

90. （清）王世球等纂修，《兩淮鹽法志》，北京：國家圖書館出版社，2009。

91. （清）徐珂，《清稗類鈔》，北京：中華書局，1984～1986。

92. （清）永瑢等撰，《四庫全書總目提要》，上海：商務，2002。

93. （清）查繼佐，《罪惟錄》，上海：上海古籍，1995。

94. （清）彭紹升《居士傳》，江蘇：廣陵古籍刻印社，1991。

95. （清）楊復吉，《夢闌瑣筆》，臺北：新文豐，1989。

96. （清）朱鶴齡，《愚菴小集》（附傳家質言一卷），臺北：臺灣商務，1983。

97. （清）羅振玉，《羅雪堂先生全集》，臺北：文華，1968。

98. （清）田文鏡，《州縣事宜》，收入《官箴書集成》，第 3 冊，合肥：黃山書社，1997。

99. （清）張鵬翮（張運青），《治鏡錄》，收入《官箴書集成》，第 3 冊，合肥：黃山書社，1997。

100. （清）黃六鴻，《福惠全書》，收入《四庫未收書輯刊》，3 輯，19 冊，北京：北京出版社，2000。

101. （清）陳弘謀輯，《五種遺規》，收於《續四庫全書·子部儒家類》，951 冊，上海：上海古籍，1995。

102. 吳秀之、曹允源撰，《江蘇吳縣志》，臺北：成文，1983。

103. 《江西鹽乘縣志》，據民國六年刊本，臺北：成文，1975。

104. 《平望鎮志》，南京，江蘇古籍，1992。

105. 《正統道藏》，天津：古籍出版社、上海：上海書店、北京：文物出版社共同出版，1988 年 3 月。

二、近人著作

（一）專書

1. （日）酒井忠夫，《中國善書の研究》，東京：弘文堂，1960。

2. （日）奧崎裕司，《中國鄉紳地主研究》，東京：汲古書院，1978。

3. （日）奧崎裕司，《明末清初の利殖規範──功過格の一個側面》，東京：燎原，1983。

4. （日）吉岡義豐，《道教研究》，東京：豐島書房，1968。

5. （美）包筠雅著（Brokaw,Cynthia Joanne），杜正貞，張林譯，《功過格：明清社會的道德秩序》，杭州：浙江人民，1999。

6. （英）約翰·希克斯（JOHN R. HICKS）著，厲以平譯，《經濟史理論》，商務印書館，1987。

7. 酒井忠夫著，許洋生譯，〈功過格的研究〉，收入劉俊文主編，《日本學者研究中國史論著選譯》，第 7 卷，北京：中華書局，1993。

8. 余英時著，侯旭東等譯，《東漢生死觀》，臺北：聯經，2008。

9. 余英時著，《儒家倫理與商人精神》，廣西師範大學，2004。

10. 余英時，《中國近世宗教倫理與商人精神》，臺北：聯經，1987。

11. 吳震，《明末清初勸善運動思想研究》，臺北：臺灣大學出版，2009。

12. 林金樹、高壽仙、梁勇著，《中國明代經濟史》，收入史仲文、胡曉林主編《中國全史》，北京：人民，1994。

13. 張仲禮著，李榮昌譯，《中國紳士──關於其在 19 世紀社會中作用的研究》，上海社科院出版社，1991。

14. 黃仁宇，《萬曆十五年》，臺北：臺灣食貨，1994。

15. 葛兆光，《中國思想史 》第 2 冊，上海：復旦大學，2000。

16. 陳榮捷，《王陽明傳習錄詳註集評》，臺北：台灣學生，1983。

17. 陳登武，《地獄、法律、人間秩序：中古中國的宗教社會與國家》，臺北：五南，2009。

18. 陳登武，《從人間世到幽冥界：唐代的法制、社會與國家》，臺北：五南，2005。

19. 游子安，《勸化金箴──清代善書研究》，天津：天津人民出版社，1999。

20. 郭建，《衙門開幕：揭開公家機關的兩面形象》， 臺北：實學社，2003。

21. 汪立正纂修，《休寧西門汪氏大公房揮僉公支譜》，北京：中國社會科學院歷史研究所圖書，1986。

22. 張顯清，林金樹，《明代政治史》，桂林：師範大學出版，2003。

23. 梁方仲，《經濟史論文集》，北京：中華書局，1989。

24. 陳寶良，《明代儒學生員與地方社會》，北京：中國社會科學，2005。

（二）期刊論文（依作者筆劃排序）

1. 王汎森，〈日譜與明末清初思想家〉，收錄於《晚明清初思想十論》，上海：復旦大學出版社，2004 年。

2. 王月清，〈中國佛教勸善書初探〉，《佛學研究》，1999 年。

3. 田冰、張寶紅〈明代商人社會地位之變化〉，《商丘師範學院學報》，2000 年 10 月，16 卷 5 期。

4. 朱越利〈太上感應篇與北宋末南宋初的道教改革〉，《世界宗教研究》，1983 年，第 4 期。

5. 吳震，〈明末清初道德勸善思想溯源〉，《中國哲學研究》，2008 年 6 期。

6. 呂妙芬，〈聖學教化的弔詭：對晚明陽明講學的一些觀察〉，《中央研究院近代史研究所集刊》，第 30 期，民國 87 年 12 月。

7. 何善蒙，〈林兆恩「三教合一」的宗教思想淺析〉，《逢甲人文社會學報》，第 12 期，2006 年 6 月。

8. 邱澎生，〈有資用世或福祚子孫：晚明有關法律知識的兩種價值觀〉，《清華學報》，新 33 卷 1 期，2003 年 6 月。

9. 酒井忠夫著，伊建華譯，〈袁了凡的生平及著作〉，《宗教學研究》，1998，第 2 期。

10. 酒井忠夫著，伊建華譯，〈袁了凡及其善書〉，《宗教學研究》，1992，第 2 期。

11. 孫秀君〈七十二朝人物演義作者研究〉，東海中文學報，15 期，2003 年 7 月。

12. 張琿，〈從流行價值論王艮思想的歷史評價〉，《東華人文學報》，第 4 期，2007 年 7 月。

13. 陳兵，〈晚唐以來的三教合一思潮及其現代意義〉，《四川師範大學學報（社會科學版）》， 第 34 卷第 4 期，2007 年 7 月。

14. 彭國翔，〈王畿與佛教〉，《台大歷史學報》，2002 年 6 月，第 29 期。

15. 楊聯陞著，段昌國譯，〈報—中國社會關係的一個基礎〉，收入《中國思想與制度論集》，臺北：聯經，1976。

16. 奧崎裕司，〈善書中表現出來の中國明代下層民眾の生活方式〉，《專修史學》13 期，1981 年 4 月。

17. 樊樹志，〈重新審視明代的白銀貨幣化〉，《教育文化‧法制與社會》，2008 年 10 月。

（三）學位論文

1. 蕭世勇，〈袁黃的經世理念及其實踐方式〉，台灣師範大學歷史研究所碩士論文， 1993。

2. 楊均尊，〈安身立命之道——《了凡四訓》之義蘊與生命實踐〉，南華大學生死學研究所碩士論文，2004。

3. 袁光儀，〈晚明之儒家道德哲學與世俗道德範例研究－劉蕺山《人譜》與《了凡四訓》、《菜根譚》之比較〉，國立臺灣師範大學國文研究所碩士論文，1996。

4. 金寬中，〈萬曆朝鮮之役與其影響〉，臺灣大學歷史研究所碩士論文，59 年 6 月。

附　錄

表 4：寶坁政書各篇內容摘要表：

篇　名	（上）序文／（下）內容主旨
祀神書	先生初下車，即作文自誓於城隍之前，聞者皆聳然動心。四五年間，事上、治民、守身、接人，率能踐其言云。平居祭祀，守戒甚嚴，故每禱輒應，天人相感之理，不誣哉。輯祀神書。
	1. 到任祭城隍文：袁黃令寶坁之初，以十三事告於城隍，自誓必依此善加治縣，祈求城隍保祐寶坁縣雨暘合時、疫癘不侵。 2. 申府置祭器文：為遵舊制，備器物以隆祭祀典禮，於是造舊有祭器清冊，奏報申購不足祭器與編列修理之費。 3. 禱雨自責文：寶坁不雨三月，袁黃以己之施政功過告天，向天求雨而得。 4. 疑獄告神文：遇殺人重案，偏訪無獲因而齋戒請命于神，夜夢兇手而破案。
御吏書	先生正己率物，馭下以誠，不察察為明，不瑣瑣為苛，吏或欺之，怡然不校也。先生初至，詞狀皆收貯于堂，諸胥請分之于各房，從之。逾月，各吏環跪，請還堂，自收，曰：民不求我，狀雖在房何益，先生復笑而從之。蓋先生平易近民，民不畏吏；又詞訟隨至隨完，庭無留事，故不尚威嚴，而門庭肅然。輯御吏書。
	1. 取各房職掌牌：袁黃新官上任，要求六房報告舊況，造冊送呈。 2. 禁約吏書榜：對部屬的辦公要求，如文移（公文）的結案期限與怠職的處罰等。 3. 諭乞休書隸示：袁黃為官清苦衙門各役紛紛告退，指示各役空缺如何處置、是否補足。
睦僚書	先生待僚友，恩義無盡，前後相聚多賢者，內以道義相夾持，外以道義相援引，藹然一體也。間有不檢者，指其事而諄諄誨之，然上官有所聞輒，不避嫌疑，曲為營解。故先生在任時，諸寮友靡不砥礪，靡不得獎薦者，其事不能具述，姑就先生所著同寅錄，輯睦僚書。
	（本卷下不分篇，以下記睦僚書全篇內容摘要） 珍惜相聚時光，互相勉勵勸過；人生財祿有數，毋貪贓枉法；奢侈將得不惜福之報；書柬往來當重詳實，不必文飾；處處為民著想，如與民買賣，稍優其值，使

	民樂與官爲市，折獄一節尤當加意；各類案件發配各衙，原告自拘人犯，以避差役拘人擾民之弊；以身作則，教化於民；祭祀齋戒須眞；迎送進退合乎於禮；燕會之日惟許談詩書禮樂、民間疾苦，不說人過及鄙穢事；勸人改過，改一分過，便遷一分善；最後以朋友相交、謀事互助之理，勸勉僚屬應守五倫朋友之道。
積貯書	本縣歲積穀一千石，頻荒，不能及額，冗食者又多。先生蒞任之初，倉有穀三百五十石，去之日，積穀七千有奇，蓋二十倍于初矣。舊制倉穀，皆取足于贖鍰，先生寬刑薄罰，初歲計贖金僅四十三兩五錢，積穀不如額者十之八九，上官行文督責，將參治之，邑鄉士大夫，先捐穀數百石，小民相繼樂輸，遂獲免罪。談者謂人心不古，觀此，則吾寶邑之民，不減於漢民之待劉寬矣。先生創行朱子社倉之法，又令窮民給帖入市，歲納穀一石，故不須贖鍰，而積穀甚多，經畫得宜，上下咸利，輯積貯書。
	1. 申請行朱子社倉公移：積穀有餘，因申建社倉以濟耕農，以裕國課，並詳述實施之法。 2. 申請修倉公移：積穀多而倉不足，因犯罪人結案清理快速，常虛無人，故將原拘犯人之所改爲穀倉。 3. 給帖入市示：窮民願入市者給帖，一年一換，避免以帖折銀或一人隱佔多帖之弊。 4. 止部民納穀示：公庭罕訟而積穀大虧，袁黃因而受到上司參治，紳民發起捐輸，袁黃因而得以免罪，及倉老封閉廒門，公告周知。
養老書	恤窮養老，王政所先，先生爲治，尤加意窮民。飢而或給之食，寒而或賜之衣，死而或葬其骨，鰥男寡女或捐俸贖之。每巡行隴畝，則鄉民有家事難處者繞輿而告，先生隨緣應之，或即借富家米粮，沿途給之，藹然官民一體之情也，餘事不能悉記，此其最鉅者，輯養老書。
	1. 申請收孤老公移：初到任時積穀不足，流離老弱無法盡濟，但適所安排之；今積穀七千有奇，又清查前濫發之糧，每月約省粮十五石有奇，將此轉發前孤老。 2. 申請加給看堤孤老月糧：縣設養濟院不足使用，擬於堤防邊新蓋鋪舍，遣孤老住守，可全國家養老之典，又可有人爲縣守堤，以防盜掘。
賦役書	本縣正賦，每畝二分三厘二毫，本不爲重，而當里甲者，畝派三四分，故富者以得地爲悔，貧者皆委地而迯（逃），若本縣之役，歲編五百餘名，而庫子廠夫，當之未有不破家者，先生設法調停，十八年每畝止派銀一分六厘六毫，而里甲諸費，如重夫重馬銀魚等項，皆悉免派，自正賦外，毫無別派，其役法則悉遵原議，將五百餘名之役，盡行放免，本府委之，徧行各州縣爲式，革庫役，則一甌茶，一勺水，皆行自具，此非清苦者，疇能守之，輯賦役書。
	1. 放免見年里長告示：重夫重馬銀魚等項悉行申革，里長不復差遣，革見年里長之職，以去科歛之根 2. 申請減免浮稅公移：調配各役工銀，以有餘補不足，以不增民負擔。 3. 申請審編減派公移：袁黃初上任查看寶坻均徭舊例，以其不因時改變，只循前例而甚苦民，上書奏請革減不合時宜之徭役，減派重夫、重馬、書手、醫獸、箭手、運糧河募夫及燈夫、蘆蓆腳運、會試書手、送決重囚、皇木車運等役。 4. 申免銀魚公移：袁黃以銀魚自海涯至寶坻再至京師遙遠，奏申改由天津、京師直抵，免除京師所差內官到寶坻，以採打銀魚、螃蟹爲名，行勒索之實的弊病。 5. 申道報撫臺減粮公移：袁黃訪察縣內一切與賦役相關的資料，包含稅銀解送內容與方式（夏秋秋稅、本色折色）、田額與稅額（宮莊地、馬房地）、各項差役問題（工食銀增減、寄養馬、驛站、皇木車運）、其他收支（商稅、祭祀費用、

	救濟孤老、公共工程等），詳列細目，便民之例照舊，病民之政則列出其變更建議，多申免雜役。 6. 大造黃冊議稿：袁黃爲重造黃冊，詳列造冊所費明細與費用，結算造冊銀與餘供應銀後所欠費用，則以紙贖當之，不加派於里甲。又親爲揀選造冊書手，必以殷實能知書者當之，又親檢舊冊浮濫不實的記載，務使重造黃冊詳實可據，而賦役有所本。
訓士書	本縣文風久衰，宇內習鉛槧者，素以先生爲宗。至則人人自以爲得師，亦諄諄以教化爲務；塑望至學親爲諸生講解，陳其大義，往往皆出尋常訓課之外，聽者莫不心領而神怡；又約諸生爲課，躬爲點閱，就時文中懸斷其心術之邪正，若燭照。數計諸生，咸欣欣興起，始佑文行合一之學。云其所著會約，實藝林之指南也，輯訓士書。
	1. 會約：「經義最細，人品高下一閱可知」，以此勉勵習舉業學子能志於士、志於道，而顯現此心志於文章中。又說爲文應深入淺出，「以明白淺易之詞，發淵永精微之理，使觀之顯然，而味之無極」，才能發揮文章的效用。後附三年讀書之圖，供學子自記讀書勤惰。 2. 作論法：述作論的方法，以心術忠厚爲基礎，立論才能正確。論分三等：性理、政事、人物，性理爲難。又提示作論可讀之參考書目與論的結構。 3. 作表法：先敘由漢至明「表」的內容形式，各有所長，教人多讀唐、宋表並仿作練習之。 4. 作策法：策貴實，不重文飾，因此要能博古（讀文獻通考）通今（讀大明會典），方能說理有據。
刑書	先生慎用刑，常終日不笞一人，經月不擬一罪，縣中刑具皆依律改正，民有犯罪者，必反覆曉論，令其悔悟，暇則親至獄中，告諸囚以爲善得福，爲惡得禍之理，時有聞而涕泣者，故十七年秋，大雨，墻圮，而重囚相戒守法，無一人敢逸，斯亦奇矣。輯刑書。
	1. 諭寮屬用刑文：告諭寮屬用刑當慎，開列用刑、聽訟規範八條；獄政規範八條。 2. 送孫按院審錄冊稿：錄審囚判決原則四條，並附審案記錄十二起，加註袁黃的判決建議。 3. 示諭提牢監倉吏卒：本則主要是袁黃關於獄政的一些想法與概念，包含教化獄囚、獄囚的飲食照顧、監獄清潔及患病照顧等。 4. 肉刑辨附錄：以「有虞氏畫衣冠異章服以爲戮」的例子，說明「聖人治心不刑身」的道理，顯示袁黃反對肉刑的傾向。
工書	工役之興，勢不能已。先生初至，值潞王之國供應甚繁，約費萬計。先生調停酌處，下不勞民而上不廢事，其諸工役不勞而事，集輯工書。
	1. 申免潞王供用器幣公移：寶坻原須派人夫一千五百名，毹毯食盒等器物以供潞王之國，袁黃以寶坻連年荒潦，引嘉靖年間景王之國密雲等縣因災荒免役之例，申免派解毹毯等物，僅應人夫之役。 2. 修隄申文：寶坻與薊州相連，薊州爲通天津方便欲開三岔河堤，袁黃以寶坻東南低平，力阻薊州開決河堤，並申奏修復縣東運河各處長堤，以防水潦。 3. 開河申文：小洵庄以取水不便獲准開河至張頭窩庄取水，並廣開可濬之河使「荒地盡開」，並防旱潦之害，袁黃受理小洵庄居民連名請求，申請「發給明示，嚴禁不許阻塞」，永保此利。 4. 濬新河申部減派役夫議：以連歲水淹申免四輪車及採石夫匠等役；又濬新河寶坻除原派一百九十九夫應役外，於挑挖之期加派召募夫一千名，袁黃以水災爲害，民多逃竄，加上路遠費多，召募夫役實得工食甚少，申請減免加派。

	5. 申停採辦花一板石車輛文：以寶坻連年大潦，引遷安盧龍等縣因災免役例，申免補採垛石車三輛及車輛夫匠。
	6. 議置木閘文：以河淺船滯，請置木閘以利漕運。先述造木閘之法，次論木閘之益五點（河水常滿舟行不滯、水平易行、免剝船掯價之苦、可省沿河淺夫工食數萬兩、挑濬河道可藉木閘使工程易行），末以造閘費用人工皆用本縣措處，不需旁費。
	7. 答潘尙書問治水楬（？）：回覆治水之法，先說開渠之前的準備與規畫，再論開渠時的方法，最後述說引水防潦之法。
	8. 呈王道尊督亢地圖考：呈亢地圖考，陳述其地勢河道關係，以供興京東水利之參考。
馬政書	寄養馬惟近（？）地有之，最爲民累，寶坻地卑濕，尤不宜馬，死者接踵，而里胥索賄繁累殊極（？），先生汰去醫獸二十六名，使不得浸漁；又設法申復七頃二十畝之額；馬房地土皆考訂之，而釐其積弊，甚用心，亦甚勤矣。輯馬政書。
	1. 增田養馬公移：養馬之役每匹原編灶田七頃二十畝，後因塩院批准灶戶告除灶地七百一十六頃，加上拋荒地六十三頃六十五畝，每馬只分得六頃五十畝，又遇災年，馬戶多逃，馬食泥草亦多病，請就現存之馬匹九百四十二匹，每匹編田恢復七頃二十畝，以俟發養。
	2. 申免馬戶贖銀公移：馬戶因連年災荒無能完納，其中稍有產業可變賣者令其完納，其他或逃或死家產罄盡者，袁黃引大明律「人身死勿追」，請免追繳萬曆十三年以前拖欠錢糧，當補之馬數則由縣設法召買補足。
	3. 查丈馬房土地：袁黃下令清丈馬房土地，繪製圖冊，使彊界清楚，而革除豪強侵耕佔奪之弊。其後附各馬房範圍圖樣與村莊範圍，詳列馬房地畝名目及大小。
	4. 禁戢地方告示：考之石碑、官冊，重新丈量劃分馬房之地與民地界限，該納稅糧催科，不復相推。
	5. 送王道尊營馬議：袁黃針對王道尊所提薊鎮增銀買馬之議，委婉的提出反對意見，主要理由在於薊鎮天險宜於防守，宜步不宜馬，又收買土馬戰力不若夷馬，費多用少。
救荒書	本縣地卑而土疏，小雨輒潦，旬日無雨輒稱旱，先生頻歲祈禱，精誠格天者，諸所賑恤，皆可爲法，輯救荒書。
	1. 查議賑恤公移：此篇列賑恤貧民之法三種，一爲開官倉或央勸富民賑貸饑民，嚴令里胥胥手查覈務實，不得虛報冒支；二爲募窮民修堤，由有地土之家及官糧量出口糧，縣中官員、鄉官、遠近士民等樂捐工費，近堤有田之家自願出夫，可延饑民之命，并永利本縣；三爲申免賦役，袁黃以「救荒莫若緩征，議賑不如止欵」，再次申免花板石夫匠車輪等役，以減災民重擔。
	2. 愛惜野稗告示：災荒民無食，天生野稗可以療饑，因教人宜愛惜上天之賜，爲善以報天地神明之德。
	3. 煮粥濟饑告示：縣發穀煮粥濟饑民，依人數、家戶編次，依老、病、幼、婦及壯丁之序取食。
邊防書	本縣南瀕海，北近邊，先生素有文武全才，談諸邊務，鑿鑿如覩，今且受命東征，固知倭氣不難靖也，輯邊防書。
	1. 倭防初議：袁黃受命考察寶坻沿海邊防，並對各項軍事設置進行檢錄，以提出防備倭寇建議。袁黃從倭人入寇歷史，提出北方邊防並不急迫，以梁城之守爲要的看法。據此認爲現在將梁城之兵盡調於邊防實爲不智之舉，建議恢復梁城守軍，並在新河塘兒、沽塘兒上三處令土著居民備戰時器物，又於司家坨一帶由寶坻縣民編立保甲相應。

	2. 防倭二議：承上初議，袁黃再提出其防倭建議九款，對於戰略形勢的衝緩、設置墩臺、撥軍、舟師、救援之法、軍費錢糧、兵火器械等軍事問題提出其建議，並詳細論述水戰與陸戰、韃虜與倭夷之間的異同，以爲主事者防倭之參。
	3. 復撫按邊關十議：袁黃以軍費浮濫，耗佔國庫甚多，藉上級諮詢之機會，提出十項建議，大多與軍需費用的開源節流相關，分別爲革養軍之虛費、汰臺兵之冗員、謹撫賞之機宜、定市馬之良規、復舊耕之額田、廣種植之厚利、興險阻之水利、增將官之供給、議輕車之便利、查器械之冒濫。
	4. 閱視八議：袁黃以邊務久廢，上書建議復舊典、專差遣以圖安攘，後復上以八項鞏固邊防之建議，不僅注意軍事的編整，也顧及國本的鞏固，此八項分別爲積錢糧、修險阻、練兵馬、整器械、開屯田、理鹽法、收胡馬、散逆黨。
	5. 答王道尊軍民利病議：袁黃前所上邊防諸議尙有所缺遺，復將訪察所得未盡善之事，開列其建議共四條，分別是：修水口以資地險、設外險以守要害、謹間諜以得虜情、設工匠以愼修邊。
自治書	了凡先生，學極天人，教通內外，兒童婦女，靡不知其名而仰慕焉，若其自治之密，則通儒大人，或未能察也。先生孳孳爲善，惟恐不及其自檢之條及當官功過格，晨昏功課錄，皆有志者所當服行者也，輯自治書。
	1. 思補堂自檢款目：列十二條自省條目，內容包含個人修行（晨昏功課、邁種德之善念、治心冊、祭祀齋戒），以及爲官操守（平心聽訟、不聽胥言、廉潔、利民、疾惡勿過刻、節儉、優與民交易、坐堂必正）
	2. 當官功過格：據序文載，此格原爲楊復所取自道藏帝微帝君功過格所刻之感應篇，袁黃從中取與爲官相關數條增減而成。分功格、過格二類，內容包含減免刑罪、救濟、獄政、聽訟、水利、教化等縣政大事
	3. 晨昏功課錄：以釋氏懺悔之法行晨昏功課，以惕己之泄然虛度而不思爲善，下有清晨懺悔文與黃昏回向五戒二篇：前篇以「一心歸命，頂禮三寶」爲皇帝、先祖、宗族，乃至師友、同僚，乃至三界眾生祈願；後篇以佛教五戒「不殺生、不偷盜、不邪淫、不妄語、不飲酒食肉戒」自勵，開頭歷敘佛界諸神至城隍土地，中告以當戒之事，末持準提咒以助戒成，各篇皆然。
	4. 延賓館客語：袁黃以己之無可以讀人，而不受人讀，以廉自勵。
	5. 臨行送鄉士夫書：不收鄉里送行之禮，不糜鄉里之費，以守硜硜之節。
感應篇	先生性甚樸，心甚眞，舉動坦夷不設城府，幽格鬼神，明動民物，神感神應，有出於尋常耳。目之外者，甚事甚夥，不能盡述，姑即其章章較明爲遐邇所傳頌者，輯感應書。
	本篇內容：
	感應篇大多記敘袁黃之行感於天、地、人而有應之事，共計十四條：天生野稗事、修德緩刑天應嘉穀、禱雨自責文事、袁黃以平氣至誠折服朝中權貴事、答保府州守馬瑞河治心入道之要、改訂刑具而舊有刑具忽生靈芝事、煮粥濟民以誠感化使民不搶不侵、答方御史責寶坻以熟作荒事、與囚相約持咒行善而開釋疑案死囚十餘人、以端正衣冠問訊使頑民吐實、力行節儉不許宰牲、免役而逃民歸附、免衛所軍糧役並給屯田耕之、百姓私繪像以祭建生祠以拜袁黃。
	篇末附有建生祠相關序文四篇及捐資姓氏列表一份，分別爲邑侯袁公德政錄生祠記序、邑侯袁公生祠碑記、生祠啓文、邑侯袁公德政錄生祠記後序。記敘袁黃令寶坻之德政數起，皆與上各篇同，以表追思感激之情。捐資姓氏列表所見，成員包含爲官者、士人（監生、生員）、鄉民、管工等。